新思想领航新重庆
XIN SIXIANG LINGHANG XIN CHONGQING

新时代全面依法治国的重庆实践

周尚君 ◎ 主编

重庆出版集团 重庆出版社

图书在版编目(CIP)数据

新时代全面依法治国的重庆实践 / 周尚君主编. —重庆: 重庆出版社, 2024.4
ISBN 978-7-229-17582-5

Ⅰ.①新… Ⅱ.①周… Ⅲ.①社会主义法制—建设—研究—重庆 Ⅳ.①D927.719

中国国家版本馆CIP数据核字(2024)第047977号

新时代全面依法治国的重庆实践
XINSHIDAI QUANMIAN YIFAZHIGUO DE CHONGQING SHIJIAN
周尚君　主编

责任编辑：徐　飞　李欣雨
责任校对：何建云
装帧设计：张合涛　李南江

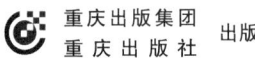 重庆出版集团
重庆出版社 出版

重庆市南岸区南滨路162号1幢　邮政编码:400061　http://www.cqph.com
重庆出版社艺术设计有限公司制版
重庆天旭印务有限责任公司印刷
重庆出版集团图书发行有限公司发行
E-MAIL:fxchu@cqph.com　邮购电话:023-61520678
全国新华书店经销

开本:787mm×1092mm　1/16　印张:18.75　字数:235千
2024年4月第1版　2024年4月第1次印刷
ISBN 978-7-229-17582-5
定价:75.00元

如有印装质量问题,请向本集团图书发行有限公司调换:023-61520678

版权所有　侵权必究

前 言

法律是治国之重器，法治是治国理政的基本方式。党的十八大以来，以习近平同志为核心的党中央从坚持和发展中国特色社会主义的全局和战略高度定位法治、布局法治、厉行法治，把全面依法治国纳入"四个全面"战略布局，放在党和国家事业发展全局中来谋划、来推进，作出一系列重大决策，提出一系列重要举措。在以习近平同志为核心的党中央坚强领导下，新时代中国特色社会主义法治建设发生历史性变革、取得历史性成就。

习近平总书记对重庆发展高度重视，对重庆人民亲切关怀，曾两次亲临重庆视察指导，多次对重庆发表重要讲话，多次对重庆作出重要指示批示，对重庆提出营造良好政治生态，坚持"两点"定位、"两地""两高"目标，发挥"三个作用"，推动成渝地区双城经济圈建设，加快建设西部陆海新通道等重要指示要求。

重庆深入学习贯彻习近平新时代中国特色社会主义思想，深学笃用习近平法治思想，全面落实习近平总书记对重庆所作重要讲话和系列重要指示批示精神，全面贯彻落实中央关于全面依法治国、推进全过程人民民主各项重大决策部署，把新时代全面依法治国新要求和重庆市情及工作实际紧密结合，对法治建设各项工作进行全面系统部署，在法治轨道上推进全市治理体系和治理能力现代化，奋力书写全面建设社会主义现代化的法治重庆新篇章。

本书围绕"新时代全面依法治国的重庆实践"这一主题，集中展现重庆市近年来尤其是市委六届二次全会以来，深学笃用习近平法治思想，贯彻落实党的二十大精神，坚持全面依法治市，推动全市法治建设迭代升级、提质增效的实践历程。全书共分十二章，第一章系统分析了习近平法治思想的重大意义、核心要义和科学方法，对重庆市深学笃用习近平法治思想的基本情况进行了总体勾勒。第二至第十二章从全面依法治市和法治建设的各方面各环节全面论述了新时代全面依法治国的重庆实践，包括加强党对全面依法治市的领导、深化全过程人民民主市域实践、在法治轨道上推进治理体系和治理能力现代化、推进法治领域数字化变革、以高质量立法促发展保善治、建设更高水平更高质量的法治政府、推进公正高效权威司法、加快推进法治社会建设、加强涉外法治打造内陆开放高地、建设高素质法治工作队伍、坚持制度治党依规治党等具体内容。

  本书总结提炼了新时代全面依法治国重庆实践的主要做法、典型事例和工作经验，进一步助力把习近平总书记的谆谆教诲落实到重庆大地上，从而推进新时代新征程新重庆建设，为全面建设社会主义法治国家、实现国家治理体系和治理能力现代化提供理论资源和智力支持。

目 录

前 言 1

第一章
深学笃用习近平法治思想 1

一、习近平法治思想的重大意义 3

二、习近平法治思想的核心要义 5

（一）坚持党对全面依法治国的领导——关于全面依法治国的根本保证 6

（二）坚持以人民为中心——关于全面依法治国的根本立场 7

（三）坚持中国特色社会主义法治道路——关于全面依法治国的唯一正确道路 8

（四）坚持依宪治国、依宪执政——关于全面依法治国的首要任务 9

（五）坚持在法治轨道上推进国家治理体系和治理能力现代化——关于全面依法治国的时代使命 10

（六）坚持建设中国特色社会主义法治体系——关于全面依法治国的总抓手 11

（七）坚持依法治国、依法执政、依法行政共同推进，法治国家、法治政府、法治社会一体建设——关于全面依法治国的工作布局 13

（八）坚持全面推进科学立法、严格执法、公正司法、全民守法——关于全面依法治国的重要环节 14

（九）坚持统筹推进国内法治和涉外法治——关于全面依法治国的迫切任务 16

（十）坚持建设德才兼备的高素质法治工作队伍——关于全面依法治国的基础性保障 17

（十一）坚持抓住领导干部这个"关键少数"——关于全面依法治国的关键所在 18

三、习近平法治思想的科学方法 20

（一）正确处理政治和法治的关系 20

（二）正确处理改革和法治的关系 21

（三）正确处理发展和安全的关系 22

（四）正确处理依法治国和以德治国的关系 22

（五）正确处理依法治国和依规治党的关系 23

第二章
加强党对全面依法治市的领导 27

一、坚持党对法治建设集中统一领导 29

（一）全面贯彻党中央对法治工作的决策部署 29

（二）充分发挥党委在依法治市中的领导核心作用 31

（三）发挥党委政法委员会在依法治市中的重要作用 33

（四）党政主要负责人履行法治建设第一责任人职责 34

二、加强党领导全面依法治市的制度机制建设 36

（一）议事协调制度机制 36

（二）依法决策制度机制 37

（三）法规衔接制度机制 38

（四）考核考评制度机制 39

（五）督察督办制度机制 39

三、把党的领导贯彻到全面依法治市的全过程和各方面 40

（一）领导立法 41

（二）保证执法 42

（三）支持司法 44

（四）带头守法 46

第三章
深化全过程人民民主市域实践 49

一、充分发挥人大作用 51

（一）地方立法各环节拓展人民有效参与 52

（二）强化人大监督中回应民生关切 53

（三）通过各类机制发挥人大代表主体作用 54

（四）全面系统完善人大议事规则 55

二、全面发展协商民主 56

（一）全面推进协商民主体系建设 57

（二）积极丰富健全协商民主平台 58

（三）充分发挥人民政协专门协商机构作用 58

三、积极推进基层民主 60

（一）不断健全党领导基层群众自治机制 60

（二）充分保障人民依法管理基层公共事务　61
（三）深入完善企事业单位民主管理制度　62

四、巩固发展统一战线　63
（一）深入落实大统战工作格局　64
（二）通过切实举措实现大团结大联合　65
（三）持续创新统战工作新路径　66

五、扎实推进民族工作　67
（一）充分保障少数民族人民各项民主权利　67
（二）着力提升民族事务治理水平　69
（三）全面推进民族团结进步事业　70

第四章
在法治轨道上推进治理体系和治理能力现代化　73

一、在法治轨道上推进成渝地区双城经济圈建设　76
（一）科学推进成渝地区双城经济圈建设法治保障的目标治理模式　76
（二）深度推进成渝地区双城经济圈建设的法治协作　78

二、在法治轨道上提升创新发展能级　81
（一）高质量立法保障创新发展能级提升　82
（二）公正司法护航创新发展能级提升　83
（三）法治政府建设推进创新发展能级提升　84

三、在法治轨道上推进区域协调发展　85
（一）人大积极履职，奠立区域协调、城乡均衡发展的法治根基　87
（二）公正司法护航区域协调发展　88

（三）法治政府建设推进区域协调发展　89

四、在法治轨道上加快建设山清水秀美丽之地　90

（一）人大积极履行立法和法治监督职权，筑牢绿色发展的法治轨道　91

（二）公正司法护航山清水秀美丽之地建设　92

（三）法治政府建设推进山清水秀美丽之地建设　94

第五章
推进法治领域数字化变革　97

一、以法治推动数字经济健康发展　99

（一）完善数字经济的制度保障　100

（二）提升数据要素的治理水平　101

（三）激活数据要素的交易流通　102

（四）提升数字经济的安全保障　103

（五）推进数字产业的健康发展　104

二、全面推进数字法治政府建设　105

（一）强化政务信息平台建设　106

（二）推进政务数据开放共享　107

（三）提高数字政务监管能力　108

三、深化"全渝数智法院"建设　109

（一）统筹数智法院的顶层设计　110

（二）加强审判流程的数智建设　111

（三）创新数智法院的技术应用　112

四、全面升级数字检察体系建设　113

（一）做好数字检察的组织保障　114

（二）研发数字检务的基础设施　115
（三）推出数字检务的公众服务　116
（四）加强大数据赋能法律监督　117

第六章
以高质量立法促发展保善治　119

一、完善地方立法工作格局　121
二、健全地方立法工作机制　123
三、加强重点新兴领域立法　126
四、突出重庆地方立法特色　131
五、积极推进川渝协同立法　133

第七章
建设更高水平更高质量的法治政府　139

一、打造一流法治营商环境　141
（一）深化"放管服"改革　141
（二）依法保护各类市场主体　142
（三）营造诚信守法、公平竞争的市场环境　144
（四）健全营商环境法规体系和制度规范　144
二、完善依法行政制度体系　146
（一）加强和改进地方立法　146
（二）完善立法工作机制　147
（三）加强行政规范性文件监督管理　148
（四）健全全面依法治市工作推进机制　148

三、提升行政决策能力水平　149

（一）强化依法决策意识　149

（二）严格落实重大行政决策程序　150

（三）加强行政决策执行和评估　151

四、健全行政执法工作体系　152

（一）深化行政执法体制改革　152

（二）加大重点领域执法力度　153

（三）完善行政执法程序　154

五、创新行政执法方式　155

六、强化行政权力监督制约　156

（一）形成监督合力　157

（二）加强和规范政府督查工作　158

（三）加强对行政执法制约和监督　158

（四）全面主动落实政务公开　159

（五）加快推进政务诚信建设　160

第八章
推进公正高效权威司法　161

一、提升审判执行和法律监督工作质效　163

（一）充分发挥司法职能　164

（二）推动司法工作现代化　165

（三）深化司法工作经验把握　166

二、服务保障国家安全社会稳定和高质量发展大局　167

（一）将确保政治安全作为首要政治任务　168

（二）将维护社会大局稳定作为重要司法职责　169

（三）将新发展理念落实到司法实践中　170

三、践行司法为民实现社会公平正义　171

（一）通过司法强化民生权益法治保护　172

（二）把全面落实司法为民举措作为重中之重　173

（三）通过司法满足人民群众对美好生活的向往　174

四、深化司法体制改革提升司法公信力　175

（一）强化系统集成推进司法体制改革　176

（二）遵循司法规律推进司法体制改革　178

（三）加强科技应用推进司法体制改革　178

五、加强川渝地区多领域司法协作　180

（一）构建川渝司法协作体系　180

（二）推进川渝司法协作实践　181

（三）明确川渝司法协作重点　182

第九章
加快推进法治社会建设　185

一、推进全民守法，增强全社会法治观念　187

（一）深化普法宣传教育，提升市民法治素养　188

（二）弘扬社会主义法治文化，厚植法律道德根基　190

（三）坚持"以普促治"，推进普法与依法治理有机融合　191

二、提升法律服务质效，打造西部法律服务高地　193

（一）推进公共法律服务体系建设，满足人民群众司法服务需求　194

（二）加快建设西部法律服务高地，构建"重庆法律服务"新格局　196

三、深化依法治理，全面提升社会治理法治化水平　197
（一）创新社会治理体制机制，推进多层次多领域依法治理　198
（二）着力化解矛盾纠纷，维护社会和谐稳定　200
（三）防范化解重大风险，增强社会安全感　202

第十章
加强涉外法治　打造内陆开放高地　205

一、持续优化对外开放制度设计　208
（一）积极落实涉外法治核心要求，高水平融通国际规则　210
（二）积极拓展涉外法治内涵外延，探索创新国际规则　213
二、探索完善涉外商事纠纷解决机制　216
（一）助力打造市场化法治化国际化营商环境　217
（二）聚焦涉外商事案件建立专门法院　217
（三）创新涉外商事纠纷多元化解决机制　218
（四）多方联动助力完善涉外商事解纷机制　220
三、创新集成完善涉外法律服务机制　223
（一）涉外法律服务行业发展现状及成效　223
（二）探索推动涉外法律服务行业的重要机遇　227

第十一章
建设高素质法治工作队伍　231

一、加强法治专门队伍建设　233
（一）立法队伍　234
（二）执法队伍　235

（三）司法队伍 237

二、着力法律服务队伍建设 238

（一）律师队伍 239

（二）公证队伍 240

（三）司法鉴定队伍 241

（四）仲裁队伍 241

（五）调解队伍 243

三、突出法治人才培养 244

（一）法学教育院校概况 244

（二）优化法学课程体系 247

（三）强化法学实践教学 249

四、深化政法队伍教育整顿 250

（一）加强政治建设夯实思想根基 251

（二）选树政法英模展现时代风采 252

（三）勇于自我革命维护肌体健康 252

（四）注重建章立制突出长效长治 253

（五）真抓实干解决急难愁盼 253

第十二章
坚持制度治党依规治党 255

一、不断建立健全我市党内法规制度体系 257

（一）建立健全市级党内法规制度体系 258

（二）加强党内法规制度建设保障 261

二、着力增强党内法规执行力和权威性 263

（一）加强宣传和教育提升党员和干部遵规学规守规用规意识 263

（二）加强执规监督检查突显刚性约束　264

三、坚持抓住领导干部这个"关键少数"　266

（一）完善干部人才的选拔任用和能力提升机制　266

（二）坚决打赢反腐败斗争攻坚战持久战　268

（三）充分发挥巡视巡察利剑作用　270

四、加强政治监督与作风建设　272

（一）加强党内政治监督的制度建设与机制创新　273

（二）坚持落实中央八项规定精神　275

（三）发扬红岩精神赓续红色血脉　276

后　记　279

第一章
深学笃用习近平法治思想

党的十八大以来，以习近平同志为核心的党中央从坚持和发展中国特色社会主义的全局和战略高度定位法治、布局法治、厉行法治，创造性提出了关于全面依法治国的一系列新理念新思想新战略，形成了习近平法治思想。习近平法治思想是马克思主义法治理论中国化的最新成果，是中国特色社会主义法治理论的重大创新发展，是习近平新时代中国特色社会主义思想的重要组成部分，是新时代全面依法治国必须长期坚持的指导思想。习近平法治思想集中体现了我们党在法治领域的理论创新、制度创新、实践创新、文化创新，具有深厚的历史底蕴、崇高的思想品位、鲜明的实践品格，彰显出至深的人民情怀、饱满的时代精神、恢弘的中国气派。

一、习近平法治思想的重大意义

习近平法治思想从历史和现实相贯通、国际和国内相关联、理论和实际相结合上，深刻回答了新时代为什么实行全面依法治国、怎样实行全面依法治国等一系列重大问题，构成了一个富有开创性、实践性、真理性、前瞻性的科学思想体系，推动中国特色社会主义法治理论和实践实现新飞跃，标志着我们党对社会主义法治建设和人类法治文明发展的规律性认识达到新的历史高度。新时代中国特色社会主义法治建设之所以能发生历史性变革、取得历史性成就，根本在于有以习近平同志为核心的党中央的坚强领导，有习近平法治思想的科学指引。

习近平同志是习近平法治思想的创立者和主要贡献者。习近平同志是从改革开放和社会主义现代化建设实践中走出来的卓越领导者、伟大政治家、杰出思想家，是新时期中国特色社会主义法治建设的实践者、推动者，是新时代全面依法治国的开创者、引领者。在数十年的领导实践中，他一以贯之地关注法治、钻研法治、践行法治，在推进依法治县、依法治市、依法治省、依法治国、全面依法治国的非凡实践中，科学回答了中国特色社会主义法治建设的一系列重大理论、制度和实践问题，为习近平法治思想的创立和发展作出了重大贡献。

从理论意义上看，习近平法治思想是马克思主义法治理论中国化的最新成果。我们党在一百年来的革命、建设、改革历程中，始终坚持把马克思主义基本原理同中国具体实际相结合、同中华优秀传统文化相结合，不断推进马克思主义中国化、时代化。习近平法治思想，坚持马克思主义立场观点方法，坚持科学社会主义基本原则，根植于中华优秀传统法律文化，借鉴人类法治文明有益成果，在理论上有许多重大突破、重大创新、重大发展，同我们党长期形成的法治理论既一脉相承又与时俱进，为发展马克思主义法治理论作出了重大原创性、集成性贡献。

从实践意义上看，习近平法治思想是对党领导法治建设丰富实践和宝贵经验的科学总结。长期以来，我们党总结运用领导人民实行法治的成功经验，积极开展社会主义法治建设，走出了一条中国特色社会主义法治道路。习近平法治思想，在继承和发扬优良传统的基础上，对我国社会主义法治建设经验进行提炼和升华，以新的视野、新的认识赋予新的时代内涵，为建设中国特色社会主义法治体系、建设社会主义法治国家提供了科学行动指南，实现了中国特色社会主义法治理论新的历史性飞跃，并在全面依法治国实践中展现出强大真理力量和独特思想魅力。

从制度意义上看，习近平法治思想是在法治轨道上推进国家治理体系和治理能力现代化的根本遵循。党的十八大以来，习近平总书记着眼国家治理面临的新形势新任务，明确要求坚持全面依法治国，在法治轨道上推进国家治理体系和治理能力现代化，为巩固和发展"中国之治"提供了重要保障。习近平法治思想，贯穿了经济、政治、文化、社会、生态文明建设各个领域，涵盖改革发展稳定、内政外交国防、治党治国治军各个方面，为深刻认识全面依法治国在治国理政中的重要地位提供了科学指引，为推进国家治理体系和治理能力现代化、建设更高水平的法治中国提供了根本遵循。

从战略意义上看，习近平法治思想是引领法治中国建设、实现高质量发展的思想旗帜。当前，我国已经进入实现中华民族伟大复兴的关键时期。中国对世界的影响，从未像今天这样全面、深刻，世界对中国的关注，从未像今天这样广泛、深切。习近平法治思想是顺应实现中华民族伟大复兴时代要求应运而生的重大战略思想，不仅针对时代和实践提出的重大任务、重大问题、重大挑战提供了法治解决之道，而且为统筹推进国内法治和涉外法治提供了强有力的思想引领，为我们在危机中育先机、于变局中开新局提供了法治上的战略指引。

二、习近平法治思想的核心要义

习近平法治思想内涵丰富、论述深刻、逻辑严密、系统完备，就其主要方面来讲，集中体现为"十一个坚持"，即坚持党对全面依法治国的领导；坚持以人民为中心；坚持中国特色社会主义法治道路；坚持依宪治国、依宪执政；坚持在法治轨道上推进国家治理体系和治理能力现代化；坚持建设中国特色社会主义法治体系；坚持依法治国、依法执政、依法行政共同推进，法治国家、法治政府、法治社会一体建设；坚持全面推进科学立法、严格执法、公正司法、全民守法；坚持统筹推进国内法治和涉外法治；坚持建设德才兼备的高素质法治工作队伍；坚持抓住领导干部这个"关键少数"。

这"十一个坚持"明确了全面依法治国必须遵循的政治准绳；明确了新时代全面依法治国的职责使命；明确了新时代法治中国建设的重点领域和关键环节，明确了各项工作的着力点和突破点；明确了必须正确把握的重大理论问题和科学方法论；明确了领导干部和人才队伍在推进全面依法治国中的重要性。"十一个坚持"既是重大工作部署，又是重大战略思想，集中展现了习近平法治思想的核心要义、基本精神和实践要求，是新时代全面依法治国的思想旗帜、根本遵循和行动指南。学习习近平法治思想，重在深刻领会"十一个坚持"的科学内涵，准确把握每一个"坚持"的精髓所在以及各个"坚持"之间的逻辑关系。

（一）坚持党对全面依法治国的领导——关于全面依法治国的根本保证

中国共产党是中国特色社会主义事业的领导核心，是国家最高政治领导力量。党的领导是中国特色社会主义最本质的特征，是中国特色社会主义制度的最大优势，是社会主义法治最根本的保证。党的领导地位不是自封的，是历史和人民选择的，是由党的性质决定的，是由我国宪法明文规定的。习近平总书记指出："我国宪法以根本法的形式反映了党带领人民进行革命、建设、改革取得的成果，确立了在历史和人民选择中形成的中国共产党的领导地位。"[1]《中华人民共和国宪法》在序言中确定了党的领导地位，在总纲（《中华人民共和国宪法》第一条）中明确规定："中国共产党领

---

[1] 习近平：《中国共产党第十八届中央委员会第四次全体会议文件汇编》，人民出版社2014年版，第79—80页。

导是中国特色社会主义最本质的特征。"党的领导制度是我国宪法确认的根本领导制度。坚持依宪治国、依宪执政，首先就是要坚持宪法确定的中国共产党领导地位不动摇。坚持宪法制度、维护宪法权威，关键是坚持和维护中国共产党领导的根本领导制度和执政权威不动摇。

（二）坚持以人民为中心——关于全面依法治国的根本立场

人民是中国共产党执政的最大底气，是中华人民共和国的坚实根基，是强党兴国的根本所在。纵观党百年来的历史，我们干革命、搞建设、抓改革，都是为人民谋利益，让人民过上好日子。习近平总书记指出："党与人民风雨同舟、生死与共，始终保持血肉联系，是党战胜一切困难和风险的根本保证。"[①]"江山就是人民，人民就是江山。"[②]这是党的历史经验的深刻总结，也是党的巨大政治优势。我们国家的名称，我们各级国家机关的名称，都冠以"人民"的称号，这是我国社会主义国家政权的基本定位。我国国家制度深深根植于人民之中，能够有效体现人民意志、保障人民权益、激发人民创造力。

法治的根基在人民。人民是历史的创造者，是决定党和国家前途命运的根本力量。《中华人民共和国宪法》第二条明确规定："中华人民共和国的一切权力属于人民。人民行使国家权力的机关是全国人民代表大会和地方各级人民代表大会。"必须毫不动摇坚持、与时俱进完善人民代表大会制度，支持和保证人民依法通过各种途径和形式行使国家权力。习近平总书记指出："要积极回应人民群众新要求新期待，坚持问题导向、目标导向，树立辩证思维和全局

[①] 习近平：《习近平在庆祝中国共产党成立95周年大会上的讲话》，《人民日报》2016年7月2日。
[②] 习近平：《高举中国特色社会主义伟大旗帜　为全面建设社会主义现代化国家而团结奋斗——在中国共产党第二十次全国代表大会上的报告》，《人民日报》2022年10月26日，第01版。

观念，系统研究谋划和解决法治领域人民群众反映强烈的突出问题，不断增强人民群众获得感、幸福感、安全感，用法治保障人民安居乐业。"①现在，人民群众对美好生活的向往更多向民主、法治、公平、正义、安全、环境等方面延展。要顺应人民群众对公共安全、司法公正、权益保障的新期待，全力推进平安中国、法治中国、过硬队伍建设。

（三）坚持中国特色社会主义法治道路——关于全面依法治国的唯一正确道路

道路决定命运，道路就是党的生命。我们党和人民在长期实践探索中，坚持独立自主走自己的路，取得革命、建设、改革伟大胜利，开创和发展了中国特色社会主义。全面推进依法治国必须走对路。习近平总书记强调："我国法治建设的成就，大大小小可以列举出十几条、几十条，但归结起来就是开辟了中国特色社会主义法治道路这一条。"②在坚持和发展中国特色社会主义法治道路这个根本问题上，要树立自信、保持定力。

中国特色社会主义法治道路是中国特色社会主义道路在法治领域的具体体现。中国特色社会主义法治道路的核心要义，就是坚持党的领导，坚持中国特色社会主义制度，贯彻中国特色社会主义法治理论。坚持中国特色社会主义法治道路，最根本的是坚持党的领导。中国共产党领导是中国特色社会主义最本质的特征。推进全面依法治国，必须坚持党总揽全局、协调各方的领导核心作用。离开了中国共产党的领导，中国特色社会主义法治体系、社会主义法治

---

① 习近平：《坚定不移走中国特色社会主义法治道路 为全面建设社会主义现代化国家提供有力法治保障》，《求是》2021年第5期。
② 习近平：《加快建设社会主义法治国家》，《论坚持全面依法治国》，中央文献出版社2020年版，第105页。

国家就建不起来。要继续推进党的领导制度化、法治化，不断完善党的领导体制和工作机制，把党的领导贯彻到全面依法治国全过程和各方面。

中国特色社会主义法治道路是适合中国国情和实际的唯一正确道路。新中国成立70多年尤其是改革开放40多年来，中国共产党带领全国人民围绕社会主义法治国家建设进行了漫长而艰辛的实践探索，社会主义法治事业取得了举世瞩目的成就，成功地开拓出了一条中国特色社会主义法治道路。鞋子合不合脚，自己穿了才知道。正确的法治道路书上抄不来，别人送不来，只能靠自己走出来。纵观当今世界不同国家和地区，由于各自的历史背景、政治制度、宗教信仰、法律文化、社会结构和发展道路不同，法治模式和法律体系也各不相同。我们要传承中华优秀传统法律文化，从我国革命、建设、改革的实践中探索适合自己的法治道路；同时，亦要借鉴世界上优秀法治文明成果，但必须坚持以我为主、为我所用，认真鉴别、合理吸收，不能搞"全盘西化"，不能搞"全面移植"，不能照搬照抄。

（四）坚持依宪治国、依宪执政——关于全面依法治国的首要任务

宪法是国家根本法，是党和人民意志的集中体现，是国家各种制度和法律法规的总依据，具有最高的法律地位、法律权威、法律效力，在国家和社会生活中具有总括性、原则性、纲领性、方向性。习近平总书记指出："坚持依法治国首先要坚持依宪治国，坚持依法执政首先要坚持依宪执政。"[1]

我国现行宪法是在深刻总结我国社会主义革命、建设、改革成

---

[1]《习近平关于全面依法治国论述摘编》，中央文献出版社2015年版，第22页。

功经验基础上制定和不断完善的，是我们党领导人民长期奋斗历史逻辑、理论逻辑、实践逻辑的必然结果。改革开放40多年来的历程充分证明，我国现行宪法有力坚持了中国共产党领导，有力保障了人民当家作主，有力促进了改革开放和社会主义现代化建设，有力推动了社会主义法治国家进程，有力促进了人权事业发展，有力维护了国家统一、民族团结、社会和谐稳定，是符合国情、符合实际、符合时代发展要求的好宪法，是充分体现人民共同意志、充分保障人民民主权利、充分维护人民根本利益的好宪法，是推动国家发展进步、保证人民创造幸福生活、保障中华民族伟大复兴的好宪法，是我们国家和人民经受住各种困难和风险考验、始终沿着中国特色社会主义道路前进的根本法治保证。

全面贯彻实施宪法，是建设社会主义法治国家的首要任务和基础性工作。习近平总书记指出："宪法的生命在于实施，宪法的权威也在于实施。"[①]维护宪法权威，就是维护党和人民共同意志的权威；捍卫宪法尊严，就是捍卫党和人民共同意志的尊严；保证宪法实施，就是保证人民根本利益的实现。

（五）坚持在法治轨道上推进国家治理体系和治理能力现代化——关于全面依法治国的时代使命

法律是治国之重器，法治是国家治理体系和治理能力现代化的重要依托。全面依法治国，是国家治理领域一场广泛而深刻的革命，是实现国家治理体系和治理能力现代化的必然要求，事关我们党执政兴国，事关人民幸福安康，事关党和国家事业发展。国家治理体系是党领导下管理国家的制度体系，包括经济、政治、文化、

---

① 习近平：《在首都各界纪念现行宪法公布施行三十周年大会上的讲话》，《论坚持全面依法治国》，中央文献出版社2020年版，第11页。

社会、生态文明和党的建设等各领域体制机制、法律法规安排，也就是一整套紧密相连、相互协调的国家制度；国家治理能力则是运用国家制度管理社会各方面事务的能力，包括改革发展稳定、内政外交国防、治党治国治军等各个方面。实践证明，通过宪法法律确认和巩固国家根本制度、基本制度、重要制度，并运用国家强制力保证实施，有效保障了国家治理体系的系统性、规范性、协调性、稳定性。

全面推进依法治国，是着眼于实现中华民族伟大复兴中国梦、实现党和国家长治久安的长远考虑。必须把全面依法治国摆在更加突出的位置，把党和国家工作纳入法治化轨道，坚持在法治轨道上统筹社会力量、平衡社会利益、调节社会关系、规范社会行为，依靠法治解决各种社会矛盾和问题，确保我国社会在深刻变革中既生机勃勃又井然有序。当今世界正经历百年未有之大变局，国际形势复杂多变，改革发展稳定、内政外交国防、治党治国治军各方面任务之繁重前所未有，我们面临的风险挑战之严峻前所未有。要打赢防范化解重大风险攻坚战，必须坚持和完善中国特色社会主义制度、推进国家治理体系和治理能力现代化，运用制度威力应对风险挑战的冲击。

（六）坚持建设中国特色社会主义法治体系——关于全面依法治国的总抓手

习近平总书记指出："全面推进依法治国涉及很多方面，在实际工作中必须有一个总揽全局、牵引各方的总抓手，这个总抓手就是建设中国特色社会主义法治体系。"[①]党的十八届四中全会明确提

[①] 习近平：《关于〈中共中央关于全面推进依法治国若干重大问题的决定〉的说明》，《中国共产党第十八届中央委员会第四次全体会议文件汇编》，人民出版社2014年版，第81页。

出全面推进依法治国的总目标是建设中国特色社会主义法治体系、建设社会主义法治国家。建设中国特色社会主义法治体系，就是在中国共产党领导下，坚持中国特色社会主义制度，贯彻中国特色社会主义法治理论，形成完备的法律规范体系、高效的法治实施体系、严密的法治监督体系、有力的法治保障体系，形成完善的党内法规体系。

建设中国特色社会主义法治体系，一是要加快完善中国特色社会主义法律规范体系，使之更加科学完备、统一权威。要积极推进国家安全、科技创新、公共卫生、生物安全、生态文明、防范风险、涉外法治等重要领域立法，健全国家治理急需、满足人民日益增长的美好生活需要必备的法律制度。二是要加强宪法和法律实施，维护社会主义法制的统一、尊严、权威，形成人们不愿违法、不能违法、不敢违法的法治环境，做到有法必依、执法必严、违法必究。三是要抓紧完善权力运行制约和监督机制，规范立法、执法、司法机关权力行使，构建党统一领导、全面覆盖、权威高效的法治监督体系。四是要加强政治、组织、队伍、人才、科技、信息等方面的保障，为全面依法治国提供重要支撑。

党内法规既是管党治党的重要依据，也是建设社会主义法治国家的有力保障。党内法规体系，是以党章为根本，以民主集中制为核心，以准则、条例等中央党内法规为主干，以部委党内法规、地方党内法规为重要组成部分，由各领域各层级党内法规组成的有机统一整体。按照"规范主体、规范行为、规范监督"相统筹相协调的原则，党内法规体系以"1+4"为基本框架，即在党章之下分为党的组织法规、党的领导法规、党的自身建设法规、党的监督保障法规四大板块。党内法规具有强烈政治属性、鲜明价值导向、科学治理逻辑、统一规范功能，高度凝结党的理论创新和实践经验，是党的中央组织、中央纪律检查委员会以及党中央工作机关和省、自治区、直辖市党委制定的体现党的统一意志、规范党的领导和党的建设活动、依靠党的纪律保证实施的专门规章制度。

（七）坚持依法治国、依法执政、依法行政共同推进，法治国家、法治政府、法治社会一体建设——关于全面依法治国的工作布局

习近平总书记指出："全面依法治国是一个系统工程，必须统筹兼顾、把握重点、整体谋划，更加注重系统性、整体性、协同性。"[1]要坚持系统观念，准确把握全面依法治国工作布局，坚持依法治国、依法执政、依法行政共同推进，法治国家、法治政府、法治社会一体建设。依法治国、依法执政、依法行政是一个有机整体，关键在于党要坚持依法执政、各级政府要坚持依法行政。法治国家、法治政府、法治社会三者各有侧重、相辅相成，法治国家是法治建设的目标，法治政府是建设法治国家的主体，法治社会是构筑法治国家的基础。全面依法治国，必须着眼全局、统筹兼顾，在共同推进上着力，在一体建设上用劲。

建设社会主义法治国家是我们党确定的建设社会主义现代化国家的重要目标。习近平总书记指出："一个现代化国家必然是法治国家。"[2]历史和现实都告诉我们，法治兴则国兴，法治强则国强。我们党执政70多年来，虽历经坎坷但对法治矢志不渝。从"五四宪法"到2018年新修订的宪法；从"社会主义法制"到"社会主义法治"[3]；从"有法可依、有法必依、执法必严、违法必究"[4]到

---

[1] 习近平：《在中央全面依法治国委员会第一次会议上的讲话》，《论坚持全面依法治国》，中央文献出版社2020年版，第229页。
[2] 习近平：《提高国防和军队建设法治化水平》，《论坚持全面依法治国》，中央文献出版社2020年版，第130页。
[3] 2018年3月11日，第十三届全国人民代表大会第一次会议通过的宪法修正案，将"健全社会主义法制"修改为"健全社会主义法治"。
[4] 《中国共产党第十一届中央委员会第三次全体会议公报》，《三中全会以来重要文献选编》（上），人民出版社1982年版，第11页。

"科学立法、严格执法、公正司法、全民守法"①，我们党越来越深刻认识到，治国理政须臾离不开法治。

法治政府建设是重点任务和主体工程，要率先突破。要用法治给行政权力定规矩、划界限。各级政府必须坚持在党的领导下、在法治轨道上开展工作，创新执法体制，完善执法程序，推进综合执法，严格执法责任，建立权责统一、权威高效的依法行政体制，加快建设职能科学、权责法定、执法严明、公开公正、智能高效、廉洁诚信、人民满意的法治政府。

全面依法治国需要全社会共同参与，需要全社会法治观念增强。习近平总书记强调："只有全体人民信仰法治、厉行法治，国家和社会生活才能真正实现在法治轨道上运行。"②要在全社会树立法律权威，使人民认识到法律既是保障自身权力的有力武器，也是必须遵守的行为规范。要引导全体人民遵守法律，有问题依靠法律来解决。要以实际行动让老百姓相信法不容情、法不阿贵，只要是合理合法的诉求，就能通过法律程序得到合理合法的结果。

（八）坚持全面推进科学立法、严格执法、公正司法、全民守法——关于全面依法治国的重要环节

良法是善治之前提。习近平总书记指出："不是什么法都能治国，不是什么法都能治好国；越是强调法治，越是要提高立法质量。"③要抓住提高立法质量这个关键，推进科学立法、民主立法、依法立法，统筹立改废释纂，增强立法系统性、整体性、协同性、

---

①胡锦涛：《坚定不移沿着中国特色社会主义道路前进，为全面建成小康社会而奋斗》，《十八大以来重要文献选编》（上），中央文献出版社2014年版，第21页。
②习近平：《推进全面依法治国，发挥法治在国家治理体系和治理能力现代化中的积极作用》，《论坚持全面依法治国》，中央文献出版社2020年版，第275页。
③习近平：《全面推进科学立法、严格执法、公正司法、全民守法》，《论坚持全面依法治国》，中央文献出版社2020年版，第20页。

时效性。努力使每一项立法都符合宪法精神、反映人民意愿、得到人民拥护，以良法促进发展、保障善治。

全面推进依法治国，必须坚持严格执法。行政执法是行政机关履行政府职能的重要方式，直接体现我们的执政水平，直接关系群众对党和政府的信任、对法治的信心。习近平总书记强调："推进严格执法，重点是解决执法不规范、不严格、不透明、不文明以及不作为、乱作为等突出问题。"①坚持严格执法，需要进一步深化行政执法体制改革，推进执法规范化建设。一方面，要整合行政执法队伍，推动执法重心下移，提高行政执法能力水平。另一方面，全面落实行政执法责任制，严格确定不同部门及机构、岗位执法人员执法责任和责任追究机制。

公正司法事关人民切身利益，事关社会公平正义，事关全面推进依法治国。要坚持以提高司法公信力为根本尺度，坚持符合国情和遵循司法规律相结合，坚持问题导向，勇于攻坚克难，坚定信心，凝聚共识，锐意进取，破解难题，坚定不移深化司法体制改革，不断促进社会公平正义。深化司法体制改革，要更好坚持党的领导、更好发挥我国司法制度的特色、更好促进社会公平正义。要牵住司法责任制这个"牛鼻子"，加快构建权责一致的司法权运行新机制，真正"让审理者裁判，由裁判者负责"。

全民守法，就是任何组织或者个人都必须在宪法法律范围内活动，任何公民、社会组织和国家机关都要以宪法法律为行为准则，依照宪法法律行使权利或权力、履行义务或职责。推进全民守法，必须着力增强全民法治观念。法律的权威源自人民的内心拥护和真诚信仰。要在全社会弘扬社会主义法治精神，传播法律知识，培育法律意识，使尊法学法守法用法成为全体人民的共同追求，让法治

---

① 习近平：《加快建设社会主义法治国家》，《论坚持全面依法治国》，中央文献出版社2020年版，第114页。

成为全民思维方式和行为习惯。

（九）坚持统筹推进国内法治和涉外法治——关于全面依法治国的迫切任务

法治是国家核心竞争力的重要内容。统筹中华民族伟大复兴战略全局和世界百年未有之大变局，必须坚持统筹推进国内法治和涉外法治。习近平总书记指出："中国走向世界，以负责任大国参与国际事务，必须善于运用法治。"[①]当前，中国与世界的关系在发生深刻变化，我们同国际社会的互联互动已变得空前紧密。我们谋划改革发展，必须统筹考虑和综合运用国际国内两个市场、国际国内两种资源、国际国内两类规则。

当前，涉外法治工作水平与我国国际经济政治地位还不相匹配。我国是世界第二大经济体、最大货物出口国、第二大货物进口国、第二大对外直接投资国、最大外汇储备国、最大旅游市场，已经成为影响世界政治经济版图变化的一个主要因素。但我国涉外法治工作还存在不少薄弱环节，一些法律法规比较原则笼统，我国法域外适用的法律体系还不够健全，涉外执法司法的水平还有待提高。

加快涉外法治工作战略布局，要强化法治思维，运用法治方式，有效应对挑战、防范风险，综合利用立法、执法、司法等手段开展斗争，坚决维护国家主权、尊严和核心利益。有的西方国家以国内法名义对我国公民、法人实施所谓的"长臂管辖"，在国际规则上是站不住脚的，我们必须综合运用政治、经济、外交、法治等多种手段加以应对。在对外斗争中，要拿起法律武器，占领法治制

[①] 习近平：《在中央全面依法治国委员会第一次会议上的讲话》，《论坚持全面依法治国》，中央文献出版社2020年版，第225页。

高点，敢于向破坏者、搅局者说不。要加快形成系统完备的涉外法律法规体系，提升涉外执法司法效能。按照急用先行原则，加强涉外领域立法，进一步完善反制裁、反干涉、反制"长臂管辖"的法律法规，推动我国法域外适用的法律体系建设。要把拓展执法司法合作纳入双边多边关系建设的重要议题，延伸保护我国海外利益的安全链。坚定维护以联合国为核心的国际体系，坚定维护以国际法为基础的国际秩序，为运用法治思维和法治方式推动构建人类命运共同体贡献中国智慧和中国方案。

法治是人类政治文明的重要成果，是社会治理的基本手段。在对外交往中，要加强双边多边法治对话，推进对外法治交流。推进对外法治宣传，讲好中国法治故事。要讲好中国特色社会主义法治建设的故事，讲好中国共产党追求、探索、建设、推进法治建设的故事，讲好新时代全面依法治国的成就和故事，更好展现前进中的真实、立体、全面的法治中国。

（十）坚持建设德才兼备的高素质法治工作队伍——关于全面依法治国的基础性保障

古人说："得其人而不得其法，则事必不能行；得其法而不得其人，则法必不能济。人法兼资，而天下之治成。"[①]推进全面依法治国，离不开一支高素质的法治工作队伍，法治工作队伍的素质如何，直接影响和制约着国家治理法治化的进程。习近平总书记指出："法治工作是政治性很强的业务工作，也是业务性很强的政治工作。"[②]必须大力提高法治工作队伍思想政治素质、业务工作能力、职业道德水准，着力建设一支忠于党、忠于国家、忠于人民、

---

① 〔明〕海瑞：《治黎策》。
② 习近平：《在中央全面依法治国委员会第一次会议上的讲话》，《论坚持全面依法治国》，中央文献出版社2020年版，第235页。

忠于法律的社会主义法治工作队伍，为加快建设社会主义法治国家提供强有力的组织和人才保障。

法治工作队伍包括法治专门队伍和法律服务队伍。法治专门队伍主要包括在人大和政府从事立法工作的人员，在行政机关从事执法工作的人员，在司法机关从事司法工作的人员。全面推进依法治国，首先要把这几支队伍建设好。必须按照政治过硬、业务过硬、责任过硬、纪律过硬、作风过硬的要求，努力建设一支信念坚定、执法为民、敢于担当、清正廉洁的政法队伍。一要制定完善铁规禁令、纪律规定，用制度管好关键人、管到关键处、管住关键事。二要抓住立法、执法、司法机关各级领导班子建设这个关键，突出政治标准，把善于运用法治思维和法治方式推动工作的人员选拔到领导岗位上来。三要坚持党对政法工作的绝对领导，确保政法队伍绝对忠诚、绝对纯洁、绝对可靠。法律服务队伍是全面依法治国的重要力量。要把拥护中国共产党领导、拥护我国社会主义法治作为法律服务人员从业的基本要求，加强教育、管理，引导法律服务工作者坚持正确政治方向，依法依规诚信执业，认真履行社会责任，满腔热忱投入社会主义法治国家建设。优化公共法律服务队伍结构，稳步增加律师、公证员、法律援助人员、仲裁员数量，加快发展政府法律顾问和公职律师队伍，适应需要发展司法鉴定人队伍，积极发展专职人民调解员队伍，增加有专业背景的人民调解员数量，规范发展基层法律服务工作者队伍。要大力加强律师队伍思想政治建设，增强广大律师走中国特色社会主义法治道路的自觉性和坚定性。

（十一）坚持抓住领导干部这个"关键少数"——关于全面依法治国的关键所在

领导干部是全面依法治国的重要组织者、推动者、实践者。领导机关是国家治理体系中的重要机关,领导干部是党和国家事业发展的"关键少数",对全党全社会都具有风向标作用。习近平总书记强调:"各级领导干部在推进依法治国方面肩负着重要责任,全面依法治国必须抓住领导干部这个'关键少数'。"①各级领导干部具体行使党的执政权和国家立法权、行政权、监察权、司法权,在很大程度上决定着全面依法治国的方向、道路、进度。

领导干部做尊法学法守法用法的模范,是实现全面依法治国目标和任务的关键所在。其一,领导干部要做尊法的模范,带头尊崇法治、敬畏法律。习近平总书记强调:"应该把尊法放在第一位,因为领导干部增强法治意识、提高法治素养,首先要解决好尊法问题。只有内心尊崇法治,才能行为遵守法律。"②一方面,要加强教育、培养自觉,促使领导干部不断增强法治意识,养成法治习惯。另一方面,要加强管理、强化监督,设置领导干部法治素养"门槛",发现问题就严肃处理,不合格的就要从领导干部队伍中剔除出去。

其二,领导干部要做学法守法用法的模范,牢牢掌握法律、坚决捍卫法治、厉行依法办事。学法懂法是守法用法的前提,领导干部要系统学习中国特色社会主义法治理论,准确把握我们党处理法治问题的基本立场。领导干部要牢记法律红线不可逾越、法律底线不可碰触,带头遵守法律、执行法律,带头营造办事依法、遇事找法、解决问题用法、化解矛盾靠法的法治环境。党政主要负责人要履行推进法治建设第一责任人职责,重要工作亲自部署、重大问题亲自过问、重点环节亲自协调、重要任务亲自督办,坚持以身作则、以上率下,带头尊法学法守法用法。

---

① 《习近平关于全面依法治国论述摘编》,中央文献出版社2015年版,第118页。
② 习近平:《各级领导干部要做尊法学法守法用法的模范》,《论坚持全面依法治国》,中央文献出版社2020年版,第135页。

三、习近平法治思想的科学方法

习近平法治思想坚持马克思主义立场、观点和方法，把辩证唯物主义和历史唯物主义娴熟运用于法治领域，坚持发展地而不是静止地、全面地而不是片面地、系统地而不是零散地、普遍地而不是孤立地观察、认识和处理全面依法治国一系列重大关系，厘清了许多模糊认识和错误观点，体现了富有鲜明时代精神和实践导向的辩证思维、系统思维、战略思维、历史思维、创新思维、法治思维、底线思维，实现了法治认识论、方法论、价值论的历史性飞跃。

学懂悟通习近平法治思想，必须深刻认识习近平法治思想关于政治和法治、改革和法治、发展和安全、依法治国和以德治国、依法治国和依规治党等重大关系的基本原理，增强科学思维能力，提高分析复杂现象、处理复杂问题的本领。

（一）正确处理政治和法治的关系

政治和法治的关系是关乎法治建设正确方向的根本问题，是法治理论的核心问题。法治是一种政治现象，政治决定法治，法治服务政治，世界上从来不存在与政治"隔缘"的纯粹法治。习近平总书记指出："法治当中有政治，没有脱离政治的法治……每一种法治形态背后都有一套政治理论，每一种法治模式当中都有一种政治逻辑，每一条法治道路底下都有一种政治立场。"[1]历史和现实均表明，在国家的政治体制中，政治理论、政治逻辑、政治立场对法治的影响是内在的、持久的、根深蒂固的。有什么样的政治就有什么样的法治。

---

[1]《习近平关于全面依法治国论述摘编》，中央文献出版社2015年版，第34页。

党和法的关系是政治和法治关系的集中反映。现代政治是政党政治，政党是政治力量的代表，国家政权掌握在执政党手中，执政党的基本理论、基本路线、基本方略深刻影响着法治体系及其运行。在我国，法是党的主张和人民意愿的统一体现，党领导人民制定宪法法律，党领导人民实施宪法法律，党自身必须在宪法法律范围内活动。党和法、党的领导和依法治国是高度统一的，党和法的关系是政治和法治关系的集中反映，正确处理好党和法的关系是正确处理好政治和法治关系的关键。

（二）正确处理改革和法治的关系

改革和法治如鸟之两翼、车之两轮。习近平总书记指出："改革和法治是两个轮子，这就是全面深化改革和全面依法治国的辩证关系。"①改革所需要的秩序环境有赖法治提供，法治所追求的法治体系也有赖改革深化，特别是深化法治领域改革。改革和法治的这种内在联系，使得它们在实践中呈现出相互促进的关系。

在法治下推进改革，在改革中完善法治。一方面，要在法治下推进改革。坚持改革决策和立法决策相统一、相衔接，立法主动适应改革需要，积极发挥引导、推动、规范、保障改革的作用，做到重大改革于法有据，改革和法治同步推进，增强改革的穿透力。另一方面，要在改革中完善法治。改革是法律制度发展完善的重要方式，深化改革的过程是法律制度不断创新完善的过程。习近平总书记指出："解决法治领域的突出问题，根本途径在于改革。"②法治改革既是全面深化改革的重要内容，也是完善法治的重大举措。中国特色社会主义法治体系的完善需要通过法治领域改革来推

---

①习近平：《论坚持全面依法治国》，中央文献出版社2020年版，第40页。
②习近平：《论坚持全面依法治国》，中央文献出版社2020年版，第116页。

动。此外，改革的成果还依赖法治加以巩固，需要立法确认改革经验、完善法律制度。

（三）正确处理发展和安全的关系

中国共产党带领中国人民创造的"经济快速发展"是"发展"的奇迹、"社会长期稳定"是"安全"的奇迹。之所以创造出这两大奇迹，同我们不断推进社会主义法治建设、以法治促进发展和保障安全有着十分紧密的关系。

安全是发展的前提，发展是安全的保障。国家安全和社会稳定是改革发展的前提。只有国家安全和社会稳定，改革发展才能不断推进。必须坚持统筹发展和安全，坚持发展和安全并重，实现高质量发展和高水平安全的良性互动，既通过发展提升国家安全实力，又深入推进国家安全思路、体制、手段创新，营造有利于经济社会发展的安全环境，在发展中更多考虑安全因素，努力实现发展和安全的动态平衡，全面提高国家安全工作能力和水平。

（四）正确处理依法治国和以德治国的关系

法律是成文的道德，道德是内心的法律。法律和道德是两类重要的社会规范，法治和德治是两种重要的治理方式。习近平总书记指出："法律是准绳，任何时候都必须遵循；道德是基石，任何时候都不可忽视。"[①]在我国，社会主义道德是法律法治的价值源泉，是制定法律、实行法治的法理依托，是评价良法善治的重要标准。法律只有在总体上反映伦理道德要求，才能更好地调整社会关系和规范社会行为，也才能获得社会成员的内心认同和自觉服从，进而

---

① 习近平：《论坚持全面依法治国》，中央文献出版社 2020 年版，第 165 页。

实现良法善治。同时，道德践行也离不开法律约束。道德在属性上乃思想意识和价值观念的一种表现，它主要通过舆论评价和内心自律来获得实现，与法律强制性约束相比，道德是一种自我的"软约束"，如果没有法律的支持，道德便会显得无力。总之，法律有效实施有赖于道德支持，道德践行也离不开法律约束。

在国家治理领域，法治和德治相辅相成，相得益彰，二者需要相互支撑、协同发力。在新时代，推进国家治理体系和治理能力现代化，当然要高度重视法治。同时，也必须清楚地看到，法律难以规范的领域，道德可以发挥作用；道德无力约束的行为，法律可以惩戒。"依法治国是维护社会秩序的刚性手段，以德治国是维护社会秩序的柔性手段，只有把两者有机地结合起来，才能有效地维护社会的和谐，保障社会健康协调地发展。"[①]

（五）正确处理依法治国和依规治党的关系

习近平总书记在党的十九大报告中提出坚持"依法治国和依规治党有机统一"[②]，并将之确立为"坚持全面依法治国"这一新时代中国特色社会主义基本方略的重要内容，为推动形成依法治国和依规治党相辅相成、相得益彰的良好局面指明了方向，提供了根本遵循。

实现依法治国和依规治党相辅相成、相得益彰，必须坚持在党中央的集中统一领导下，对依法治国和依规治党同谋划同部署同推进。一是要保持二者全方位对接联动，在政治立场、价值导向、功能定位、制度安排、贯彻实施、组织保障等方面实现同频共振。二是要保持宪法和党章修改完善的协调一致，保持国家法律和党内法

[①] 习近平：《坚持法治与德治并举》，《之江新语》，浙江人民出版社2007年版，第206页。
[②] 习近平：《决胜全面建成小康社会 夺取新时代中国特色社会主义伟大胜利》，《十九大以来重要文献选编》（上），中央文献出版社2019年版，第16页。

规在多个层面的衔接和协调。三是要建立健全相应的保障机制，例如联动编制国家立法规划计划和党内法规制定规划计划，联动开展国家法律清理和党内法规清理，切实维护法治统一。四是要在党中央的集中统一领导下，进一步加大依法治国和依规治党的统筹协调力度，特别是通过中央全面依法治国委员会进一步加强党对全面依法治国的集中统一领导，健全党领导全面依法治国的制度和工作机制。五是大力推进党和国家治理体制改革，探索职能相近的党政机关合并设立或合署办公。

思想是行动的先导，理论是实践的指南。全面依法治国是一项长期而重大的历史任务，也是一场深刻的社会变革，必须以科学理论为指导。坚持用习近平法治思想武装头脑、指导实践、推动工作，是深入学习贯彻习近平新时代中国特色社会主义思想、全面推进新时代中国特色社会主义事业的必然要求，对于统一思想认识、明确前进方向、凝聚奋进力量，加快建设良法善治的法治中国，不断谱写"中国之治"的新篇章，具有重大现实意义和深远历史意义。全党全国各族人民要更加紧密地团结在以习近平同志为核心的党中央周围，坚持以习近平新时代中国特色社会主义思想为指导，深入学习贯彻习近平法治思想，牢记初心使命，勇于担当作为，不断开创全面依法治国新局面，为夺取全面建设社会主义现代化国家新胜利、实现中华民族伟大复兴的中国梦而继续奋斗。

新时代全面依法治国的重庆实践，坚持以习近平法治思想为根本遵循和行动指南。全市深入学习贯彻习近平新时代中国特色社会主义思想，全面落实习近平总书记对重庆所作重要讲话和系列重要指示批示精神，全面贯彻落实中央关于全面依法治国、推进全过程人民民主各项重大决策部署，奋力书写全面建设社会主义现代化的法治重庆新篇章。一贯到底学懂弄通做实习近平法治思想，在重大意义、核心要义、科学方法等各个层面下功夫、抓落实，切实做到"深学之、笃信之、践行之"，着力把学习成效更好转化为推进全面依法治市的生动实践。

新时代全面依法治国的重庆实践，坚持把全面依法治国新要求新任务和重庆市情及工作实际相结合。持续加强和完善党对法治建设的集中统一领导，健全党领导全面依法治市的体制机制，统筹推进依法治市和制度治党、依规治党，把党的领导贯彻到全面依法治市的全过程和各方面。围绕"两点"定位和"两地""两高"目标，在法治化轨道上系统推进成渝地区双城经济圈建设、提升重庆创新发展能级、完善区域协调发展机制、加快建设山清水秀美丽之地，加快推进涉外法治体系建设。以数字重庆建设引领撬动全面依法治市，深入推进法治领域数字化变革。深化全过程人民民主市域实践，充分发挥人大作用，以高质量地方立法筑牢全市治理制度基石。提出法治政府与法治社会建设走在中西部前列的战略目标，对司法工作进行全面系统部署，全面推进科学立法、严格执法、公正司法、全民守法。着力建设高素质法治工作队伍，为全市法治建设提供强有力的组织和人才保障。

第二章

加强党对全面依法治市的领导

党的领导是中国特色社会主义法治之魂，坚持党的领导，是社会主义法治的根本要求，是全面推进依法治国题中应有之义。习近平总书记强调："我国正处于实现'两个一百年'奋斗目标的历史交汇期，坚持和发展中国特色社会主义更加需要依靠法治，更加需要加强党对全面依法治国的领导。"① "全面依法治国决不是要削弱党的领导，而是要加强和改善党的领导，不断提高党领导依法治国的能力和水平，巩固党的执政地位。"② 重庆市在全面依法治市的过程中，不断加强和巩固党对全面依法治市的领导，创新和完善党领导全面依法治市的制度机制，确保将党的领导贯彻到全面依法治市的全过程和各方面。

一、坚持党对法治建设集中统一领导

（一）全面贯彻党中央对法治工作的决策部署

坚持党的领导，首先是要坚持党中央的集中统一领导，这是一条根本的政治规矩。法治是一项复杂的系统工程，事关党和国家事业发展全局，涉及改革发展稳定、治党治国治军、内政外交国防等各个方面，必须旗帜鲜明、毫不动摇地坚持和加强党中央的集中统一领导。只有在党中央的集中统一领导下推进依法治市各项工作，才能确保重庆法治建设始终沿着正确方向前进。党中央通过一系列制度机制确保对全面依法治国的统一领导、统一部署、统筹协调：党的全国代表大会讨论决定法治建设重大问题；以中央全会形式专

---

① 习近平：《论坚持全面依法治国》，中央文献出版社2020年版，第222页。
② 习近平：《论坚持全面依法治国》，中央文献出版社2020年版，第228页。

门研究部署法治建设重大问题；以中央工作会议形式专题研究决定法治建设重要工作；中央政治局、中央政治局常委会研究审议法治建设重大问题；由中央全面依法治国委员会专门研究决定全面依法治国重大事项。重庆市在全面依法治市的过程中，坚决对标对表中央决策精神，不打折扣全面贯彻落实中央关于法治建设的集中统一部署。

首先，严明政治纪律和政治规矩，自觉落实"两个确立"、坚决做到"两个维护"，发展良好政治生态，确保法治工作与中央保持高度一致。坚持党中央集中统一领导，要求依法治市必须始终在思想上政治上行动上同以习近平同志为核心的党中央保持高度一致，以习近平总书记重要讲话精神武装头脑、统领工作、指导实践。重庆市在依法治市中坚持把"两个维护"作为最高政治原则和根本政治规矩，不断提高政治判断力、政治领悟力、政治执行力，不断提升做到"两个维护"的定力和能力。切实加强纪律建设，把守纪律讲规矩摆在更加重要的位置，严格遵守党的政治纪律和政治规矩，坚决维护党中央权威、维护党的团结、遵循组织程序、服从组织决定。持续肃清孙政才恶劣影响和薄熙来、王立军流毒紧密结合，全面彻底干净肃清邓恢林流毒影响，及时召开市管主要领导干部专题警示教育会，持续深入开展"以案四说""以案四改"，切实从政治上认清危害，肃清流毒，筑牢政治忠诚。

其次，以学促干，狠抓落实，在贯彻落实党中央关于全面依法治国的决策部署上下真功夫。重庆市认真学习党的全国代表大会、党的中央全会、中央政治局及其常委会会议、中央全面依法治国工作会议以及中央全面依法治国委员会关于全面依法治国重大事项的决策与部署，特别是党的二十大报告对"坚持全面依法治国，推进法治中国建设"的新论述、新部署，聚焦用心学、用功悟、用情讲、用力做，推动党的二十大精神在法治领域落地见效。同时，抓紧抓实中央法治政府建设督察整改，召开全面依法治市暨法治政府建设推进会，从政治上认识、认领和整改反馈问题，以最坚决的态度、最严格的标准、最有力的举措推进整改，高标准高质量完成125项整改任务。

再次，对标对表中央决策部署，建立工作台账，细化任务分工，确保将党中央关于全面依法治国的集中统一部署在重庆全面实现。党的十八大以来，以习近平同志为核心的党中央坚持系统观念，坚持前瞻性思考、全局性谋划、整体性推进，不断完善全面依法治国的顶层设计，制定《法治中国建设规划（2020—2025年）》《法治政府建设实施纲要（2021—2025年）》《法治社会建设实施纲要（2020—2025年）》，以"一规划两纲要"勾勒全面依法治国的施工表、路线图。重庆市分解细化中央法治建设"一规划两纲要"具体任务，结合实际制定《重庆市〈法治中国建设规划（2020—2025年）〉实施方案》等贯彻落实分工方案，推进各项任务落地落实。如2020年2月5日，习近平总书记在中央全面依法治国委员会第三次会议上发表重要讲话，深刻阐明了依法防控在疫情防控工作中的重要作用，对坚持依法防控，在法治轨道上统筹推进各项防控工作作出了战略部署。重庆市第一时间细化分解中央决策部署确定的工作任务，制定《贯彻落实习近平总书记在中央全面依法治国委员会第三次会议上重要讲话精神工作任务分工方案》和市委全面依法治市委员会年度工作要点，建立任务进度台账，及时提示预警，经过各协调小组、责任单位以及各区县的共同努力，工作要点确定的126项重点任务逐一完成。

（二）充分发挥党委在依法治市中的领导核心作用

根据《中国共产党地方委员会工作条例》，党的地方委员会在本地区发挥总揽全局、协调各方的领导核心作用，按照协调推进"四个全面"战略布局，地方党委领导本地区的法治建设工作，研究解决本地区法治建设的重大问题，对本地区法治建设实行全面领导。中共重庆市委在全面依法治市中积极发挥总揽全局协调各方的领导核心作用，主要体现在以下方面。

首先，履行对本地区法治工作的领导责任，将法治建设与经济社会发展同部署、同推进、同督促、同考核、同奖惩。如2022年，重庆市第六次党代会、市委六届二次全会就深学笃用习近平法治思想、纵深推进全面依法治市进行全面安排，并作出了关于法治政府、法治社会建设走在中西部前列的依法治市部署和要求。

其次，作为党委法治建设议事协调机构的市委依法治市委员会积极发挥法治建设的牵头抓总、运筹谋划、督促落实等工作。及时召开市委全面依法治市委员会会议，研究年度法治建设重点工作，专题听取法院、检察院、公安局等部门工作汇报，支持和保证人大、政府、政协、法院、检察院等依法依章程独立负责、协调一致地开展工作，做促进公正司法、维护法律权威的表率。如2020年，为了确保依法开展疫情防控工作，印发《贯彻落实〈中央全面依法治国委员会关于依法防控新型冠状病毒感染肺炎疫情 切实保障人民群众生命健康安全的意见〉的工作方案》，推动制定《关于依法全力开展新冠肺炎疫情防控工作的决定》《关于全面禁止非法交易、食用野生动物的决定》《关于依法做好疫情防控期间维护社会稳定工作的通知》等制度规定，依法开展排查防控，维护社会稳定。2023年，重庆召开六届市委全面依法治市委员会第一次会议，研究安排全面依法治市有关工作，先后出台《关于健全完善现代化社会治理体系一体推进平安重庆法治重庆建设的实施意见》《关于加强新时代法学教育和法学理论研究的实施意见》《重庆市道路交通安全和运输执法领域突出问题专项整治工作实施方案》等重要文件，部署了重大举措和重要事项。此外，立法、执法、司法、守法普法四个协调小组均及时召开各小组会议，研究安排各自领域年度重点工作。

(三) 发挥党委政法委员会在依法治市中的重要作用

根据《中国共产党政法工作条例》的规定，党委政法委是党委领导和管理政法工作的职能部门，是实现党对政法工作领导的重要组织形式。由于政法工作涉及立法、行政执法、司法、纠纷解决、法治教育、法律服务等，党委政法委成为党委领导法治工作的重要职能部门。中央明确要求，各级党委政法委员会把工作着力点放在把握政治方向、协调各方职能、统筹政法工作、建设政法队伍、督促依法履职、创造公正司法环境上，这就要求政法委要紧紧围绕这六个方面聚焦聚神聚力，善于抓大事、议大事、谋全局，管方向、管政策、管原则，不断提高协调解决事关政法工作全局重大问题的能力，同时要带头依法办事，善于运用法治思维和法治方式谋划推动政法工作，提升政法工作的法治化水平。在全面依法治市的新形势下，中共重庆市委政法委员会积极作为、主动担当，切实履行全面依法治市的组织者、推动者、实践者的责任。

第一，充分发挥政法委协调政法机关之间关系的职能，优化法治关键环节运行机制。重庆市委政法委出台《进一步健全生态环境保护行政执法与刑事司法衔接工作机制的实施意见》，优化完善生态环境保护行政执法与刑事司法衔接工作机制，强化线索双向移交、联动执法整治、信息互通共享；印发实施《重庆市深化"一件事一次办"打造"渝快办"升级版攻坚行动方案》，大力推进"一件事一次办"，谋划50项"一件事一次办"主题集成网上办理服务；以数字化变革创新行政管理和服务方式，加快推广应用"渝快办"政务服务平台；深化"一窗综办"改革，起草《重庆市深化"一窗综办"改革系统性重构"一站式"服务体系工作方案》；聚焦环节最优、材料最简、效率最高、跑动最少和主动服务最贴心，全面整改问题330个，73%的政务服务事项实现"同事同标"，启动500项高频事项颗粒化梳理。

第二，能动发挥政法委协调政法机关与地方之间关系的职能，创新跨地域法治协作机制。重庆市委政法委专程赴四川考察对接，紧扣"两中心两高地"目标定位，建立川渝政法机构合作机制，协同制定《关于提升区域一体化执法司法水平服务保障成渝地区双城经济圈建设的指导意见》《川渝政法工作战略合作框架》，为成渝地区双城经济圈建设提供优质高效法治保障。

第三，积极发挥政法委服务中心工作、保障发展大局的职能，通过营商环境法治化服务保障经济高质量发展。如在疫情防控中，市委政法委协调市高法院、市检察院、市公安局、市司法局联合制定依法惩治妨害疫情防控违法犯罪的实施意见，出台14条具体措施，协调农业、交通、市场监管等部门制定实施统筹疫情防控和保障经济社会发展以及服务企业复工复产工作规范。为了促进民营经济发展，市委政法委出台《关于促进民营经济高质量发展的实施意见》，提出25条措施，推动民营经济高质量发展。印发《关于开展服务保障民营经济专项行动的通知》《政法机关服务保障民营经济工作座谈会意见建议清单》等文件，组织政法单位开展涉民企挂案积案清理、加强矛盾纠纷多元化解、开展涉民企执行案件执行攻坚等工作。组织政法机关开展"保市场主体、护民营经济""助企抗疫·司法同行"等专项行动，发布疫情防控法律指引和典型案例，制定13个领域71项免罚清单，组建41个复工复产法律服务团，提出风险提示和法律建议8100余条，调处涉疫涉企纠纷7093件。

(四) 党政主要负责人履行法治建设第一责任人职责

党的十八届四中全会提出，党政主要负责人要履行推进法治建设第一责任人职责。2016年12月，中共中央办公厅、国务院办公厅印发了《党政主要负责人履行推进法治建设第一责任人职责规定》。该规定明确要求，党政主要负责人应当切实履行依法治国重要组织者、推动者和实践者职责，对法治建设重要工作亲自部署、重大问题亲自过问、重要环节亲自协调、重要任务亲自督办，把本地区各项工作纳入法治化轨道。

第一，重庆市委积极履行法治建设职责，市委书记在推进法治建设中充分发挥党委在推进本地法治建设中的领导核心作用，定期听取有关汇报，及时研究解决有关重大问题，将法治建设纳入地区发展总体规划和年度工作计划。如2020年，市委书记带头履行推进法治建设第一责任人职责，主持召开会议研究审议全面依法治市议题52件次，督促各级各部门履职尽责、抓好落实。

第二，政府主要负责人在推进法治建设中强化对本地区法治政府建设的组织领导，制定工作规划和年度工作计划，及时研究解决法治政府建设有关重大问题，为推进法治建设提供保障、创造条件。如重庆市政府党组多次专题研究法治政府建设工作，及时审议法规规章草案及法治政府建设文件，有效推进各项工作落地。同时，将是否遵守决策程序制度、做到依法决策作为对政府部门党组（党委）开展巡视巡察和对行政机关主要负责人开展考核督察、经济责任审计的重要内容。

第三，为了确保党政主要负责人履行法治建设第一责任人职责得到贯彻落实，重庆全面推进"述法+测评+考核"工作，把党政主要负责人履行推进法治建设职责情况纳入年度考核，把依法依规指标纳入市管领导班子运行评估和群众口碑评价指标体系。2022年度，共计15917名领导干部参加述法测评考核。

二、加强党领导全面依法治市的制度机制建设

党对法治的领导是制度化、规范化的领导，党领导全面依法治市工作需要通过一系列制度机制予以保障。在法治建设中，重庆市突出实践导向，创新一系列制度机制，切实解决全面依法治市工作中的突出问题，提升党领导全面依法治市的能力和水平。

（一）议事协调制度机制

为加强党对全面依法治国的集中统一领导，统筹推进全面依法治国工作，2018年，党中央组建中央全面依法治国委员会。与中央相对应，县级及以上地方党委均成立了法治议事协调机构，即全面依法治省（市、县）委员会，负责地方法治建设的统一规划、统筹协调、整体推进、督促落实，重点推动解决部门、地方解决不了的重大事项，协调解决部门、地方之间存在分歧的重大问题。

重庆市遵循中央部署，成立中共重庆市委全面依法治市委员会，建强市委全面依法治市委员会办公室，充分发挥法治议事协调机构的职能。同时，在市委依法治市委员会下分别设立立法、执法、司法、守法普法四个协调小组，有针对性地研究、讨论和解决法治关键环节的重要突出问题。立法、执法、司法、守法普法四个协调小组均及时召开小组会议，研究安排各自领域年度重点工作并进行督促落实。此外，重庆市委还注重议事协调机制的制度建设，以制度确保机制的协同高效运行，如印发《重大法治事项请示报告制度》《协调小组工作细则》《全面依法治市督察工作办法（试行）》《重庆市法治工作重要决定和方案备案工作规定》，密切与协调小组、有关部门的沟通配合，加强对区县的指导，形成上下贯通高效协同的工作机制。

（二）依法决策制度机制

科学、民主、依法决策是保证党正确决策的基本原则，其中，依法决策具有重要地位。党委依法决策要求各级党组织坚持科学决策、民主决策、依法决策的理念，应当按照集体领导、民主集中、个别酝酿、会议决定的原则，在各自职责权限范围内，及时对法治建设事项研究作出决定、决策部署或者指示。决策时，应当先行调查研究，提出适当方案，充分听取各方面意见，充分发挥法律顾问的作用，进行风险评估和合法合规性审查，按照规定提请相关会议讨论和决定。党委依法决策，强调决策主体、决策程序、决策内容、决策责任都要始终贯穿和体现法治思维，并采取和运用法治方式。

重庆市高度重视党委依法决策机制建设，科学合理界定各级党委决策权限，把经过法律咨询、具有法律依据、完成合法性审查作为党委作出重大决策和出台重要政策的必经程序。强调各级党委（党组）每作一项决策，都要认真想一想法律上谁有权决策，有多大权限决策，决策的法律依据是什么，应当遵循的法定程序是什么，应当承担什么样的法律责任。市委出台《市委文件公开发布规程》，明确规定市委法规工作机构、市政府法制工作机构要对拟公开发布的市委文件稿进行合法合规性审查。制定《关于推行党委法律顾问和公职律师制度的通知》和《中共重庆市委法律顾问工作规则（试行）》，要求全市区县以上地方党委机关普遍设立法律顾问、公职律师，要求进一步完善制度机制，在讨论、决定重大事项，起草、审核、论证重要法规和规范性文件等方面，认真听取市委法律顾问意见建议，推动党委各项决策更加科学规范。2018年4月，重庆市委决定建立市委法律顾问制度，聘任西南政法大学校长付子堂教授等7人为重庆市委首批法律顾问，与此同时，市委办公厅也聘请了3名法律顾问和2名公职律师。

（三）法规衔接制度机制

法律是对全体公民的要求，党内法规制度是对全体党员的要求，党章等党规对党员的要求比法律要求更高。党内法规既是管党治党的重要依据，也是建设社会主义法治国家的有力保障。坚持党对全面依法治国的领导，必须坚持依法治国和依规治党有机统一，确保党既依据宪法法律治国理政，又依据党内法规管党治党。习近平总书记指出："要发挥依法治国和依规治党的互补性作用，确保党既依据宪法法律治国理政，又依据党内法规管党治党、从严治党。"[1]"依规治党深入党心，依法治国才能深入民心。"[2]要坚持党内法规同国家法律的衔接和协调，发挥依法治国和依规治党的互补性作用，努力形成党内法规和国家法律相辅相成、相互促进、相互保障的格局。

重庆市高度重视依法治国与依规治党的有机统一、党内法规和国家法律的衔接协调。一方面，推进党的领导制度化法治化，贯彻落实党领导人大、政府、政协、监察机关、审判机关、检察机关、人民团体、企事业单位、基层群众自治组织、社会组织等法律法规制度。另一方面，贯彻中央要求，结合重庆实际，强化前置审核，严格把关，提升党内法规制度制定规范化、科学化水平。完善备案审查工作机制和工作规范，积极推动合法合规性审查向部门覆盖、向基层延伸，在全市各级各单位普遍建立合法合规性前置审核机制，切实做到有件必备、有备必审、有错必纠，维护党内法规制度体系统一性和权威性。为了确保立法与立规的衔接协调，重庆市还专门成立了市委党内法规工作联席会议，建立联合审查机制，对党政联合行文，由市委、市政府法规工作机构联合开展审查，推动解决党内法规制度建设中的重大问题，努力形成党内法规规范性文件

---

[1] 习近平：《论坚持全面依法治国》，中央文献出版社2020年版，第231页。
[2] 习近平：《论坚持全面依法治国》，中央文献出版社2020年版，第223页。

和地方立法相辅相成、相互促进、相互保障的格局。

（四）考核考评制度机制

考核考评是督促党组织和党员领导干部履行法治建设领导责任的重要机制。党的十八届四中全会提出，把法治建设成效作为衡量各级领导班子和领导干部工作实绩的重要内容，纳入政绩考核指标体系。把能不能遵守法律、依法办事作为考察干部的重要内容，在相同条件下，优先提拔使用法治素养好、依法办事能力强的干部。对特权思想严重、法治观念淡薄的干部要批评教育，不改正的要调离领导岗位。《中国共产党政法工作条例》规定，党委应当加强对党委政法委、政法单位党组（党委）和下一级党委常委会领导开展政法工作情况的考核考评。

重庆市积极推动以考促干，充分利用考核考评制度机制督促各级各类党组织和党员领导干部履行法治建设领导责任。如2020年，重庆市顺利完成渝中区、市交通局等6个单位党政主要负责人履行推进法治建设第一责任人职责情况年终考核述职试点。同时，开始加大对中央全面依法治国决策部署和市委工作安排贯彻落实情况的考核力度，严格区县、部门年度法治建设考核，在考核当中对5个区县作出扣分处理。优化全面依法治市考核细则，将行政应诉、政务公开等纳入考核，考核指标精简至市级部门15项、区县16项，提高考核的针对性、有效性。

（五）督察督办制度机制

督察督办是加强党对法治工作领导的重要手段。中共中央办公厅、国务院办公厅印发的《法治政府建设与责任落实督察工作规定》确立了法治政府建设督察制度，由全面依法治国（省、市、县）委员会办公室实施，以地方各级党委和政府、县级以上政府部门为督察对象。《中国共产党政法工作条例》规定了党委政法委对政法系统的政治督察、执法监督、纪律作风督查巡查等制度机制，以解决政法系统有令不行、有禁不止等问题。2018年以来，中央政法委对扫黑除恶专项斗争中一些"骨头案件""重点案件"进行挂牌督办，比如"云南孙小果案""湖南操场埋尸案"，确保了专项斗争顺利推进。

督察督办制度机制是重庆市加强党对全面依法治市工作领导的重要抓手。如2020年，重庆市围绕党政主要负责人履行推进法治建设第一责任人职责和法治政府建设推进情况，对12个市级部门、38个区县，集中2个月时间开展全面督察，首次采用现场提问、现场打分、出具评审结论的方式进行总结评议，动真碰硬，提出245条意见并督促整改落实。通过督察督出问题、评出"辣味"，精准发现弱项短板，有力促进改进工作，渝中区、永川区被评为全国法治政府建设示范区，南川区"最难办事科室群众评"被评为全国法治政府建设示范项目。2021年，重庆市开展执法司法制约监督制度机制建设专项督察，集中评查案件872件，督促整改问题案件97件。

三、把党的领导贯彻到全面依法治市的全过程和各方面

习近平总书记指出："坚持党的领导，不是一句空的口号，必

须具体体现在党领导立法、保证执法、支持司法、带头守法上。"①"要坚持党总揽全局、协调各方的领导核心作用，统筹依法治国各领域工作，确保党的主张贯彻到全面依法治国全过程和各方面。"②重庆市严格贯彻落实党领导立法、保证执法、支持司法、带头守法的制度机制，确保将党的领导贯彻到全面依法治市的全过程和各方面。

（一）领导立法

立法是为国家立规矩、定方圆的神圣工作，也是涉及各方面利益关系的复杂工作。党的领导是我国科学立法、民主立法、依法立法最有力的保证与前提，是立法工作始终坚持正确的政治方向、切实实现人民民主的可靠保障。领导立法，就是领导和推动国家立法机关将党的主张通过法定程序成为国家意志，成为全社会一体遵循的法律规则，从制度上、法律上保证党的路线方针政策的贯彻实施。党的十八届四中全会提出，加强党对立法工作的领导，完善党对立法工作中重大问题决策的程序。党对立法工作领导的重点领域包括立法体制改革工作、重要立法工作以及法律制定和修改中的重大问题等。重庆市加强党对立法工作的领导，主要体现在以下几个方面。

第一，健全党领导立法的机制，强化党对立法工作的领导。完善市委审议批准党内法规和规范性文件制定计划以及市人大常委会、市政府立法计划机制，研究解决重大问题。将成渝双城经济圈建设作为市委"一号工程"，积极推动探索区域协同立法，形成《川渝人大法制工作机构协同立法工作办法》，明确专班推进立法、

---

① 习近平：《论坚持全面依法治国》，中央文献出版社2020年版，第107页。
② 习近平：《论坚持全面依法治国》，中央文献出版社2020年版，第107页。

日常沟通联络、联合实地调研、立法计划编制情况适时通报等工作机制，为区域协同立法奠定了制度基础。推动创新立法协调机制，实行重要地方性法规项目市人大常委会、市政府领导"双组长"机制，及时研究协调重大立法争议，出台法规配套规定，制定工作监督办法，确保有效落实。

第二，抓住立法质量这个关键，促进提升地方立法质效。加强对立法计划和立法中重大问题的研究把关，坚决防止地方立法违背上位法规定、立法"放水"等问题。维护法治统一，推动涉及民法典、行政处罚法贯彻实施和成渝地区双城经济圈建设、长江流域保护、人口与计划生育、公共卫生等领域法规规章规范性文件清理。

第三，善于使党的主张通过法定程序成为国家意志。结合重庆经济社会发展实际，推动重点领域、民生领域立法进程，将社会主义核心价值观融入地方立法，出台乡村振兴促进条例、地方粮食储备管理办法等法规规章。特别是《重庆市红色资源保护传承规定》，是善于使党的主张通过法定程序成为国家意志的鲜活表现。红色资源鲜活地记录了我们党领导人民实现中华民族站起来、富起来、强起来的辉煌历史，是我们党的宝贵财富。重庆市委高度重视红色资源保护传承工作，市委常委会作出以立法方式保护传承红色资源的决策部署，成立以市委常委、宣传部部长和市人大常委会分管领导为双组长的起草工作领导小组，成立起草工作专班，草案形成后，多次征求各方面意见，于2022年6月10日正式通过了《重庆市红色资源保护传承规定（草案）》，以法律的形式保护红色资源，传承社会主义核心价值。

（二）保证执法

法治政府建设是法治中国建设的重点、难点板块。《法治政府建设实施纲要（2015—2020年）》提出："加强党对法治政府建设的领导。各级政府要在党委统一领导下,谋划和落实好法治政府建设的各项任务,主动向党委报告法治政府建设中的重大问题,及时消除制约法治政府建设的体制机制障碍。"保证执法,就是领导和推动各级政府加快建设职能科学、权责法定、执法严明、公开公正、廉洁高效、守法诚信的法治政府,做到严格规范公正文明执法。党通过规范党员、干部严以修身、严以用权、严以律己来锤炼执法主体,通过强化执法中的群众工作理念、信持执法中的为民服务原则、纯净执法中的党群关系作风、完善执法中的政治监督督查,保证了执法主体严格公正文明执法。党保证执法的重点领域包括推动政府机构和行政执法体制改革、领导重点领域执法活动、塑造法治化营商环境等。重庆市委高度重视党保证执法活动,2021年12月30日,中共重庆市委、重庆市人民政府联合印发《重庆市法治政府建设实施方案(2021—2025年)》,推进依法行政和法治政府建设。重庆市加强党对执法工作的领导,具体体现在以下几个方面。

第一,加强党对法治政府建设的领导。中共重庆市委、重庆市人民政府印发《重庆市法治政府建设实施方案(2021—2025年)》,要求各级党委切实履行推进法治政府建设领导职责,听取工作汇报,及时研究解决制约法治政府建设的重大问题;各级政府在党委统一领导下,履行法治政府建设主体责任,将法治政府建设纳入经济社会发展总体规划和年度工作计划,谋划落实好法治政府建设各项任务,主动及时向本级党委请示报告;各级党委法治建设议事协调机构及其办事机构要按照法治政府建设是全面依法治市重点任务和主体工程的要求,立足率先突破,加强协调督促推动。

第二,推动依法行政重点任务落实。市委召开全面依法治市暨法治政府建设推进会议,制定法治政府建设年度工作要点,项目化、清单化、责任化、时限化推进重点工作落实,2022年,社会各界对重庆市法治政府建设满意度提升至94.2%。积极参加第二批全国法治政府建设示范创建活动，着力打造具有重庆辨识度的法治政府建设"最佳实践"典型案例，渝北区、沙坪坝区被命名为全国法治政府建设示范区，江北区、南岸区有关项目被命名为全国法治政府建设示范项目。

第三，加强法治政府建设的监督。对标对表《中央依法治国办关于对重庆市开展法治政府建设实地督察的反馈意见》，重庆市委对督察反馈问题整改负总责，市委依法治市委员会发挥牵头抓总、督促落实作用，召开专题会议，研究部署督察反馈意见整改工作，形成整改落实方案，各相关部门按照责任分工细化整改措施，逐条对账、逐项销号，通过督察整改切实推进法治政府建设工作。建立提醒警示、挂牌督办、典型案例通报、重大责任事项约谈等制度，完善法治政府督察工作机制，强化跟踪督办，严格责任追究，切实抓好督察整改工作。推动完善各级政府法治政府建设指标体系，强化指标约束和引领，加强数据监测和状况分析，提升依法行政水平。

（三）支持司法

司法肩负着权利救济、定分止争等功能，是维护社会公平正义的最后一道防线。党支持司法，就是支持和保障司法机关依法独立公正行使司法权，不受行政机关、社会团体和任何个人的非法干涉，切实维护司法的公正性和权威性。党对司法工作的领导是"管方向、管政策、管原则、管干部，不是包办具体事务，不要越俎代庖"。实践中，党通过指引司法体制改革方向，支持司法机关依法独立行使职权；建立领导干部干预司法活动、插手具体案件处理的记录、通报和责任追究制度，为司法机关独立行使职权排除干扰和阻力；推进司法队伍正规化、专业化、职业化，健全司法人员履行法定职责保护机制；树立、维护司法机关权威，引导各级国家机关带头尊重、服从司法机关的判决、裁定和决定，从而为司法公正提供了根本支持。在党支持司法方面，重庆市的主要做法有以下几个方面。

第一，加强司法机关政治建设。制定深化落实《中国共产党政法工作条例》及市委实施办法任务清单，确保司法机关贯彻落实党中央决策部署和市委工作安排。严格执行请示报告制度，司法机关依规向市委、市委政法委请示报告重大事项、重大工作、重大案件。成立重庆法院党校，开办"重庆法院领导干部大学堂"，强化政治轮训。推动人民法院出台服务保障重庆发挥"三个作用"意见等司法政策文件，切实把党中央决策部署、市委工作安排贯穿到法院工作全过程各方面。创办市级机关党校检察分校、检察机关"新时代红岩讲习所"、党员教育中心，检察机关开展"听党的话、按法律办事、为人民服务"、争创"学习型"检察院、争当"放心型"检察官活动，以理论清醒确保政治坚定。深入推进司法机关系统内政治巡察、政治督察，大力整治顽瘴痼疾，持续纠治"四风"。

第二，支持司法机关依法独立行使职权。习近平总书记多次强调："司法不能受权力干扰，不能受金钱、人情、关系干扰，防范这些干扰要有制度保障。"[①]党对司法工作的领导，不是具体代替法院和检察院对司法审判权和检察权的行使，更不能借党的领导之名不当干预司法案件。2015年，党中央、国务院制定了《领导干部干预司法活动、插手具体案件处理的记录、通报和责任追究规定》，之后，中央政法委等党和国家机关联合制定《司法机关内部人员过问案件的记录和责任追究规定》《关于进一步规范司法人员与当事人、律师、特殊关系人、中介组织接触交往行为的若干规定》，简称为"三个规定"，为领导干部划出了红线、底线。重庆市委积极支持司法工作，制定贯彻落实"三个规定"的配套规定，并严格落

---

① 习近平：《论坚持全面依法治国》，中央文献出版社2020年版，第23页。

实防止干预司法。如2022年，为深入贯彻落实中央和重庆市委关于防止干预司法"三个规定"的部署要求，进一步规范司法行为、维护司法公正，重庆市委政法委组织开展全市防止干预司法"三个规定"专项检查。推动政法各单位将"三个规定"纳入中心组学习、党支部学习、业务培训，将贯彻执行情况纳入重大议事日程和重大请示报告事项，推动工作责任落实到位。将执行落实"三个规定"工作情况纳入党风廉政建设责任制和政绩考核，对发现的问题及时督促整改、严肃追责问责。2022年，重庆市检察系统记录过问插手干预司法办案等事项1708件。

第三，在司法工作中发挥党建引领作用。如重庆市人民法院系统坚持抓党建带队建强管理促审判，扛起管党治党政治责任，完善党建工作8项制度，实施基层党组织组织力提升工程，深入推进机关"三基"建设和"四强"党支部创建，5个案例入选市直机关党建工作"三基"建设典型案例，2个案例获评新时代人民法院党建创新优秀案例。重庆市检察机关严格落实党建工作责任制，健全市院党组指导三级院党建工作一体化机制，建立市院领导干部党建工作联系点制度，把党建纳入基层院工作实绩评价，创新"党建品牌"，引领检察工作，"突出党建引领、以党建带队建、党建融入日常"三步工作法成功入选全国基层检察院党建与业务相融合交流研讨品牌。推动司法行政机关加强律师行业党建，建立律师行业党组织401个，选派党建工作指导员101人，实现律师行业党的组织和工作全覆盖。

（四）带头守法

法治社会是构筑法治国家的基础。《法治社会建设实施纲要（2020—2025年）》提出，坚持党对法治社会建设的集中统一领导，凝聚全社会力量，扎实有序推进法治社会建设。党带头守法，就是各级党组织和全体党员要带头尊法学法守法用法，带动全社会形成办事依法、遇事找法、解决问题用法、化解矛盾靠法的良好法治环境。党通过要求全体党员模范守法，要求党员干部在学法守法用法中身体力行以身作则形成示范效应，为推动全社会树立法治意识发挥了引领和保障作用。重庆市高度重视党带头守法活动，努力营造各级党组织和全体党员带头尊法学法守法用法的社会氛围。

第一，由党委（党组）理论学习中心组带头学法，进行高位推动。市委印发《2023年度全市党委（党组）理论学习中心组学习意见》，将习近平法治思想纳入全市各级党委（党组）理论学习中心组学习计划。要求各级领导干部要坚决贯彻落实党中央关于全面依法治国的重大决策部署，带头尊崇法治、敬畏法律，了解法律、掌握法律，不断提高运用法治思维和法治方式深化改革、推动发展、化解矛盾、维护稳定、应对风险的能力，做尊法学法守法用法的模范。

第二，以加强领导干部法治素养为重点，提升党员干部依法办事能力。如2020年，重庆市在4个区县、2个部门开展年度述职述法试点和考核。组织1.5万余名领导干部参加法治理论学习考试，坚持领导干部旁听庭审和互动释法制度。市委党校主体班举办法治专题培训14期、培训1663人次。2022年，重庆市组织1.58万余名领导干部参加法治理论现场考试，完成副处级以上领导干部旁听庭审全覆盖，大力提升党员干部法治思维和依法办事能力。

第三，以加强法治工作队伍教育管理为抓手，督促党员干部严守法治底线。重庆市委坚持以政治建设为统领，持续肃清流毒影响，推动有关"人事案"查处"动态清零"。坚持以素质提升为核心，打造新时代"红岩先锋"变革型组织。坚持以正风肃纪为保障，常态化加强纪律作风督察巡查，推动全面从严治党向纵深发展。常态开展政德教育、"以案四说"警示教育，着力推动"以案四改"，教育干部知敬畏、存戒惧、守底线。

第三章

深化全过程人民民主市域实践

全过程人民民主是对中国民主的精准概括，是作为理论渊源的马克思主义民主观在当代中国的重大发展。2019年习近平总书记在上海考察时首次提出："人民民主是一种全过程的民主，所有的重大立法决策都是依照程序、经过民主酝酿，通过科学决策、民主决策产生的。"[①]2021年在中央人大工作会议上，习近平总书记重申全过程人民民主并深入阐述："我国全过程人民民主实现了过程民主和成果民主、程序民主和实质民主、直接民主和间接民主、人民民主和国家意志相统一，是全链条、全方位、全覆盖的民主，是最广泛、最真实、最管用的社会主义民主。"[②]2022年党的二十大报告专设第六节"发展全过程人民民主，保障人民当家作主"一节，强调："全过程人民民主是社会主义民主政治的本质属性，是最广泛、最真实、最管用的民主。"[③] 全过程人民民主重大理念成为中国民主发展的理论旗帜。重庆市深入学习全过程人民民主的重要论述，在市域治理实践中着力践行全过程人民民主。

一、充分发挥人大作用

作为我国政体的人民代表大会制度是实现全过程人民民主的重要制度载体。重庆市各级人大充分发挥自身作用，着力将全过程人民民主重大理念贯穿于人大工作各方面各环节，促使全过程人民民主理念落地落实落细，以此不断提升新时代重庆人大工作质量和

[①] 习近平：《论坚持人民当家作主》，中央文献出版社2021年版，第303页。
[②] 习近平：《在中央人大工作会议上的讲话》，《求是》2022年第5期。
[③] 习近平：《高举中国特色社会主义伟大旗帜　为全面建设社会主义现代化国家而团结奋斗——在中国共产党第二十次全国代表大会上的报告》，《人民日报》2022年10月26日，第01版。

水平。

（一）地方立法各环节拓展人民有效参与

地方立法工作是践行全过程人民民主的重要环节。习近平总书记指出："要落实宪法赋予人大及其常委会的职责，发挥其在立法工作中的主导作用，拓展人民有序参与立法途径。"[1]重庆市人大及其常委会坚持在法规立项、起草、论证、审议等各环节拓展人民的有效参与，切实做到"开门立法"，充分保障人民知情权、参与权、表达权，有效推动地方立法高质量发展。

第一，深化建设和发展基层立法联系点。通过积极争取，2021年9月全国人大常委会法工委将重庆市沙坪坝区人大常委会设立为"国字号"基层立法联系点。2020年5月，按照"有基础、有特点、有意愿"的原则，重庆市人大常委会探索设立首批5个基层立法联系点。[2]2022年3月，优化选点布局和辐射带动，又增选设立第二批基层立法联系点5个。[3]

第二，拓宽人民有效参与地方立法的程序机制。主要体现在：建立代表议案建议、面向社会公众征集、收集社情民意等立法项目选定工作机制，完善法规草案公开征求公众意见和反馈机制，组织召开新闻发布会同步解读通过的法规。[4]另外，重庆市第五届人大常委会共聘请40名来自国家机关、高校、律所等单位的立法咨询专家，常态化为法规草案"把脉诊治"。

---

[1]习近平：《谱写新时代中国宪法实践新篇章——纪念现行宪法公布施行40周年》，《人民日报》2022年12月20日，第01版。
[2]涪陵高新技术产业开发区管理委员会、沙坪坝区石井坡街道中心湾社区居民委员会、荣昌区盘龙镇人大办公室、石柱土家族自治县西沱镇人民政府和重庆市律师协会等5家单位和组织。
[3]铜梁区社会治理创新中心、开州区法院汉丰湖法庭、彭水自治县保家镇政府、广阳湾智创生态城建设发展指挥部办公室、西南大学国家治理学院等5家单位和组织。
[4]参见陈国栋、周尤：《不断拓展全过程人民民主的重庆实践》，《重庆日报》2023年1月17日，第003版。

第三，力求制定修订的每部法规承载反映民意。例如，重庆市人大常委会2020年制定《重庆市公共场所控制吸烟条例》、2021年修改《重庆市物业管理条例》、2021年制定《重庆市生活垃圾管理条例》、2021年制定《重庆市国有土地上房屋征收与补偿条例》、2022年修改《重庆市职工权益保障条例》、2023年修改《重庆市邮政条例》等法规，充分彰显惠民利民的立法初心。

（二）强化人大监督中回应民生关切

习近平总书记强调："只要公权力存在，就必须有制约和监督。不关进笼子，公权力就会被滥用。"[①]发挥好人大监督在党和国家监督体系中的重要作用，确保法律法规得到有效实施，是贯彻全过程人民民主的内在要求。围绕拓展全过程人民民主实践，聚焦民生关切，重庆努力使人大监督的过程成为发现和解决问题、推动和促进发展的过程。

第一，持续大力增强人大监督实效。2020年10月，《重庆市人大常委会关于增强人大监督实效的意见》从总体要求、突出监督重点、强化监督手段、加强调查研究、提高审议质量、坚持跟踪监督六个部分进行了细化规定。在此基础上，持续在创新完善监督工作方式方法、增强监督实效方面进行积极探索。

第二，有序加强对特定领域或问题的监督。2021年9月，重庆市人大常委会通过《关于加强国有资产管理情况监督的决定》，旨在贯彻落实党中央关于建立国家资产管理情况报告制度的决策部署，加强人大国有资产监督职能。2023年3月，重庆市人大常委会通过《关于加强经济工作监督的决定》，旨在进一步加强经济工作

[①]中共中央宣传部、中央全面依法治国委员会办公室编：《习近平法治思想学习纲要》，人民出版社、学习出版社2021年版，第85页。

监督，全面推进新时代新征程现代化新重庆建设。

第三，深入推进备案审查制度和能力建设。2015年8月，重庆率全国之先正式成立备案审查工作委员会，并且其每年均向重庆市人大常委会作关于备案审查工作情况的报告。2023年关于备案审查工作情况的报告显示，重庆市人大常委会依职权审查规范性文件1005件，依申请审查公民审查建议30件，共依法纠正存在合法性、适当性问题的文件29件。

第四，人大监督工作真切回应民生关切。[1]具体表现在：一是紧扣人民急难愁盼问题，确定人大监督项目；二是围绕养老、学龄前儿童入园难、高层建筑消防等热点问题开展监督；三是广泛邀请人大代表和人民群众参与执法检查、专题询问和调研活动等人大监督程序。

（三）通过各类机制发挥人大代表主体作用

党的二十大报告指出："加强人大代表工作能力建设，密切人大代表同人民群众的联系。"[2]重庆市各级人大在进一步加强代表工作、充分发挥代表作用过程中，不断丰富民主形式，拓宽民主渠道，发展更加广泛、更加充分、更加健全的全过程人民民主。

第一，推动人大代表"家站点"迭代升级、规范运行。人大代表家站（人大代表之家，人大代表工作站、活动站、联络站，民情联络点），是人大代表在人代会闭会期间开展活动的重要阵地。截至2023年1月，重庆市规范建设代表"家站点"10103个，近6万名全市各级人大代表混编进"家站点"开展活动，并推进四级人大

---

[1] 参见陈国栋、周尤：《不断拓展全过程人民民主的重庆实践》，《重庆日报》2023年1月17日，第003版。
[2] 习近平：《高举中国特色社会主义伟大旗帜　为全面建设社会主义现代化国家而团结奋斗——在中国共产党第二十次全国代表大会上的报告》，《人民日报》2022年10月26日，第01版。

代表进家入站履职常态化。①

第二，服务、支持和保障人大代表更好依法履职。2017年和2022年重庆市人大常委会依次分别通过《重庆市人民代表大会代表建议批评和意见工作条例》《重庆市人民代表大会代表议案工作条例》，旨在保障人大代表依法行使提出建议、批评和意见以及议案的权利，发挥代表作用，发展全过程人民民主。

第三，创新丰富人大代表履职的内容和形式。重点包括：一是深化乡镇人大"季会制"（每季度召开一次人代会）；二是持续推进"两联一述"（常委会联系代表、代表联系群众以及代表向原选举单位述职）；三是各区县人大探索实施街道居民议事制度；四是做深做实人大代表分片区开展代表活动。以2022年重庆市人大常委会推进"两联一述"为例，常委会组成人员联系基层市人大代表178人次，市人大代表联系人民群众10613人次，200名市人大代表向原选举单位述职，98名基层市人大代表列席市人大常委会会议。②

（四）全面系统完善人大议事规则

贯彻落实全过程人民民主，需要用人大议事规则体系保证人民当家作主。结合实践需要，重庆积极修订全市各级人大及其常委会议事规则，进一步完善会议制度和工作程序，建立健全一整套同全市人民群众保持密切联系的工作机制，确保人民代表大会规范运行，保证全市人民更好地通过人大行使国家权力。

第一，完善重庆市人大及其常委会议事规则。2022年重庆市人大修订《重庆市人民代表大会议事规则》，2023年重庆市人大常委

---

① 参见王亚同：《不负重托为人民　创新开展代表工作——市五届人大常委会五年代表工作回眸》，《重庆日报》2023年1月10日，第002版。
② 参见张轩：《重庆市人民代表大会常务委员会工作报告》，重庆人大网2023年4月12日，https://www.cqrd.gov.cn/article?id=405995598897221。

会修订《重庆市人民代表大会常务委员会议事规则》，均旨在保障和规范市人大及其常委会依法行使职权，健全议事程序，提高议事质量和效率。该两项议事规则在此次修订中均将"坚持全过程人民民主"写入总则。

第二，完善各区县人大及其常委会议事规则。据统计结果显示，在2021年10月13日中央人大工作会议之后，截至2023年12月1日，重庆市各区县人大及其常委会结合实际工作情况，修改议事规则共计27次，新制定议事规则1件。①以武隆区人大为例，2020年1月武隆区人大制定了《重庆市武隆区人民代表大会议事规则》，并于2023年2月对其进行修订，在第二条中新增规定"坚持全过程人民民主"。

二、全面发展协商民主

党的二十大报告要求"全面发展协商民主"，并强调"协商民主是实践全过程人民民主的重要形式"，同时对全面发展协商民主作出战略部署。②近年来，重庆市坚决落实党对协商民主工作的全面领导，致力于提高政协专门协商机构建设水平，广泛凝聚共识汇聚力量，在协商民主中践行全过程人民民主，众多协商民主成果在重庆大地落地生根、开花结果。

---

① 相关数据的梳理与统计均来自"重庆市法规规章规范性文件数据库"，网址：http://fggs.cqrd.gov.cn。
② 参见习近平：《高举中国特色社会主义伟大旗帜　为全面建设社会主义现代化国家而团结奋斗——在中国共产党第二十次全国代表大会上的报告》，《人民日报》2022年10月26日，第01版。

（一）全面推进协商民主体系建设

党的二十大报告指出："完善协商民主体系，统筹推进政党协商、人大协商、政府协商、政协协商、人民团体协商、基层协商以及社会组织协商。"① 重庆市强化系统观念，多种协商渠道统筹推进，建立完善全要素的体系化支撑，全面推进协商民主体系建设，为协商民主稳固发展提供了坚实保障。

第一，健全协商民主制度体系。体系化的制度建设是全面发展协商民主的必然要求。具体包括：一是坚持党委会同政府、政协制定年度协商计划制度。例如，2023年4月重庆市委常委会举行扩大会议，对《中共重庆市委2023年度政党协商计划》进行审议，统领全市本年度的民主协商工作。② 二是各级机关及社会团体持续完善协商民主工作制度。2020年重庆市人大常委会印发《关于全市乡镇年度民生实事项目人大代表票决工作的指导意见》，该类票决制在重庆全面推开。重庆市政府制定《2023年度重庆市人民政府重大行政决策事项目录》并向社会公开。重庆市政协完善专委会协商、界别协商、对口协商等工作制度，第五届政协共废止7项、合并12项、修订26项、新建14项制度。③

第二，完善协商民主工作体系。将制度优势转化为治理效能，离不开完备工作体系的构建。重庆市依托常态化重点工作，建立健全协商民主工作体系。例如，2022年民革重庆市委会全面推行"3131一盘棋"④工作机制，民进重庆市委会积极参与政党协商和

---

① 习近平：《高举中国特色社会主义伟大旗帜 为全面建设社会主义现代化国家而团结奋斗——在中国共产党第二十次全国代表大会上的报告》，《人民日报》2022年10月26日，第01版。
② 参见张珺：《研究部署培育国际消费中心城市等工作》，《重庆日报》2023年4月8日，第01版。
③ 参见王烔：《中国人民政治协商会议重庆市第五届委员会常务委员会工作报告》，《重庆日报》2023年1月30日，第006版。
④ 具体是指设立社情民意、外聘专家、民革骨干专家3个信息库，形成集民革各级组织为一体的信息收集网，建立重点课题、专项课题与信息快速反应3方面配合衔接的工作机制，打造一支分层级反映社情民意信息的骨干队伍。

政协协商，深入基层、深入一线报送社情民意信息。

（二）积极丰富健全协商民主平台

积极搭建和完善商量沟通、对话恳谈的平台，才能提高协商民主的科学性和实效性。重庆市大力建设各种基础性民主协商平台，积极构建扩大民主参与的联系群众平台，同时注重数字化技术在协商民主平台建设中的运用。

第一，重庆市政协大力完善协商议事平台。截至2022年底，重庆市在38个区县政协全面铺展"渝事好商量"协商平台，共建成"渝事好商量"协商议事场所1004个，开展协商议事活动2617场次，助推解决3250个民生问题。[①]2022年重庆市政协还搭建了"智汇经济圈"特色履职平台，聚焦经济领域重点热点难点问题，通过民主协商助推重庆经济高质量发展。2023年7月，重庆市政协召开区县政协委员工作室建设推进会，打造主题鲜明、各具特色、服务群众、凝聚共识的特色委员工作室。

第二，重庆市人大、政府加快联系群众凝聚共识平台建设。重庆市各级人大常委会通过搭建人大代表"家站点"平台，打造民情"联络网"，汇集民心民意。重庆市政府2021年上线"渝快政"协同办公云平台，打造协商议政、民主监督、履职为民的数字化协商平台。

（三）充分发挥人民政协专门协商机构作用

2019年《中共中央关于新时代加强和改进人民政协工作的意

---

① 参见戴娟：《市政协召开"渝事好商量"协商工作经验交流会》，《重庆日报》2022年12月28日，第002版。

见》专章要求"发挥人民政协专门协商机构作用";2021年《关于加强和改进新时代市县政协工作的意见》专章要求"抓好政协委员队伍建设"。重庆市各级政协准确把握专门协商机构职能定位,在协商民主实践工作中充分发挥自身作用。

第一,扎实推进委员队伍建设,发挥委员在协商中的主体作用。2021年重庆市政协出台《重庆市政协关于强化政协委员责任担当的实施意见》,加强委员教育管理,以达到习近平总书记关于"懂政协、会协商、善议政、守纪律、讲规矩、重品行"[①]的要求。

第二,完善反映社情民意信息机制,围绕中心任务议政建言、开展监督。2022年修订《政协重庆市委员会反映社情民意信息工作条例》,引导政协委员反馈民情民意;重庆市第五届政协期间共计报送信息4988篇,被全国政协采用325篇。[②]重庆市政协"以促进解决好发展不平衡不充分的问题为工作重点,紧紧围绕大局,瞄准抓重点、补短板、强弱项的重要问题"[③]开展协商,助推《关于推动脱贫地区特色产业可持续发展的十条措施》《重庆市碳达峰实施方案》《成渝地区双城经济圈便捷生活行动方案》等文件出台。2019年以来,重庆市政协对长江生态环境保护等开展民主监督,并持续开展"聚焦'三排三乱三率'问题"委员监督性视察。

第三,加强政协组织纵向和横向的联系交流。具体包括:一是在纵向维度,重庆市政协积极配合全国政协来渝考察调研,督办重点提案工作;积极参加全国政协相关会议,发表真知灼见。二是在横向维度,自2020年四川省政协、重庆市政协建立协力助推成渝地区双城经济圈建设的工作机制以来,重庆市政协始终保持并加强

[①] 习近平:《在中央政协工作会议暨庆祝中国人民政治协商会议成立70周年大会上的讲话》,《求是》2022年第6期。
[②] 参见王炯:《中国人民政治协商会议重庆市第五届委员会常务委员会工作报告》,《重庆日报》2023年1月30日,第006版。
[③] 习近平:《在中央政协工作会议暨庆祝中国人民政治协商会议成立70周年大会上的讲话》,《求是》2022年第6期。

同四川省政协联系合作。

三、积极推进基层民主

基层民主是全过程人民民主的重要体现。党的二十大以来，为落实"积极发展基层民主"的重要任务，重庆市各级党委高度重视加强党的基层组织建设，不断健全基层群众自治制度，大力推进企事业单位民主管理制度建设。重庆市城乡基层民主展现出前所未有的生机活力。

（一）不断健全党领导基层群众自治机制

习近平总书记指出："坚持大抓基层的鲜明导向，抓党建促乡村振兴，加强城市社区党建工作，推进以党建引领基层治理，持续整顿软弱涣散基层党组织，把基层党组织建设成为有效实现党的领导的坚强战斗堡垒。"[①]近年来，在习近平总书记关于基层治理重要论述的指引下，重庆市不断健全党领导基层群众自治机制，构建起党组织领导的共建共治共享的城乡基层治理格局。

第一，制定市级规范性文件指导党建统领基层治理。2021年重庆市委市政府在全国率先出台《关于加强基层治理体系和治理能力现代化建设的实施意见》，强调加强党的基层组织建设，健全基层治理党的领导体制；构建党委领导、党政统筹、简约高效的乡镇（街道）管理体制；完善党建引领的社会参与制度。

[①]习近平：《高举中国特色社会主义伟大旗帜　为全面建设社会主义现代化国家而团结奋斗——在中国共产党第二十次全国代表大会上的报告》，《人民日报》2022年10月26日，第01版。

第二，不断加强基层党组织建设，建立健全各类基层党组织协调联动的组织体系，把党的领导贯穿基层治理全过程。例如，根据党中央、国务院"深入抓党建促乡村振兴，充分发挥农村基层党组织领导作用和党员先锋模范作用"[1]的要求，近年来，重庆市巴南区探索出"以领建村为龙头成立片区党委，带领若干联建村组织共建、发展共谋"的新路。截至2023年初，全区共组建党建联盟33个，覆盖52个行政村，充分发挥了党建联盟的"红色矩阵"效应。[2]

第三，在全市各区县建立健全党建统领基层治理联席会议制度，强化基层党组织领导核心作用。截至2023年7月，忠县、开州、黔江、巫溪、铜梁等超过20个区县均召开了本年度的党建统领基层治理联席会议，以党建统领基层群众自治向高效能迈进。

（二）充分保障人民依法管理基层公共事务

党的二十大报告指出："完善办事公开制度，拓宽基层各类群体有序参与基层治理渠道，保障人民依法管理基层公共事务和公益事业。"[3]重庆市切实推进基层法治建设、强化村（居）委会建设、增强乡镇（街道）议事协商能力，使群众诉求表达更加充分、顺畅、直接、有效。

第一，切实提高基层群众自治法治化水平。近年来，重庆市积极推广"乡贤评理""法治大院"等乡村治理经验，细化"民主法治示范村（社区）"建设标准，明确自治、法治、德治"三治融合"工作要求。截至2022年底，重庆市成功创建"全国民主法治

---

[1]《乡村建设行动实施方案》，《国务院公报》2022年第16号。
[2]参见中共重庆市巴南区委组织部：《"三联共建"激活乡村振兴新功能》，《党建》2023年第2期。
[3]习近平：《高举中国特色社会主义伟大旗帜 为全面建设社会主义现代化国家而团结奋斗——在中国共产党第二十次全国代表大会上的报告》，《人民日报》2022年10月26日，第01版。

示范村（社区）"89个，"市级民主法治示范村（社区）"2225个。①

第二，进一步厘清区县部门与乡镇（街道）之间权责，向基层放权赋能。为落实党中央"减轻村级组织工作事项""精简村级工作机制和牌子"等要求，②重庆市于2023年印发《关于规范村级组织工作事务、机制牌子和证明事项的重点措施》以及涉村（社区）事项"四清单一目录"，建立事前规范准入、事中督促指导、事后考评问效全过程闭环监管机制，持续为基层减负松绑。

第三，深化基层自治制度创新，拓宽村民（居民）自治途径。2022年重庆市民政局印发《关于创新"五社联动"机制 提升基层治理效能的意见》，就创新社区与社会组织、社会工作者、社区志愿者、社会慈善资源的联动机制（"五社联动"）作出具体的安排，进一步提升居民自治能力。得益于基层自治机制创新，2022年底，重庆唐桂社区、中心湾社区等4个基层群众自治组织入选全国先进基层群众性自治组织；12名城乡社区工作者获评全国优秀城乡社区工作者。③

（三）深入完善企事业单位民主管理制度

党的二十大报告指出："全心全意依靠工人阶级，健全以职工代表大会为基本形式的企事业单位民主管理制度，维护职工合法权益。"④围绕这一要求，重庆市着力畅通民主沟通渠道，进一步创新民主参与形式，充分调动了广大职工群众参与单位民主管理的积

---

① 相关数据来自2022年12月28日重庆市司法行政系统推进基层治理法治化情况新闻发布会。
② 《关于规范村级组织工作事务、机制牌子和证明事项的意见》，《国务院公报》2022年第25号。
③ 参见《民政部关于表彰全国先进基层群众性自治组织、全国优秀城乡社区工作者的决定》（民发〔2022〕094号），2022年11月28日发布。
④ 习近平：《高举中国特色社会主义伟大旗帜 为全面建设社会主义现代化国家而团结奋斗——在中国共产党第二十次全国代表大会上的报告》，《人民日报》2022年10月26日，第01版。

极性。

第一，确定深化企事业单位民主管理工作重点。2023年5月，重庆市工会第六次代表大会明确将健全企事业单位民主管理制度纳入今后五年的工作重点，提出要深入细致做好职工群众的维权服务工作，切实保障职工群众知情权、参与权、表达权、监督权。①

第二，持续健全以职工代表大会为基本形式，以厂务公开制度、职工董事制度、职工监事制度为主要内容的企事业单位民主管理制度。2023年初，重庆市总工会组织评选全市职工代表大会"四化"样板单位、年度厂务公开民主管理示范单位，组织召开企业民主管理培训会，组织开展优秀职工代表提案竞赛活动等，推动企事业单位建立健全制度化、规范化、标准化、科学化的民主管理制度。

四、巩固发展统一战线

党的二十大报告指出："人心是最大的政治，统一战线是凝聚人心、汇聚力量的强大法宝。完善大统战工作格局，坚持大团结大联合，动员全体中华儿女围绕实现中华民族伟大复兴中国梦一起来想、一起来干。"②巩固发展统一战线是践行全过程人民民主的重要着力点之一，更是实现中华民族伟大复兴中国梦的重要法宝。重庆市多次研究部署统战工作，制定贯彻有关举措系列文件，有力推动

---

①参见《奋力打造新时代工会工作市域标杆　在现代化新重庆建设中开创工运事业新局面》，《重庆日报》2023年5月24日，第001版。
②习近平：《高举中国特色社会主义伟大旗帜　为全面建设社会主义现代化国家而团结奋斗——在中国共产党第二十次全国代表大会上的报告》，《人民日报》2022年10月26日，第01版。

党中央关于统一战线工作的重大方针政策和决策部署的贯彻落实，保证统一战线工作始终沿着正确政治方向前进。

（一）深入落实大统战工作格局

习近平总书记在2022年中央统战工作会议上强调："统战工作是全党的工作，必须全党重视，大家共同来做，构建党委统一领导、统战部门牵头协调、有关方面各负其责的大统战工作格局。"①"加强新时代统一战线工作，根本在于坚持党的领导，形成全党上下一齐动手、有关方面协同联动的工作局面。"②新时代，重庆市深入落实大统战工作格局，始终坚持党的领导，加强思想政治引领，统战工作取得新进展、实现新发展。

第一，始终坚持党的领导。重庆市始终在党的领导下，认真履行统战工作主体责任。重庆市委把统战工作纳入对区县、部门等党建工作目标绩效考核内容，在全国率先实现统战工作主体责任考核全覆盖。

第二，加强思想政治引领。重庆市始终坚持把加强思想政治引领摆在首位，不断筑牢团结奋斗的共同思想政治基础。例如，2021年7月，重庆市进行"建党100周年统战百件大事"主题展览，传达"统一战线"的历史感染力和理论生命力，生动阐述"统一战线法宝作用"。③

第三，加快形成统战工作合力。2023年重庆市将评价作为与考核并行的"双行线"，着力构建独立有效的评价体系，具体包括：

---

① 习近平：《促进海内外中华儿女团结奋斗　为中华民族伟大复兴汇聚伟力》，《人民日报》2022年7月31日，第01版。
② 习近平：《促进海内外中华儿女团结奋斗　为中华民族伟大复兴汇聚伟力》，《人民日报》2022年7月31日，第01版。
③ 参见周尤：《凝心聚力新时代　携手奋进新征程——党的十九大以来重庆统一战线工作综述》，《重庆日报》2022年9月14日，第003版。

一是把《中国共产党统一战线工作条例》等文件作为评价依据,确保指标合理、任务具体。二是把本领域本行业统战工作实践创新、理论创新等情况作为附加指标。三是集中开展成员单位履职情况满意度测评,推动形成"统战工作大家干"的良好格局。

(二)通过切实举措实现大团结大联合

重庆市始终将全市统一战线紧密地团结在以习近平同志为核心的党中央周围,推动形成新的共识,做到画出最大同心圆,实现最广泛的大团结大联合。

第一,加强教育学习培训工作,确保"思想同心"。重庆市不断巩固深化"不忘合作初心,继续携手前进"主题教育活动和中共党史学习教育。建立党外代表人士教育培训规划,建立党外人士培训情况数据库,开展5年一次轮训,确保应训尽训。

第二,在各类关系上推进团结工作,不断扩大"朋友圈"。党的十九大以来,重庆市坚持团结一切可以团结的力量,重点包括:一是在民族关系方面,创建全国民族团结进步示范区(单位)16个,14个集体、16名个人被评为全国民族团结进步模范集体、模范个人,设立来渝少数民族维权服务站109个;二是在阶层关系方面,引导"政产学研融"共建商会组织,深化"同行千里、智汇广大"等品牌活动,实施"巴渝网络大V同心圆工程";三是在海内外同胞关系方面,推动渝港、渝澳各领域交流合作,常态化开展暖侨工作,扩大重庆朋友圈。①

第三,成渝双城加强统战协作,助力双城经济圈建设。2020年以来,川渝统战部门深入贯彻落实党中央关于推动成渝地区双城经

---

① 参见周尤:《凝心聚力新时代 携手奋进新征程——党的十九大以来重庆统一战线工作综述》,《重庆日报》2022年9月14日,第003版。

济圈建设的决策部署，建立并不断发展川渝省市党委统战部协同参与成渝地区双城经济圈建设工作机制，不断提升双城经济圈建设的统一战线"贡献度"。

（三）持续创新统战工作新路径

积极应对形势变化、开拓统战工作新路径是在统战工作中深化全过程人民民主的重要方式。重庆市致力于科学把握统战工作面临的新形势、新任务、新问题，推动统战工作机制创新、渠道创新、举措创新，始终做到与时俱进。

第一，发挥党组织主体作用，健全网络人士统战工作机制。习近平总书记强调："要做好网络统战工作，走好网络群众路线。"[1]重庆市从实际出发，创造性地把党中央决策部署落到实处。

第二，以数字网络技术为助力，拓宽统战工作新渠道。重庆市委统战部以"互联网+"打通工作盲点，以网为介凝聚侨心侨力。例如，重庆市委统战部在官网开辟"为侨服务"板块，网上接待侨胞咨询和办理行政审批事项。重庆市通过"重庆侨家大院"等工作群，向渝籍侨领推送国内重大时政和重要政策解读。

第三，开拓统战工作新举措，激发统战工作新活力。例如，重庆市南川区不断研究新思路、提出新举措、走出新路子，先后搭建服务、公益、建言的系列平台。[2]以搭建的服务平台为例，它包括了"统战+招商"平台、"统战+法律援助"平台和"统战+直播"平台，整合各统战成员力量，积极服务经济社会发展。

---

[1] 习近平：《促进海内外中华儿女团结奋斗 为中华民族伟大复兴汇聚伟力》，《人民日报》2022年7月31日，第01版。
[2] 参见《搭建"三大平台"激发统战工作活力》，重庆统一战线网2023年1月6日，https://cqtzb.gov.cn/portal/article/index/id/38696/cid/19.html。

五、扎实推进民族工作

民族区域自治制度使民主参与和民主协商在不同民族、不同领域以最丰富的形式不间断地进行，彰显了全过程人民民主的真谛。党的二十大报告指出："以铸牢中华民族共同体意识为主线，坚定不移走中国特色解决民族问题的正确道路，坚持和完善民族区域自治制度，加强和改进党的民族工作，全面推进民族团结进步事业。"[①]作为全国唯一拥有民族自治地方的直辖市，重庆常住少数民族人口217.08万人，占全市总人口6.77%，下辖4个自治县、1个享受民族自治地方优惠政策的区、14个民族乡。重庆市贯彻民族区域自治制度，在民族工作中切实推进全过程人民民主，不断巩固和发展各民族和衷共济、和睦相处、和谐发展的良好局面。

（一）充分保障少数民族人民各项民主权利

习近平总书记在中央民族工作会议上强调："必须坚持各民族一律平等，保证各民族共同当家作主、参与国家事务管理，保障各族群众合法权益。"[②]重庆市从政治、经济、文化、生态建设等方面有力维护和保障了各少数民族人民的民主权利，生动诠释了全过程人民民主的广泛性和真实性。

第一，充分保障各族人民享有政治权利。重庆市选举产生第十四届全国人大代表60名，其中少数民族代表5名，占代表总人数的

[①]习近平：《高举中国特色社会主义伟大旗帜　为全面建设社会主义现代化国家而团结奋斗——在中国共产党第二十次全国代表大会上的报告》，《人民日报》2022年10月26日，第01版。
[②]习近平：《以铸牢中华民族共同体意识为主线　推动新时代党的民族工作高质量发展》，《人民日报》2021年8月29日，第01版。

8.33%。①重庆市第六届人大共有代表867名，其中少数民族代表67名，占代表总人数的7.72%。②同时，重庆积极推进协商民主广泛多层制度化发展，在各级人民政治协商会议中，少数民族人民依法平等享有参政议政的权利，不断推进全过程人民民主。

第二，充分保障各族人民享有经济社会发展权。例如，2022年重庆市民族地区实现地区生产总值1362.74亿元，同比增长3.3%，增速高于全市0.7个百分点、高于全国0.3个百分点。③

第三，充分保障各族人民享有文化权利。重庆市民族地区公共文化服务加快发展，少数民族优秀传统文化保护传承得到加强，民族文化产业发展稳步推进。例如，重庆市黔江区建成重庆市民族博物馆、土家民俗博物馆、土家民俗歌剧院等民族团结进步教育基地，建成国家一级图书馆、国家一级文化馆，配套完成30个乡镇（街道）公共文体服务中心、219个农家书屋、76个文化中心户和193个农体工程（农民健身点）。④

第四，充分保障各族人民享有生态文明建设的自主权。自《武陵山区（渝东南）土家族苗族文化生态保护实验区总体规划》于2018年获文化部专家组评审通过以来，重庆市全面加强渝东南民族地区生态环境保护。截至2023年6月，在全市4个自治县、1个享受民族自治地方优惠政策的区中，共有自然保护地35处，占全市自然保护地总数的14%。同时，该5个民族地方森林覆盖率持续增长，其中4个地区已超过60%。⑤

---

① 《重庆市人民代表大会公告〔六届〕第3号》，《重庆日报》2023年1月18日，第003版。
② 《重庆市第三届人民代表大会代表名单》，《重庆日报》2023年1月9日，第004版。
③ 参见《2022年重庆市民族地区经济运行稳定向好态势明显》，中华人民共和国国家民族事务委员会官网2023年2月1日，https://www.neac.gov.cn/seac/xwzx/202302/1160546.shtml。
④ 参见《推动民族文化保护传承 共同构建美好精神家园》，重庆市民族宗教事务委员会官网2022年9月13日，https://mzzjw.cq.gov.cn/sy_188/qxdt/202209/t20220913_11103575.html。
⑤ 自然保护地和森林覆盖率的数据是根据五个民族地方政府官网公开的政务信息整理而得。

（二）着力提升民族事务治理水平

习近平总书记强调："必须坚持依法治理民族事务，推进民族事务治理体系和治理能力现代化。"[①]重庆市在民族地区推进全过程人民民主，有效实现了党的主张、国家意志、各族人民意愿相统一，产生了凝心聚力、团结干事的强大耦合力，更好地促进民族地区实现高质量发展。

第一，健全民族工作的规范体系。2021年6月，重庆市财政局、重庆市民族宗教事务委员会印发《重庆市少数民族发展资金使用管理办法》，旨在加强重庆市少数民族发展资金使用管理，提升资金使用效益。2023年6月，重庆市民族宗教事务委员会印发《重庆市民族宗教领域行政处罚裁量细则》《重庆市民族宗教领域行政处罚裁量基准》，旨在建立健全行政裁量权基准制度，规范行使行政裁量权，更好保护少数民族人民合法权益。

第二，推进基础设施建设及社会事业发展。2018年以来，重庆市加强民族地区现代化综合交通运输体系建设，重点支持骨干铁路、干线公路、支线机场、水运航道和城市地下综合管廊建设，完善乡村交通基础设施网络。民族地区公共服务体系更加完善，具体包括：基本实现城乡教育一体化、教育信息化和教育现代化；基本公共文化服务实施标准达标率100%；医疗卫生服务体系不断健全，城乡居民主要健康指标高于全国平均水平。

第三，深化文旅融合助推民族地区乡村振兴。重庆市结合渝东南民族地区文化多样性、旅游资源丰富的独特优势，以高品质的文旅融合助推民族区域高质量发展。例如，2022年5月，重庆市出台《渝东南武陵山区文化和旅游产业融合发展规划》，为探索文旅产业融合发展新道路提供了支撑。

[①]习近平：《以铸牢中华民族共同体意识为主线　推动新时代党的民族工作高质量发展》，《人民日报》2021年8月29日，第01版。

（三）全面推进民族团结进步事业

习近平总书记指出："民族团结是我国各族人民的生命线，中华民族共同体意识是民族团结之本。"①重庆市以铸牢中华民族共同体意识为实践导向，加强各民族区域交流交融，全面深入开展民族团结进步创建工作，以民族团结支撑全过程人民民主。

第一，多举措开展民族团结进步宣传教育。具体包括：一是开展铸牢中华民族共同体意识教育专题调研；二是对标对表推进《中华民族交往交流交融史料汇编·重庆卷》编纂工作；三是扎实推进"各族青少年交流计划"走深走实。以"石榴籽一家亲"昌渝青少年交流活动为例，重庆以深化推进民族团结进步教育为切入点，组织近15000余名渝藏、渝疆青少年开展"手拉手"结对交流，邀请120余名西藏中小学生来渝参加"石榴籽一家亲"冬夏令营等活动。②

第二，推进民族团结进步模范单位建设。2018年至2023年，重庆先后有黔江区、酉阳土家族苗族自治县、重庆医科大学等19个单位被国家民委命名为"全国民族团结进步创建示范区（单位）"，秀山土家族苗族自治县博物馆被国家民委命名为"全国民族团结进步教育基地"。2023年以来，石柱土家族自治县、黔江区、九龙坡区等超过10个区县积极推进民族团结示范创建，推动民族团结进步创建工作向纵深发展。

第三，丰富开展民族团结进步创建的形式。重点包括：一是表彰民族团结进步的先进典型。重庆市政府于2019年召开全市民族团结进步表彰大会，表彰了作出重要贡献的模范集体46个和模范

---

①习近平：《不断巩固中华民族共同体思想基础 共同建设伟大祖国 共同创造美好生活》，《人民日报》2022年3月6日，第01版。
②参见《重庆组织开展"石榴籽一家亲"昌渝青少年交流活动》，中华人民共和国国家民族事务委员会官网2023年2月27日，https://www.neac.gov.cn/seac/xwzx/202302/1161251.shtml。

个人90名。①二是组织开展各种形式的专题活动。重庆市将每年9月最后一周确定为"民族团结进步宣传周",在全市范围内集中开展民族团结进步宣传工作。

---

① 《重庆市人民政府关于表彰重庆市民族团结进步模范集体和模范个人的决定》(渝府发〔2019〕36号),2019年12月31日发布。

第四章

在法治轨道上推进治理体系
和治理能力现代化

党的二十大报告明确要求："必须更好发挥法治固根本、稳预期、利长远的保障作用，在法治轨道上全面建设社会主义现代化国家。"①在法治轨道上推进国家治理体系和治理能力现代化的进程中，我国形成了法治中国建设的目标治理新模式。"目标治理是一种吸纳各方智慧制定国家目标，调动各方积极性，引导资源配置，通过自下而上与自上而下相结合的方式，共同推动目标实现的国家治理方式。通过编制和实施国家规划引领发展是我国的制度特色，强大的国家目标实现能力是我国的制度优势。从规划法治中国建设目标任务，到全面落实法治中国建设举措，再到严格考核评估法治中国建设成效。"②长期以来，我国正是通过持续性地科学制定、严格落实关于国民经济和社会发展的五年规划，实现了确保经济社会持续快速发展的目标治理模式。全面依法治国的"一规划两纲要"，即《法治中国建设规划（2020—2025年）》《法治社会建设实施纲要（2020—2025年）》《法治政府建设实施纲要（2021—2025年）》的形成，也标志着目标治理模式在法治领域的新突破。

近年来，重庆市不断在法治轨道上推进治理能力和治理体系现代化，践行法治中国的目标治理模式，服务国家重大战略和重庆中心工作，为高质量发展高品质生活提供有力法治保障，在成渝地区双城经济圈建设、提升重庆创新发展能级、完善区域协调发展机制、加快建设山清水秀美丽之地四个方面取得重要突破。

---

① 习近平：《高举中国特色社会主义伟大旗帜　为全面建设社会主义现代化国家而团结奋斗——在中国共产党第二十次全国代表大会上的报告》，《人民日报》2022年10月26日，第01版。
② 付子堂：《法治中国建设规划开启全面依法治国新篇章》，《中国司法》2021年第2期。

一、在法治轨道上推进成渝地区双城经济圈建设

推动成渝地区双城经济圈建设，是党的十九大以来重庆市最具里程碑意义的重大战略部署和中心工作。2021年10月，中共中央、国务院印发成渝地区双城经济圈建设的纲领性文件《成渝地区双城经济圈建设规划纲要》（以下简称《纲要》），对成渝地区双城经济圈进行了明确的战略定位，即具有全国影响力的重要经济中心、具有全国影响力的科技创新中心、改革开放新高地、高品质生活宜居地；提出了构建双城经济圈发展新格局、合力建设现代基础设施网络、协同建设现代产业体系、共建具有全国影响力的科技创新中心、打造富有巴蜀特色的国际消费目的地、共筑长江上游生态屏障、联手打造内陆改革开放高地、共同推动城乡融合发展、强化公共服务共建共享等9项重点任务。

成渝地区双城经济圈内的统筹协调以及建设过程中各项发展目标的实现，都离不开法治的保障。近年来，重庆市深入贯彻习近平法治思想，全面落实推动成渝地区双城经济圈建设的决策部署和重要指示要求，从形成科学的目标治理规划方案，到构建不断深入的法治协作机制，在建设成渝双城经济圈的过程中充分发挥法治固根本、稳预期、利长远的保障作用，在法治轨道上推进成渝双城经济圈建设。

（一）科学推进成渝地区双城经济圈建设法治保障的目标治理模式

重庆市成渝地区双城经济圈建设的法治保障，已经形成了从宏观规划纲要到具体行动方案、从全局性谋划到法治建设专项规划的

完整目标治理的规划体系，并构建起成渝两地法治协作的基本框架。

第一，以《成渝地区双城经济圈建设规划纲要》（以下简称《规划纲要》）为根本纲领，对加强关于成渝地区双城经济圈建设的法治协作进行宏观部署。《规划纲要》突出了法治建设对于推进成渝双城经济圈建设的重要保障作用，从法律制定到法律实施的各个环节，对成渝地区的法治协作提出了重要要求。

第二，以《重庆市推动成渝地区双城经济圈建设行动方案（2023—2027年）》（以下简称《行动方案》）为具体路线图，对未来五年加强成渝地区双城经济圈建设的法治保障建设提出具体要求，其重要内容包括打造西部法律服务高地、完善区域知识产权法治保护机制、提高生态环境依法治理能力、打造一流法治化营商环境、支持成渝金融法院、重庆破产法庭建设等。

第三，各项法治规划、法治建设实施方案为加强成渝双城经济圈建设法治保障提供专项规划。在重庆市"十四五"规划、《重庆市〈法治中国建设规划（2020—2025年）〉实施方案》《重庆市法治政府建设实施方案（2021—2025年）》中，皆围绕"深入推动成渝地区双城经济圈建设"主题，就加强两地法治协作进行了专门部署。

第四，以《关于提升区域一体化执法司法水平服务保障成渝地区双城经济圈建设的指导意见》（以下简称《指导意见》）为成渝地区执法司法合作的指导纲领，构建成渝地区执法司法合作的基本框架。在2021年5月，川渝两省市党委政法委联合印发《指导意见》，从加强执法司法协作、促进区域法律合作、强化资源共建共享等方面，对提高两地执法司法协作进行了规划部署。在《规划纲要》出台的背景下，成渝地区的法治协作向宽领域、全方位快步迈进，形成了两地政法系统"1+N"的合作模式，"1"即作为法治协作指导纲领的《指导意见》，"N"即两地法院、检察院、司法局等部门分别对应签订了合作协议。协同指导意见和合作协议的签订，为成渝地区政法机关构建一体化法治环境、一体化平安环境、一体化服务环境夯基立柱。

（二）深度推进成渝地区双城经济圈建设的法治协作

近年来，推进成渝地区双城经济圈建设进程中，川渝两省市形成了全面覆盖法律制定和法律实施各环节、各领域的立体化法治协作，在区域性立法协作、执法司法协作、法律服务协作等领域获得重大突破，为推进成渝地区双城经济圈建设提供了重要的体制机制保障。

第一，推进成渝地区双城经济圈立法协作。重庆市人大常委会与四川省人大常委会不断加强川渝两地的区域协同立法，广泛采用专项立法修法计划、立法工作专班、"小切口"立法、"一事一法"、区域协同立法、共同立法等方式和模式，取得了一系列区域协同立法的重要实践成果。一是以制度的形式保障立法协同。2020年7月23日，川渝两省市人大常委会签署《关于协同助力成渝地区双城经济圈建设的合作协议》，从协同立法、联动监督、协同开展代表活动、强化人大制度理论与实践研讨等四个方面加强立法协作。2021年1月，在首个协同立法项目取得成功的基础上，《川渝人大法制工作机构推动成渝地区双城经济圈建设协同立法工作办法》的及时制定，以制度固化了两省市人大法制工作机构开展协同立法工作。二是实现协同立法在重点领域的突破。2021年3月通过的《四川省优化营商环境条例》和《重庆市优化营商环境条例》是川渝两地协同立法的首个成果，两条例明确了统一政务服务标准、加强执法司法联动协作、加强毗邻地区合作共建等系列制度安排。2022年1月1日同步施行的《四川省嘉陵江流域生态环境保护条例》和《重庆市人民代表大会常务委员会关于加强嘉陵江流域水生态环境协同保护的决定》，是川渝两省市推进流域生态环境保护的首次协同立法尝试，首次以"重庆决定+四川条例"的形式进行协同立法。2022年5月，《四川省铁路安全管理条例》和《重庆市铁路安全管理条例》同步施行，专门规定了川渝铁路安全协作的具体工作机制。三是两地立法协作不断深化。为进一步提升成渝地区双城经济圈立法协作，拓展两省市针对成渝地区双城经济圈建设的立法覆盖，针对土地流转与利用、长江上游生态保护、产业发展、金融服务、全国统一大市场下的区域统一市场建设等重要领域，两地人大还将展开更加深入的立法协作。

第二，推进成渝地区双城经济圈司法协作。一是依托"1+N"合作模式，两地各级人民法院相互签订司法协作协议，展开深度的司法协作。川渝两省市高级人民法院签订《成渝地区双城经济圈跨域诉讼服务合作协议》，进一步将司法协作落地到诉讼服务领域。截至目前，川渝地区诉讼服务已全部实现一体通办。二是积极推进司法组织革新，助力成渝地区双城经济圈高质量发展。其中，2022年9月成渝金融法院的设立，为成渝地区双城经济圈建设提供司法服务和保障，正是川渝司法协同的标志性举措。成渝金融法院有机统筹融合两地办公办案，构建高效协同、跨域一体金融审判工作机制，推动共建金融法治协同中心，还将充分发挥其辐射引领作用，打造服务西部金融中心司法供给高地，努力营造一流金融法治环境。三是深化机制改革，推进两地检察一体化。2020年5月，四川省检察院与重庆市检察院签订了加强检察协作服务保障成渝地区双城经济圈建设的意见和联系协作工作办法。成都市检察院、眉山市检察院、德阳市检察院、资阳市检察院与重庆市检察院第一分院、第五分院共同签署成渝地区"4+2"检察协作意见，助推做强重庆成都双极核和发挥主干功能。近年来，川渝检察机关协作办理了一大批涉知识产权、生态环境、未成年人保护等领域案件，联合挂牌督办重大案件，共建跨界生态司法修复基地，推进两地检察一体化迈上新台阶。四是不断完善成渝地区双城经济圈建设司法协作保障机制。在组织保障上，联席会议制度成为比较普遍的方式并发挥了重要的作用。在技术保障上，依托信息技术的支持，通过智慧法院、智慧检务、智慧执法共建共享互通数据平台，进一步推进司法裁判规则的统一、执法标准的统一。在信息渠道保障上，两地加强畅通执法司法协作信息对公众的公开，强化跨区域司法、执法必要信息反馈机制。

第三，不断推进法治政府建设协作。一方面，在行政执法领域，聚焦成渝地区双城经济圈建设的重要领域和关键环节，大力创新体制机制，有序消除阻碍生产要素自由流动的行政壁垒，成渝地区双城经济圈营商环境建设、"放管服"改革、产业发展与融合等领域取得实质性进展。完善"市场准入异地同标"机制，推进成渝地区双城经济圈内同一事项无差别受理、同标准办理。川渝两省市政府办公厅签订了《协同推进成渝地区双城经济圈"放管服"改革合作协议》，自2021年起，川渝两省市政府办公厅每年制定成渝地区双城经济圈"放管服"改革重点工作任务清单并落实到位。深入推进川渝通办，第一批95项服务事项实现"全网通办"[①]，跨省户籍实现"一站式"迁移，实现跨省医疗结算、公积金异地贷款等"一地办"。成立长江上游川渝地区生态保护法治同盟，持续推行"跨界+联合"执法新模式。两省市多地相互之间交通行政综合执法、文化市场综合行政执法、卫生健康行政执法、农业综合行政执法等协作机制已经建立并付诸执法实践。另一方面，在司法行政服务领域，推进成渝地区双城经济圈法律服务协作。两省市司法厅（局）签署深化战略合作框架协议，建立《川渝司法行政区域合作重点推进项目清单》，协同打造区域法治、法律服务、监管安全、

---

① 参见《双城经济圈建设，"一区两群"协调发展，城市提升和乡村振兴统筹推进——重庆全力下好区域协调发展"一盘棋"》，重庆市人民政府网2020年11月24日，https://www.cq.gov.cn/ywdt/jrcq/202011/t20201124_8646757.html。

法治人才"四个共同体",签订律师、公证等14个方面合作协议。搭建成渝地区双城经济圈综合法律服务平台,整合法律服务资源。成立川渝两地行政复议专家库,为推动成渝地区双城经济圈建设贡献政法智慧和力量。

二、在法治轨道上提升创新发展能级

党的二十大报告指出:"高质量发展是全面建设社会主义现代化国家的首要任务。"[1]我国仍处于并将长期处于社会主义初级阶段,我国仍然是世界上最大的发展中国家,发展仍然是党执政兴国的第一要务。

新发展阶段必须坚定不移贯彻新发展理念。在党的十八届五中全会上提出的新发展理念中,摆在首位的便是创新发展。实现创新发展,必须提升创新能级。所谓创新能级,是指在一定时期内某个区域内的创新对经济发展的影响力和控制力,是创新在经济发展中的地位和在国内外市场中所拥有的竞争能力的综合衡量。创新能级可直接地体现为创新能力,也体现在创新成果的应用程度方面,如创新产出与信息获取、创新人才及产业创新、科技成果转化等等。以法治方式引领、规范、促进和保障创新,是全面推进依法治国的必然要求,也是新时代推动科技进步和创新发展的一个鲜明特征。立足新发展阶段,完整、准确、全面贯彻新发展理念,构建新发展格局,必须充分发挥法治固根本、稳预期、利长远的保障作用,以高质量法治保障高质量发展。

---

[1] 习近平:《高举中国特色社会主义伟大旗帜 为全面建设社会主义现代化国家而团结奋斗——在中国共产党第二十次全国代表大会上的报告》,《人民日报》2022年10月26日,第01版。

重庆市始终坚持创新在现代化建设全局中的核心地位，并重视为提升城市创新发展能级提供充分的法治保障。重庆市"十四五"规划多次强调对创新发展的法治保障，比如营造良好金融法治环境，健全民营经济发展的平等保护的法治环境，进一步打造市场化、法治化、国际化营商环境，等等。与之相呼应的，《重庆市〈法治中国建设规划（2020—2025年）〉实施方案》明确提出"以建成高质量发展高品质生活新范例为统领"；并围绕"提升城市创新发展能级""建设国家重要先进制造业中心""具有全国影响力的科技创新中心"等战略目标提出了具体要求。

近年来，重庆市围绕上述目标，在法律制定和法律实施的各个环节上进行了诸多成效显著的实践。

（一）高质量立法保障创新发展能级提升

在法治轨道上提升城市创新发展能级，必须坚持改革与法治同步推进。因此，必须在法律的框架内推进创新发展，及时制定法律规范科技创新，释放科技革新红利。

近年来，重庆市积极推动地方立法，为提升城市创新能级打下了坚实的法律制度基础。一是制定《重庆市数据条例》，明确数据处理规则、数据安全责任和公共数据范围，对数据要素市场框架制度作出规范，推动数据资源更好为经济高质量发展赋能增效。二是制定《中国（重庆）自由贸易试验区条例》，对自贸区管理体制、投资促进、贸易便利、金融创新、营商环境等作出规定，为推动重庆内陆开放高地建设提供法律制度保障。三是修订《重庆市科技创新促进条例》和《重庆市促进科技成果转化条例》，健全科技创新激励机制和政策保障措施，推动更多科技成果涌现和转化。四是为提升产业核心竞争力提供立法供给。比如，在全国率先出台《重庆市智能网联汽车道路测试与应用管理试行办法》，助力打造世界级智能网联新能源汽车产业集群。

（二）公正司法护航创新发展能级提升

科技创新成果转化效能是创新能级的重要指标，保障知识产权等科技成果的相关权益，是促进科技成果转化的利益驱动力量。公正地裁断纠纷并救济权利，是司法的基本功能。

重庆市法院、检察院系统坚持"公正与效率"的永恒主题，加强知识产权司法保护，以公正司法保障城市创新能级提升，服务高质量发展。一是积极推动知识产权民事、刑事、行政"三合一"审判改革，构建与科创中心建设相适应的知识产权司法保护格局。设立重庆知识产权法庭及其9个巡回审判站，[①]为科创园区精准供给司法服务。形成具有重庆特色的"1+1+2"专业化知识产权审判组织体系，即重庆市高级人民法院民三庭归口负责全市知识产权审判工作，重庆知识产权法庭集中管辖全市技术类知识产权案件，渝中区法院和两江新区（自贸区）法院集中管辖一般知识产权案件。二是深化知识产权案件审理机制创新。出台技术调查官管理办法，优化技术事实查明机制，保护关键核心技术和原始创新成果。在全国首次适用反不正当竞争法"互联网专条"惩治互联网虚假刷量，保障新兴产业和创新平台健康发展。在全国率先确立"动态界定平台义务"裁判规则，规制平台先侵权后治理现状。在"傍名牌"侵犯商标权、非法使用他人核心技术秘密等案件中，适用惩罚性赔偿制度，保护"专精特新"中小企业创新。三是公正审理知识产权案件。五年来，重庆市各级法院依法审理涉高新技术、数字经济、文化创新产业等各类知识产权案件近10万件，5个案例入选中国法院

---

①参见李永利：《重庆市高级人民法院工作报告——2023年1月15日在重庆市第六届人民代表大会第一次会议上》，《重庆日报》2023年2月2日，第009版。

典型知识产权案例[①]。四是在全国率先开展知识产权检察改革试点，部署推进"保知识产权、护知名品牌"专项行动，办理侵犯专利、商标等刑事案件290件，帮助60余家知名企业"打假维权"[②]。

（三）法治政府建设推进创新发展能级提升

有效管理科技创新活动及其成果转化，为科技创新提供充分的行政管理供给，是现代政府的重要职能。因此，在法治轨道上提升重庆创新发展能级，就必然需要推进法治政府建设，实现科技创新行政管理的法治化。

近年来，重庆市政府依据《重庆市法治政府建设实施方案（2021—2025年）》，遵循目标治理的法治政府建设模式，强化行政的公共服务职能，深入推进"放管服"改革，服务高新技术发展。重庆市政府向中国（重庆）自由贸易试验区下放涉企投资建设审批事项，并将试点成果拓展至两江新区、重庆高新技术产业开发区和璧山高新技术产业开发区。不断提高审批效率，一般审批事项、一般社会投资项目、政府投资项目办理时限普遍压缩1/2以上，企业开办时间压缩至3个工作日以内、不动产登记办理时间压缩至5个工作日以内。[③]深化知识产权注册便利化改革，成为全国首批知识产权军民融合试点城市。针对新产业、新业态、新模式、新技术为核心的"四新经济"，制定《加强"四新"经济审慎监管的若干措施》，建立包容审慎监管模式和标准规范体系。

经过多年努力，重庆市在法治轨道上提升城市创新发展能级之

[①] 参见李永利：《重庆市高级人民法院工作报告——2023年1月15日在重庆市第六届人民代表大会第一次会议上》，《重庆日报》2023年2月2日，第009版。
[②] 贺恒扬：《重庆市人民检察院工作报告——2023年1月15日在重庆市第六届人民代表大会第一次会议上》，《重庆日报》。
[③] 参见《重庆市人民政府2018年法治政府建设情况报告》，重庆市人民政府网2019年4月13日，https://www.cq.gov.cn/zwgk/zfxxgkml/fzzfjs/szf_324381/201904/t20190413_8830670.html。

路越走越宽广。截至2022年底，全市地区生产总值从2017年的2.01万亿元增加到2.91万亿元、年均增长5.4%，人均地区生产总值从64176元提高到90663元、高于全国平均水平。高技术制造业、战略性新兴产业增加值占比分别达到19%、31.1%。六个支柱产业产值规模均迈上千亿级台阶，汽车、电子产业分别达到4500亿、7000亿级规模。国家数字经济创新发展试验区和新一代人工智能创新发展试验区建设扎实推进，数字经济核心产业增加值预计达到2200亿元。预计全社会研发经费支出增长1.9倍，研发人员总量实现翻番，万人发明专利拥有量增长1.2倍，技术合同成交额增长5倍。科技型企业、高新技术企业、国家专精特新"小巨人"企业分别达到42989家、6348家、255家，上市公司增加31家、达到90家。累计引进各类优秀人才15.6万人，人才资源总量突破600万人。[1]西部（重庆）科学城、两江协同创新区、广阳湾智创生态城等科创载体相继建立，中科院重庆汽车软件创新研究平台、金凤实验室、卓越工程师学院等科教平台相继投产，专精特新企业高质量发展专项行动和科技型中小企业创新发展行动启动实施，汽车软件、生物医药等领域一大批科技成果实现产业化。重庆经济实力、科技实力、综合竞争力进一步提升，高质量发展的基础更加巩固。

三、在法治轨道上推进区域协调发展

围绕"加快构建新发展格局，着力推动高质量发展"的重要战略部署，党的二十大报告明确要求"着力推进城乡融合和区域协调

---

[1] 胡衡华：《重庆市人民政府工作报告——2023年1月13日在重庆市第六届人民代表大会第一次会议上》，《重庆日报》2023年1月20日，第001版。

发展"。①这一战略部署，不仅直接指向解决我国各地区之间、城乡之间、内地与边疆之间、汉族与各少数民族之间、较发达地区与欠发达地区之间在经济、政治、文化、社会以及生态文明建设和发展上的差距，还与乡村振兴、巩固扶贫脱贫成果等重要举措紧密相关。②

推进中国式现代化，必须立足于中国社会主要矛盾，着眼于推进共同富裕的要求，正视区域经济发展不平衡不充分的客观现实，在加快区域发展的同时紧抓"协调"二字，在发展中促进相对平衡。实现区域协调发展，不是搞平均主义，更不能是"劫富济贫"，而是要在科学的制度基础上，实现各区域的"各美其美""美美与共"，这也必然需要充分发挥作为"制度之治"的法治的重要作用，以法治化的手段来有力地推进区域协调发展，使实施区域协调发展的政策和措施规范化、制度化、程序化，以强化其有效性、协调性和稳定性并巩固其成果。

区域协调发展，不仅仅是跨省域、跨市域的协调发展，在一省一市的内部，也必然需要实现各区域间协调发展。正是在推进成渝双城经济圈建设的背景下，重庆市持续围绕构建"一区两群"③城镇发展格局，推动双城经济圈相关政策覆盖"两群"，推进重庆市内区域协调发展。重庆市"十四五"规划，将"贯彻落实区域协调发展战略，加强'一区两群'协同"提升至基本原则的高度。在《重庆市〈法治中国建设规划（2020—2025年）〉实施方案》中，亦将"为推动'一区两群'协调发展提供法治保障"作为一项全面依法治市的中心工作。在目标治理的法治模式下，重庆市围绕"一

---

①习近平：《高举中国特色社会主义伟大旗帜　为全面建设社会主义现代化国家而团结奋斗——在中国共产党第二十次全国代表大会上的报告》，《人民日报》2022年10月26日，第01版。
②参见文正邦：《区域协调发展及其法治保障的宪法依据》，《法治现代化研究》2022年第4期。
③所谓"一区"，是指由都市功能核心区、都市功能拓展区和城市发展新区构成大都市区；"两群"是指由渝东北生态涵养发展区11个区县的城镇，构成以万州为中心城市的渝东北城镇群，以及由渝东南生态保护发展区6个区县的城镇，构成以黔江为中心城市的渝东南城镇群。

区两群"协调发展，以及与之密切相关的城乡协调发展、乡村振兴任务，在法律制定和法律实施的各个环节上进行了诸多成效显著的实践。

（一）人大积极履职，奠立区域协调、城乡均衡发展的法治根基

实质法治旨在实现良法善治，良法是善治的前提，在区域协调、城乡均衡中实现高质量发展，正是善治的题中必有之义。围绕解决发展不充分不平衡问题，重庆市人大充分发挥立法和法治监督职能，坚持从全局谋划一域、以一域服务全局，推进均衡发展，促进共同富裕。

一方面，深入推进科学立法民主立法依法立法，促进乡村振兴，推进城乡区域协调发展，保障均衡发展增进民生福祉。制定《重庆市乡村振兴促进条例》，巩固拓展脱贫攻坚成果同乡村振兴有效衔接，促进农业高质高效、乡村宜居宜业、农民富裕富足。

另一方面，坚持正确监督有效监督依法监督，促进区域协调发展、经济社会均衡发展。一是在脱贫攻坚期间，听取审议民族地区和深度贫困乡镇脱贫攻坚工作情况报告，督促政府认真落实中央脱贫攻坚部署。二是强化监督职能，保证区域协调发展有迹可循。积极开展执法检查，推动与区域协调发展、乡村振兴相关的法律法规实施，督促政府从提升经营规模和现代化水平着手，不断完善机制、加强扶持、规范管理。三是围绕推进区域协调发展的重要领域，积极开展调研。调研渝东南旅游产业发展情况，提出加强市级统筹协调，强化基础设施建设，促进区域优势互补，助推"一区两群"协调发展。围绕民族地区巩固拓展脱贫攻坚成果、乡村振兴有效衔接等重点工作开展深入调研，提出相关建议。

（二）公正司法护航区域协调发展

在中国式现代化的新征程上，"法治的重要职能在于维护和促进社会公平正义，把推动共同富裕、实现社会公平作为提高效率的基本价值目标，进而弘扬社会主义的正义理想和平等价值"①。促进社会公平正义是司法工作的核心价值追求，司法是维护社会公平正义的最后一道防线。实现区域协调发展、城乡均衡发展，在根本上正契合于公平正义这一法治价值。

五年来，重庆市司法机关服务区域协调发展、城乡均衡发展，保障乡村振兴、城市提升。一是积极回应"一区两群"司法需求，出台《关于为建立健全"一区两群"协调发展机制提供司法服务和保障的意见》。该意见围绕为"一区两群"提供司法服务与保障，从基础设施建设、产业联动发展、创新协同发展、城乡融合发展、区域协同开放五个方面加以明确，并具体提出"依法服务乡村振兴战略实施""深化毗邻地区司法协作""切实发挥人民法庭功能""更好发挥中级人民法院职能作用"等重要要求。二是优化审判组织和审判机制，匹配"一区两群"协调发展。优化城区法庭、城乡结合法庭、乡村法庭共147个。黔江、九龙坡、武隆、秀山等地法院通过细化服务经济发展司法措施、建立"院企"党建结对机制等方式，助力当地特色产业发展。三是积极回应乡村振兴司法需求，服务保障乡村振兴战略。重庆市高级人民法院、重庆市人民检察院分别制定人民法庭服务保障乡村振兴战略实施20条意见、关于充分履行检察职能服务保障乡村振兴战略的17条意见，为巩固脱贫攻坚成果，实施乡村振兴战略提供司法保障。四是为乡村振兴提供法治帮扶。各基层法院通过设置乡村振兴巡回审判点，建立司法服务乡村振兴示范点、工作站、"法治扶贫工作室"的方式，深度服

---

①公丕祥：《论中国式法治现代化的本质要求》，《法律科学》2023年第3期。

务乡村振兴战略实施。

（三）法治政府建设推进区域协调发展

在法治轨道上推进区域协调发展，法治政府建设同样也是重点任务和主体工程。行政机关是推进区域协调发展，促进城乡融合的直接参与者，肩负着重要的主体责任。推进区域协调发展，首先需要实现不同行政区域之间行政执法机关的相互协调和配合，避免执法缺位或者多头执法。《中共中央国务院关于建立更加有效的区域协调发展新机制的意见》着重强调了行政机关即政府在推进区域协调发展方面的重点任务，专门明确了明确地方政府在推进协调发展中的责任和义务。因此，必须率先强化法治政府建设，才能够保证区域协调发展的法治化。

近年来，重庆市政府始终将"一区两群"协调发展、城市更新、乡村振兴作为推动重庆高质量发展的重要任务，取得了显著的实践成果。一是建立健全"一区两群"协调发展工作调度机制和区县对口协同发展机制，促进各片区发挥优势、彰显特色、协同发展，让"一区"与"两群"实现协调发展、共同繁荣。一方面，提升主城都市区极核功能，中心城区国际交往、科技创新、先进制造、现代服务功能加速集聚，主城新区工业化主战场作用进一步显现。另一方面，建立"一区两群"区县对口协同发展机制，围绕产业协同、城乡互动、科技协作、市场互通等重点任务，进一步加大"一区"对"两群"的对口协同力度。二是依法加快构建"一区两群"协调发展空间格局，通过依法制定科学规划，以制度形式构建科学的空间发展格局。编制完成全市国土空间总体规划、"一区两群"国土空间规划以及綦江—万盛等跨行政区规划。三是在法治轨道上分层分类全面推进乡村振兴。重庆市政府巩固脱贫攻坚成果同乡村振兴有效衔接，健全防止返贫监测帮扶机制，实施"一县一策",支持4个国家乡村振兴重点帮扶县发展。大力发展现代山地特色高效农业,创建3个国家级农业现代化示范区和2个国家现代农业产业园。启动农村人居环境整治提升五年行动,新改建"四好农村路"3330公里、新完成农村公路安防工程4011公里,改造农村危房5097户,农村卫生厕所普及率、生活垃圾分类示范村占比分别达到84%、40.5%;"三变"改革试点扩大到2234个村,"三社"融合发展提速,基本消除集体经济"空壳村"。①

四、在法治轨道上加快建设山清水秀美丽之地

"中国式现代化是人与自然和谐共生的现代化。"②对此,党的二十大报告明确要求:"坚持可持续发展,坚持节约优先、保护优先、自然恢复为主的方针,像保护眼睛一样保护自然和生态环境,坚定不移走生产发展、生活富裕、生态良好的文明发展道路,实现中华民族永续发展。"③习近平总书记强调,"保护生态环境必须依靠制度、依靠法治",要"用最严格制度最严密法治保护生态环境"。④加快形成绿色发展方式,就必须充分发挥法治的引领和调整功能,着力构建生态环境保护的法治体系,为促进绿色发展提供有力的法治保障。在新时代新征程上,不断完善生态文明法律规范和

---

① 参见胡衡华:《重庆市人民政府工作报告——2022年1月17日在重庆市第五届人民代表大会第五次会议上》,《重庆日报》2022年1月24日,第001版。
② 习近平:《高举中国特色社会主义伟大旗帜 为全面建设社会主义现代化国家而团结奋斗——在中国共产党第二十次全国代表大会上的报告》,《人民日报》2022年10月26日,第01版。
③ 习近平:《高举中国特色社会主义伟大旗帜 为全面建设社会主义现代化国家而团结奋斗——在中国共产党第二十次全国代表大会上的报告》,《人民日报》2022年10月26日,第01版。
④ 习近平:《论坚持人与自然和谐共生》,中央文献出版社2022年版,第13页。

制度体系，切实解决环境保护法治领域存在的突出问题，正是新时代推进中国式法治现代化进程中的重大课题。①

进入新时代以来，重庆市牢固树立、全面践行绿水青山就是金山银山理念，始终将建设山清水秀美丽之地作为中心工作，深化生态文明体制机制改革，以目标治理模式确保生态文明建设在法治轨道上运行。在重庆市"十四五规划"和2035年远景目标纲要中，明确"将实现人与自然和谐共生，长江上游重要生态屏障全面筑牢，山清水秀美丽之地基本建成"作为重庆市国民经济和社会发展到2035年的远景目标之一。近年来，重庆市实行最严格的制度、最严密的法治，在制度化法治化轨道上推进生态文明建设，在法律制定和法律实施的各个环节上进行了诸多成效显著的实践。

（一）人大积极履行立法和法治监督职权，筑牢绿色发展的法治轨道

推进绿色发展，建设山清水秀美丽之地，一方面需要以科学立法夯实法律规范根基，形成善治之前提；另一方面，还需要以严密的法治监督确保绿色发展的法治要求落实到位。人大及其常委会，兼具法律制定和法治监督的双重职能，这两项职权的充分正确行使，可以从法治运行的前端和末端，形成绿色发展法治保障的闭环。

就行使地方立法权而言，重庆市人大及其常委会扎实践行习近平生态文明思想，将"绿水青山就是金山银山""生态优先、绿色发展"等理念融入生态环境保护立法的各方面。一方面，不断完善生态环境保护地方立法。及时对涉及生态环保的所有地方性法规和自治条例、单行条例开展全面清理；制定和修改了河长制条

---

① 参见公丕祥：《论中国式法治现代化的本质要求》，《法律科学》2023年第3期。

例、节约能源条例、植物检疫条例、野生动物保护规定、生活垃圾管理条例、城市园林绿化条例、矿产资源管理条例、地质灾害防治条例、燃放烟花爆竹管理条例等法规，为建设"山清水秀美丽之地"提供有效的立法支撑。落实中央关于长江十年禁渔重大决策，作出关于促进和保障长江流域禁捕工作的决定，强化长江流域重庆段禁捕工作的法治支撑。立足对自然生态资源和历史人文资源的"双重保护"，专门出台《关于加强广阳岛片区规划管理的决定》。另一方面，依托成渝双城经济圈建设，以"重庆决定+四川条例"的形式完成流域生态环境保护协同立法，制定《重庆市人民代表大会常务委员会关于加强嘉陵江流域水生态环境协同保护的决定》，从信息共享、生态保护补偿、专项规划编制、水污染治理、水生态修复、水资源保护等13个方面，对川渝两地嘉陵江流域水生态环境共标、共建、共治、共管作出了详细规定。

就履行法治监督权而言，重庆市人大及其常委会依法开展多维度的法律监督，确保重庆市绿色发展目标完成。一是听取审议政府工作报告、生态环境保护年度工作情况报告、贯彻实施长江保护法工作情况报告、关于农业农村生态环境建设的市政府工作情况报告，督促政府强化重点领域治理，严格执法监督问责。二是坚持问题导向，开展环境保护法律实施情况的专项执法检查和情况调研。持续开展环境保护法、环境保护条例和加强嘉陵江流域水生态环境协同保护决定执法检查，聚焦化肥农药减量增效、养殖业污染防控、农业循环发展利用、污染防治技术创新等开展专题调研；积极配合全国人大及其常委会开展长江保护法执法检查、固体废物污染环境防治法及碳排放权交易试点等调研。

（二）公正司法护航山清水秀美丽之地建设

司法保护是生态环境保护的重要途径，作为维护社会公平正义的最后一道防线，司法同样也是保证绿色发展推进的重要防线。重庆市司法机关始终服务和保障生态文明建设大局，坚持走中国特色社会主义的"绿色司法"道路，立足重庆市生态环境保护的客观条件，取得了丰硕的环境司法成果。

重庆法院充分发挥审判职能作用，助力山清水秀美丽之地建设。一是公正审理环境资源案件，依法惩治污染环境、破坏生态犯罪。五年来，重庆市法院系统审结一审环境资源案件1.1万件。①特别是自长江保护法实施以来，重庆法院共审结涉破坏长江生态犯罪案件1100余件，2091人被追究刑事责任。同步发布重庆法院长江生态环境司法保护12个典型案事例。②二是通过出台司法政策文件、司法裁判指引、会议纪要等健全审判规则体系，固化裁判方式和执行方式创新成果。及时出台10条意见服务保障长江"十年禁渔"和13条意见加强长江流域生物多样性司法保护，并在全国首发非法捕捞犯罪量刑指引。三是全面践行恢复性司法理念，开展生态环境司法修复工作。创新"环境司法+生态修复"审执模式，强化刑事制裁、民事赔偿与生态修复有机衔接，将生态环境修复义务履行情况作为量刑情节，建立健全"恢复性司法实践+社会综合治理"案件执行督促机制。探索"以碳代偿"机制，助力碳达峰碳中和。积极建设生态环境司法修复基地，截至2023年6月12日，重庆全市已建立29个基地。③四是围绕绿色发展，创新审判组织机制。积极推动设立长江上游生态保护法院，建设"生态环保法庭"特色法庭。五是推进司法协作，构建生态环境多元共治保护格局。与云贵川三省高法院签订长江上游省市法院环境司法协作协议，与

---

① 李永利：《重庆市高级人民法院工作报告——2023年1月15日在重庆市第六届人民代表大会第一次会议上》，《重庆日报》2023年2月2日，第009版。
② 《长江保护法实施两年 重庆法院审结3500余件环境资源案》，中国新闻网2023年2月27日，http://www.chinanews.com.cn/sh/2023/02-27/9961693.shtml。
③ 参见《重庆新闻联播|重庆已建立29个生态环境司法修复基地》，澎湃网2023年6月12日，https://www.thepaper.cn/newsDetail_forward_23457909。

四川、陕西、甘肃3省10家中级人民法院签署协议①，与湖北宜昌、恩施中级人民法院跨域联动，共护长江三峡生态长廊。

重庆市检察机关能动履职，加大环境权益保护力度。一是加大生态环境资源领域公益诉讼办案力度。环境公益诉讼的开拓创新是我国环境司法的一个重要特点和标志。自2017年民事诉讼法和行政诉讼法修改，我国正式确立了检察公益诉讼制度。在此背景下，重庆市检察院积极推动环境资源保护领域公益诉讼工作，推行"专业化法律监督+恢复性司法实践+社会化综合治理"的生态检察模式。二是严厉打击破坏生态环境资源犯罪。落实"一案双查"机制，不断扩大"刑事+公益"双重监督的叠加效应，严厉打击非法捕捞行为。落实环境违法犯罪疑难复杂案件联合挂牌督办机制，严惩危险废物环境违法犯罪。三是依托成渝地区双城经济圈建设，持续推进与四川检察机关开展跨区域检察协作，实现互移公益诉讼案件线索并开展联合办案。

（三）法治政府建设推进山清水秀美丽之地建设

当前，我国生态环境执法体制改革迅速推进，环境执法机关的职能不断强化，加强法治政府建设，保证环境行政的法治化，是在法治轨道上推进绿色发展的关键之举。《重庆市法治政府建设实施方案（2021—2025年）》将"环境保护"作为一条重要线索，贯穿于健全行政决策制度体系、行政执法工作体系、社会矛盾纠纷行政预防调处化解体系、行政权力监督体系的各项重要指标之中。

近年来，重庆市政府围绕上述要求，大力推进山清水秀美丽之地建设，进行了诸多成效显著的实践。一是纵深推进生态环境保护

---

① 参见《长江保护法实施两年　重庆法院审结3500余件环境资源案》，中国新闻网2023年2023年2月27日，http://www.chinanews.com.cn/sh/2023/02-27/9961693.shtml。

体制机制创新。全面推行河长制、林长制，流域横向生态保护补偿机制等重点改革取得突破。不断健全生态环境领域行政执法和刑事司法衔接机制，加强生态环境公益诉讼与生态环境损害赔偿制度工作衔接，进一步规范运行信息通报、联席会议、案件移送等工作机制。二是加强环境污染治理，加大生态环境领域执法力度。及时立案查处环境违法行为，保持惩治的高压态势。全面实施长江干流、重点支流及其他重点水域"十年禁捕"，加大长江禁捕退捕执法监管力度。开展多部门全勤联动"十年禁渔"长江巡航执法行动，开展"工业污染源全面达标排放""长江经济带化工企业污染整治""利剑执法"等环境执法专项行动。三是在生态环境保护领域持续推进行政决策科学化民主化法治化。将环境管理政策、环境保护规划、投资预算安排、重要项目审批等重大决策及重要事项，列为重大行政决策事项，把公众参与、专家咨询、风险评估、合法性审查和集体讨论决定作为重大行政决策必经程序，切实提高科学民主依法决策水平。

第五章

推进法治领域数字化变革

《国家十四五规划和 2035 年远景目标纲要》明确将"数字中国建设"写入报告，指出"迎接数字时代，激活数据要素潜能，推进网络强国建设，加快建设数字经济、数字社会、数字政府，以数字化转型整体驱动生产方式、生活方式和治理方式变革"。《数字中国建设整体布局规划》进一步明确"建设数字中国是数字时代推进中国式现代化的重要引擎，是构筑国家竞争新优势的有力支撑。加快数字中国建设，对全面建设社会主义现代化国家、全面推进中华民族伟大复兴具有重要意义和深远影响"，为数字中国建设指明了具体方向。

数字中国建设离不开法治领域的数字化变革。《法治中国建设规划（2020—2025年）》提出，要"加强信息技术领域立法，及时跟进研究数字经济、互联网金融、人工智能、大数据、云计算等相关法律制度，抓紧补齐短板"。《数字中国建设整体布局规划》也提出，"建设公平规范的数字治理生态。完善法律法规体系，加强立法统筹协调，研究制定数字领域立法规划，及时按程序调整不适应数字化发展的法律制度。构建技术标准体系，编制数字化标准工作指南，加快制定修订各行业数字化转型、产业交叉融合发展等应用标准"。在此背景下，重庆市高度重视法治领域的数字化变革，按照数字重庆建设总体部署，将数字法治建设作为数字重庆建设 7 个领域之一推进，取得了不俗的成绩。

一、以法治推动数字经济健康发展

党的十八大以来，以习近平同志为核心的党中央高度重视发展数字经济，并将其上升为国家战略。数字经济催生了一系列新产业、新业态、新模式，亟需配套与之相适应的法律政策，以便发挥增动能、防风险、促治理的积极效用。对此，习近平总书记指出，完善数字经济治理体系"要健全法律法规和政策制度，完善体制机制，提高我国数字经济治理体系和治理能力现代化水平"[1]。以此为根本遵循，重庆市高度重视数字经济发展的法治保障，成立重庆市数字经济创新发展领导小组，印发《重庆市数字经济"十四五"发展规划（2021—2025年）》，出台《重庆市数据条例》《重庆市公共数据开放管理暂行办法》《重庆市智能网联汽车道路测试与应用管理试行办法》等系列政策法规，为数字经济发展提供法治护航。

（一）完善数字经济的制度保障

积极贯彻落实党中央、国务院关于推进数字经济创新发展的决策部署。2019年10月，重庆市成为国家首批数字经济创新发展试验区。2020年6月，重庆市人民政府成立重庆市数字经济创新发展领导小组，全面推进全市数字经济发展各项重点任务。2021年11月，重庆市积极响应国家数字经济"十四五"发展规划有关要求，制定《重庆市数字经济"十四五"发展规划（2021—2025年）》，从夯实新基建、激活新要素、培育新动能、加强新治理、强化新支撑、融入新格局六方面部署了重点工作任务，统筹推进"十四五"时期全市数字经济发展，并设置16个专栏，谋划了一批重点工程项目。2021年11月，重庆市成立了全国首家数字经济人才市场，即中国重庆数字经济人才市场，围绕数字经济人才"引、育、留、用、转"等关键环节，不断丰富完善与数字经济同频共振、协同发展的人力资源市场体系，致力于为数字经济人才、数字经济企业提

---

[1] 习近平：《不断做强做优做大我国数字经济》，《求是》2022年第2期。

供一站式人力资源服务解决方案。①

（二）提升数据要素的治理水平

数据是数字时代的基本生产资料，如何发挥数据的生产要素作用对于数字经济发展至关重要。为此，重庆市专门成立市政府直属机构重庆市大数据应用发展管理局，专职推动数据资源建设管理，促进数据"聚通用"。编制实施全国首部数据治理专项规划《重庆市数据治理"十四五"规划（2021—2025年）》，围绕数据提出了更加综合全面的治理规则，打造数据治理高地。出台《重庆市数据条例》，以立法形式在数据处理与安全、数据资源、数据要素市场、数据发展应用、数据区域协同、数据法律责任等方面做出规定，为数据处理和安全管理、数据要素的市场培育、数据资源汇聚、共享和开放、数据发展应用和区域协同等活动提供了具体规则，为保护个人、组织的合法权益提供了坚实的法治保障。

印发《重庆市全面推行"云长制"实施方案》，全面实施"云长制"改革，建立健全"云长制"组织体系和统筹协调机制，全市"管云、管数、管用"体制机制初步建立。出台《重庆市政务数据资源管理暂行办法》等政府规章，有序推进依法治数，初步实现政务数据全面规范管理。出台《重庆市公共数据开放管理暂行办法》《重庆市建立健全政务数据共享协调机制加快推进数据有序共享实施方案》等，分类分级厘清数据共享、开放责任，政务数据汇聚共享、公共数据开放应用等制度体系初步建立。深入实施《重庆市大数据标准化建设实施方案（2020—2022年）》，制定数据地方标准，加快推动数据开放、数据安全、数据治理、行业应用、质量评级等标准建设。

---

① 参见《重庆：聚焦数字经济人才，推动多跨协同发展》，微信公众号《智慧重庆》2023年8月21日。

（三）激活数据要素的交易流通

出台《重庆市数据条例》《重庆市公共数据开放管理暂行办法》《重庆市政务数据资源管理暂行办法》，统筹规划培育数据要素市场，建立市场运营体系，推进数据要素市场化配置改革，促进数据要素依法有序流动。引导个人、组织参与数据要素市场建设，鼓励市场主体研发数字技术、推进数据应用，发挥数据资源效益。建立健全公共数据资源体系，推进各类数据依法汇聚融合，有序共享开放。

挂牌西部数据交易中心，构建供需交易、平台技术、配套服务、行业数据等"1+4"交易生态体系，促进数据要素规范化流通、合理化配置、市场化交易、生态化发展，打造国内领先的服务数字经济全产业链的数据交易场所。目前，重庆市已在航旅、能源、汽车、通信、信用、电商、建筑等7个数据要素活跃领域，吸引涵盖数据交易主体、数据合规评估、质量评估、安全审计等多领域数商50余家，上架数据产品50款，服务10笔数据交易，共实现交易金额超700万元。[①]推动数据资源贸易，积极参与数字贸易试点和数字领域国际规则、标准制定。依托中新（重庆）国际互联网专用数据通道，推动重庆、新加坡跨境数据安全有序流通，加速汇聚"一带一路"沿线国家和地区跨境数据，打造"数字丝绸之路"重要枢纽。

强化公共数据资源管理，打破数据"聚通"壁垒。初步完成全市公共数据资源管理平台建设，实现自然人、法人、自然资源和空间地理、电子证照、信用信息等基础数据库及一批主题数据库集中部署，升级完善全市政务数据共享系统、建成公共数据开放系统。在全国率先建成"国家–市–区县"三级数据共享交换体系，推进数

---

① 参见《发布会丨〈重庆市数据条例〉，今起实施！》，微信公众号《重庆发布》2022年7月1日。

据资源上传下沉和融合应用,启动全市政务数据普查。截至2022年6月底,公共数据资源管理平台实现数据共享10288个、开放5472个,数据调用量累计超192.5亿条。推动川渝政务数据互联互通,两地144个部门实现跨省共享数据5460类。[①]

(四)提升数字经济的安全保障

安全是发展的基础和前提。为此,《重庆市国民经济和社会发展第十四个五年规划和二〇三五年远景目标纲要》提出加强数据、信息安全监管,强化个人信息保护,构建与法律、行政法规和规章衔接配套的网络安全、数据安全和个人信息保护制度体系。《重庆市数字经济"十四五"发展规划(2021—2025年)》提出,一要强化网络安全保障。建立健全网络安全相关法律法规、制度标准、网络行为管理体系。二要加强数据安全保护。完善数据安全管理制度,建立数据安全评估制度、安全责任认定机制和重大安全事件及时处置机制。

《重庆市数据治理"十四五"规划(2021—2025年)》专门就数据安全提出四点要求。一是完善数据安全管理制度,建立健全数据全生命周期安全管理制度,明确数据采集、汇聚、存储、共享、开发利用等各环节安全责任主体和具体要求。二是强化数据安全防护,开展数据安全技术创新研究和数据安全关键技术攻关,加强安全可靠技术和产品推广应用,增强数据安全预警和溯源能力,持续提升数据隐私保护水平,确保数据安全自主可控。三是加强个人信息保护,贯彻落实个人信息保护相关法律法规,建立个人信息授权许可制度,完善个人信息统一授权机制,通过单独授权、明示授权等多种方式切实保护个人信息安全。四是落实数据安全监管,建立

---

① 参见《发布会|〈重庆市数据条例〉,今起实施!》,微信公众号《重庆发布》2022年7月1日。

数据安全常态化监管工作机制，建设全市数据安全监管平台，加强数据资源、数据流通、跨境数据流动安全监管。

此外，《重庆市数据条例》进一步明确了数据处理规则和数据安全责任。一是确立"数据安全责任制"，提出数据处理活动六类禁止性行为和八项数据安全保护义务，规范公共数据收集单位行为，建立健全数据质量管控体系和数据校核机制，为数据安全"保驾护航"。二是衔接和落实个人信息保护法、数据安全法，明确建立数据分类分级保护等一系列数据安全机制，规范第三方机构开展数据安全检测评估、认证等行为；畅通个人信息保护渠道，建立处理涉及个人信息的投诉举报制度。①

（五）推进数字产业的健康发展

大力发展工业互联网，出台《重庆市深化"互联网+先进制造业"发展工业互联网实施方案》《重庆市发展智能制造实施方案（2019—2022年）》《重庆市工业互联网创新发展行动计划（2021—2023年）》《重庆市制造业智能化赋能行动实施方案》《重庆市5G应用"扬帆"行动计划（2021—2023年）》《支持企业技术改造投资和扩大再投资政策措施》等政策文件。印发《重庆市建设世界级智能网联新能源汽车产业集群发展规划（2022—2030年）》《渝西地区智能网联新能源汽车零部件产业发展倍增行动计划（2023—2027年）》《重庆市智能网联汽车道路测试与应用管理试行办法》，助力打造世界级智能网联新能源汽车产业集群。

出台《重庆市人民政府办公厅关于促进平台经济规范健康发展的实施意见》《电子商务平台落实法定责任行为规范》等政策法规，建立重庆市促进平台经济规范健康发展联席会议制度，压实网络平

---

① 参见《发布会｜〈重庆市数据条例〉，今起实施！》，微信公众号《重庆发布》2022年7月1日。

台企业主体责任，创新平台经济发展业态，培育平台经济新主体，营造平台经济发展良好环境，建立健全适应平台经济发展的治理体系。全面落实《市场准入负面清单（2022年版）》，修订出台《重庆市反不正当竞争条例》，建立反垄断和反不正当竞争联席会议制度，针对数据垄断、数据造假、数据泄露和数据滥用等不正当竞争行为进行有效治理，优化数字经济营商环境。加快《重庆市数字经济创新发展行动计划》《重庆市数字经济发展条例》等政策法规的制定，推动数字经济有力有序发展。

二、全面推进数字法治政府建设

《法治政府建设实施纲要（2021—2025年）》提出"健全法治政府建设科技保障体系，全面建设数字法治政府。坚持运用互联网、大数据、人工智能等技术促进依法行政，着力实现政府治理信息化与法治化深度融合，优化革新政府治理流程的方式，大力提升法治政府建设数字化水平"。《关于加强数字政府建设的指导意见》指出，"围绕经济社会发展迫切需要，着力强化改革思维，注重顶层设计和基层探索有机结合、技术创新和制度创新双轮驱动，以数字化改革助力政府职能转变，促进政府治理各方面改革创新，推动政府治理法治化与数字化深度融合"。以此为指引，重庆市高度重视数字法治政府建设，出台《重庆市法治政府建设实施方案（2021—2025年）》《重庆市数据治理"十四五"规划（2021—2025年）》《重庆市数据条例》等政策法规，在数字法治政府建设领域取得明显成效。

（一）强化政务信息平台建设

出台《重庆市深化"一件事一次办"打造"渝快办"升级版攻坚行动方案》，整合全市移动端政务服务应用，建设"渝快办"超级移动端，作为全市政府部门面向企业群众办事的移动端统一入口。对于市政府有关部门已建的移动端应用，按照统一标准规范接入"渝快办"平台移动端；未建移动端应用的，原则上不再另建移动端应用，集中部署至"渝快办"平台。丰富"渝快办"平台"扫码亮证""一码办事""无感通办"等创新应用场景，构建适合在移动端办理的"一件事一次办"集成服务，实现服务事项从"掌上可办"向"掌上好办"提升。"渝快办"实现政务服务事项全覆盖，行政许可实现全面清单化管理、99%的事项"最多跑一次"，企业开办时间由34天缩短至1个工作日，工程建设项目全流程审批时间压缩50%以上。为全市341万余户市场主体全量生成电子营业执照，57.35万户市场主体通过"渝快办"统一身份认证平台、开办企业"一网通"平台等20余个应用场景，调用电子营业执照近136万次。

不断深化"渝快办""渝快政""渝快融"等在线政务服务平台建设，推动公安、税务、社保等部门互联网端信息系统与"渝快办"平台深度融合，提升全流程一体化在线服务能力。有序推广"渝快政"应用，推进跨部门数据共享、流程再造、业务协同，推动平台在38个单位试点应用，省级政府网上政务服务能力评估排名进入前10。深化"公共法律服务园区行""民营企业'法治体检'"专项行动，为6349家企业提供法律服务。持续推进智慧校园、智慧医疗、智慧养老、智慧就业等公共服务数字孪生技术发展，深化"渝教云"等公共服务平台建设应用，为数字经济开拓更大发展空间。建设法规规章和行政规范性文件公开查询平台，实现全市现行有效的法规规章和行政规范性文件统一公开查询。

(二)推进政务数据开放共享

对标《国家政务信息化项目建设管理办法》,结合《重庆市政府投资管理办法》《重庆市政务数据资源管理暂行办法》《重庆市全面推行"云长制"实施方案》等有关规定,出台《重庆市市级政务信息化项目管理办法》,坚持数据导向,突出数据标准化治理、提升数据质量、激活数据要素价值,推动政务信息系统跨部门跨层级互联互通、数据共享和业务协同,打破数据壁垒、破除数据孤岛,提高政务服务便利化水平。强化规划引领,科学编制市级政务信息化建设规划,布局建设执政能力、依法治国、经济治理、市场监管、公共安全、生态环境等重大信息系统。强化政务信息系统整合共享,持续推动政务信息系统跨部门跨层级互联互通、数据共享、业务协同。强化全市政务数据资源统筹规划和分级分类管理,建设完善行政规范性文件、电子证照等重点资源库,围绕政务服务应用建设主题数据库,更好地支撑跨地区跨部门跨层级业务协同。加强政务信息系统与信息资源的安全保密设施建设,定期开展网络安全监测与风险评估,确保政务信息系统安全稳定运行。

深入实施《重庆市政务数据资源管理暂行办法》和《重庆市建立健全政务数据共享协调机制加快推进数据有序共享实施方案》,完善政务数据共享协调机制,纵深推进政务数据"三清单"制度,加快推进数据有序共享;推动出台政务数据运营管理办法,探索建立政务数据运营制度,开展政务数据授权运营试点。深入落实《重庆市公共数据开放管理暂行办法》,鼓励多元主体参与,推进公共数据开放共享,依法最大限度面向社会开放公共数据,推进公共数据资源挖掘利用,实现民生保障、公共服务、市场监管等领域公共数据向社会有序开放。推动与群众利益密切相关的医疗、教育、供水、供电、供气、通信、环境保护、公共交通等公共企事业单位数据采集、汇聚、共享、开放、利用等纳入公共数据管理体系。推动川渝数据治理协同，联合四川省印发首批622类政务数据共享责任清单，涵盖财税金融、生态环境、卫生健康及道路交通等领域。落实国家建立数据安全分类分级保护制度要求，出台《重庆市公共数据分类分级指南（试行）》，推动相关行业主管部门加强数据分类分级管理工作。

（三）提高数字政务监管能力

完善市级"互联网+监管"系统，汇聚有关方面监管平台数据，完成国家"互联网+监管"平台数据汇聚需求，建设风险监管系统，开展风险预警分析。推进政务数据、公共数据向城市大数据资源中心按需汇聚，优化升级政务数据共享系统。加强信息化技术、装备的配置和应用，推行APP掌上执法。打造政府监管、企业自治、行业自律、市场监督"四位一体"的多元共治体系，构建数字技术辅助政府决策机制，建立基于高频大数据的监管模式，全面提高精准动态监测预测预警水平。运用互联网、大数据、云技术、人工智能、区块链等新技术，培育智慧监管执法新应用。探索推行以远程监管、移动监管、预警防控为特征的非现场监管模式，建立健全"前端及时发现+后端依法处置"的衔接机制，拓展信息化技术在监管领域应用的广度和深度，压减重复或不必要的现场监管事项。

强化数字技术在公共卫生、自然灾害、事故灾难、社会安全等突发事件应对中的运用，全面提升预警和应急处置能力。深入推进全市数字经济统计、监测体系研究，探索数字经济应用示范高地建设的体制机制，形成经验模式。建立智慧市场监管平台，以法人基础数据库为核心，统一将基本信息、执法监管信息、信用信息、监测预警信息、检测认证信息等整合到市场主体名下，"标签化"绘制企业，分类分级进行监管、风险智能研判、异常行为监测提醒。完善全过程数字化监管制度，加强市场监管数据资源"聚通用"规范化管理，依法有序向社会公开市场监管数据。打通信息共享通道，推动各类数据资源在市场监管领域的广泛应用。深化市场监管全业务、多场景、智慧化服务应用开发，构建多样化应用场景体系，加快实现工作流与数据流的融通聚合。创新数据治理，构建大数据监管模型，开展关联分析，掌握市场主体经营行为、规律与特征，提高市场监管决策和风险预判能力，科学制定、调整监管制度和政策。

三、深化"全渝数智法院"建设

2022年12月，最高人民法院发布《关于规范和加强人工智能司法应用的意见》，提出"到2025年，基本建成较为完备的司法人工智能技术应用体系，为司法为民、公正司法提供全方位智能辅助支持，显著减轻法官事务性工作负担，有效保障廉洁司法，提高司法管理水平，创新服务社会治理。到2030年，建成具有规则引领和应用示范效应的司法人工智能技术应用和理论体系，为司法为民、公正司法提供全流程高水平智能辅助支持，应用规范原则得到社会普遍认可，大幅减轻法官事务性工作负担，高效保障廉洁司法，精准服务社会治理，应用效能充分彰显"。近年来，重庆市聚焦"全渝数智法院"建设，制定《重庆法院信息化建设与实施五年规划（2021—2025）》，以数字技术赋能智慧司法，建设成果连续6年入选《中国法院信息化发展报告》，建设实践入选《智慧法院优秀案例选编》。

（一）统筹数智法院的顶层设计

紧紧围绕《国家信息化发展战略纲要》《"十四五"国家信息化规划》《数字中国建设整体布局规划》等相关文件精神，统筹推进"全渝数智法院"建设，进一步加强对全市中基层法院及市高法院各业务条线的信息化建设需求统合，避免多头开发、重复建设和供需错位，切实做到统分结合、协同有力。成立以高院院长任组长的全市法院网络安全和信息化领导小组，做到事、人、时、责"四定"，建立单月调度会议机制，项目化、清单化、节点化、常态化督导推进工作落地。研究制定《重庆法院信息化建设与实施五年规划（2021—2025年）》，统筹指导"十四五"期间全市法院信息化建设，聚焦"全渝数智法院"目标，明确覆盖全业务门类及不同发展阶段的若干项重点任务，推动业务、队伍、政务横向贯通，立案、审判、执行一体管理，高、中、基三级法院上下联动，以现代科技为审判赋能。①

始终坚持以人民为中心推进智慧法院建设，以司法为民、利民、惠民、便民为目标，积极构建人力与科技深度融合的司法运行模式，面向法官提供智能化辅助办案功能，助力提高司法审判质量和效率，不断提升人民群众获得感、幸福感。统筹推进"4+1+N"重庆智慧法院新生态的建设和应用，精准回应新时代人民群众司法新需求。②在"4+1+N"智慧法院新生态体系中，"4"是指以"易诉""易解""易审""易达"4个平台为核心的服务司法审判、服务人民群众的前端平台矩阵。③截至2022年底，重庆法院已上线"易诉"平台、"易解"平台、人民法院在线服务（重庆）、易法院

---

① 参见李永利：《坚持"九个一"做实"全渝数智法院"》，微信公众号《重庆市江北区人民法院》2022年12月1日。
② 参见李永利：《坚持"九个一"做实"全渝数智法院"》，微信公众号《重庆市江北区人民法院》2022年12月1日。
③ 参见《重庆法院坚持"九个一"做实"全渝数智法院"》，《重庆日报》2023年1月13日，第007版。

APP、重庆法院公众服务网、重庆法院委托鉴定系统、律师服务平台、"12368"诉讼服务、电子票据平台等不同类型、不同载体的诉讼服务前端，并持续开展诉讼服务评价，不断提升智慧司法便民服务能力和水平。[①]

（二）加强审判流程的数智建设

通过建立汇集全市三级法院技术和业务骨干力量的联合攻关机制、将信息化建设应用实效纳入考核评估等方法举措，推动实现全市法院信息化系统平台从"能用"到"管用、会用、好用、爱用"的实质转变，深度释放数字化变革红利，提高司法生产力。依托智慧审判助力点上创新，以类案智审为突破点，围绕成渝金融法院跨区域协同办案需求，打造了"区块链+金融案件智审平台"，入选国家区块链创新应用综合性试点重点应用场景。充分采用"线下+智能+互联网"诉讼模式，实现诉讼服务24小时"不打烊"，切实做到便民、利民、惠民。研发"破产协同易审平台"助力多方跨网协同办案，营商环境试点评估中重庆办理破产指标位列全球190个经济体前20名。[②]

着力打造全方位智能化、全系统一体化、全流程融合化、全业务协同化、全时空泛在化、全体系自主化的重庆法院信息化4.0版，全面推进全市法院审判体系和审判能力现代化。全流程网上办案改革赋能面上增效，重塑网上立案、智慧庭审、电子送达、电子归档等四个关键节点流程，建成虚拟化案件事务中心，建立法官审判权独立行使和案件辅助事务集约管控的工作机制，进一步深化全流程

[①] 参见《深化"全渝数智法院"建设，让公平正义触手可及》，微信公众号《重庆市高级人民法院》2023年1月16日。
[②] 参见李永利：《坚持"九个一"做实"全渝数智法院"》，微信公众号《重庆市江北区人民法院》2022年12月1日。

网上办案改革，打造覆盖网上立案、卷宗生成、智慧庭审等30多类功能的全流程网上办案体系，便捷当事人诉讼和法官办案。研发上线干警业绩评价系统，打通人事、案件、办公、行装系统，融合"四函五色"督查督办系统，实现司法事务、政务闭环管控。构建纵向覆盖三级法院、横向覆盖三类人员、相同模型不同系数的全员评价机制，实时动态"画像"，让机器发声，用数据说话，驱动内涵发展，激发司法生产力，驱动内涵式发展。①

（三）创新数智法院的技术应用

坚持"让数据多跑路、群众少跑腿，为法官减负，为审判赋能"的原则，不断创新数智法院的技术应用，让群众享受触手可及的"数字正义"。创新推出"数字巡回审判包"，其轻便易携、设计巧妙，适合在室内、屋旁、田间地角等交通不便的场景应用，能够让山高路远的基层群众享受到现代司法服务。这种便携式"数字巡回审判包"是"5G+智慧司法便民服务矩阵"移动前端载体的重要组成部分，能够实现远程立案、庭审记录、证据扫描、文书制作、执行指挥等诸多功能，已成为"跟着法官"走村入户、巡回审判的"尖兵利器"，被中国国家博物馆及人民法院博物馆分别馆藏。创新推出"车载便民法庭"，其具备AI身份识别、5G直播等功能，将智慧法院成果装上车，将诉讼服务、巡回审判、法治宣传等服务送到群众家门口，为乡村振兴注入法治力量。"车载便民法庭"行动便捷、功能强大，以车辆流动式服务有效弥补了人民法庭定点式服务的先天不足，真正打通了服务群众的"最后一公里"，被人民群众亲切地称呼为"到家的法庭"。2022年，在最高人民法院首次组织的人民法院重大科技创新成果评选活动中，重庆法院"车载便民法

---

① 参见《重庆法院坚持"九个一"做实"全渝数智法院"》，《重庆日报》2023年1月13日，第007版。

庭"脱颖而出，荣获全国法院唯一一个"特等奖"。①

创新推出"云上共享法庭"，建成跨网跨域共享庭审的"云上共享法庭"311个，已覆盖全市所有基层法院，并延伸到律所、金融机构和其他社会组织，大大减轻疫情等突发情况对审判执行工作的影响，提高了工作效率。"云上共享法庭"分设在法院内部和外部，法院内部的出庭场所主要包括共享科技法庭、共享出庭室和共享车载便民法庭等，法院外部的共享数字化出庭场所主要包括设置在检察院、监狱、看守所、戒毒所、派出所、司法所、律师事务所、金融机构等单位的共享远程视频出庭室。为了打造便民、高效、权威的"云上共享法庭"现代化庭审模式，出台《关于"云上共享法庭"运行机制的工作规定（试行）》，明确平台研发、建设标准、运维管理、推广应用等事宜。探索强基导向"一块屏工程"，研发"全渝数智法院TV版"，让源头解纷、案件查询、远程调解、在线庭审等服务通过电视屏幕走进千家万户。届时，有多少个机顶盒，就有多少个"共享法庭"。②

四、全面升级数字检察体系建设

最高人民检察院《检察大数据行动指南（2017—2020年）》明确提出智慧检务建设战略，为检察机关推进大数据战略指明了方向。《中共中央关于加强新时代检察机关法律监督工作的意见》进一步提出要求："运用大数据、区块链等技术推进公安机关、检察

---

① 参见《重庆法院坚持"九个一"做实"全渝数智法院"》，《重庆日报》2023年1月13日，第007版。
② 参见李永利：《坚持"九个一"做实"全渝数智法院"》，微信公众号《重庆市江北区人民法院》2022年12月1日。

机关、审判机关、司法行政机关等跨部门大数据协同办案。"近年来，重庆市全市检察机关紧跟数字化时代发展趋势，增强加快推进数字检察建设、深化落实检察大数据战略的责任感，主动拥抱大数据、挖掘大数据、唤醒大数据、运用大数据，统筹推进网络融合、平台融合、数据融合、应用融合、监督模型融合，把大数据理念、方法正确运用到检察履职中，以"数字革命"驱动新时代法律监督提质增效。①

（一）做好数字检察的组织保障

坚持"一把手"靠前指挥，主持党组会、数字检察建设领导小组会研究调度相关工作，构建数字检察政策体系、目标体系和工作体系。围绕政法机关"四大职责"和检察机关"四大检察"、"十大业务"、十六项业务单元，初步构建数字办案、数字监督、数字惠民、数字管理等4个数字检察核心业务，突出"三融五跨"以"大场景、小切口"的方式投入到数字重庆、数字法治建设中。

按照"业务主导、数据整合、技术支撑、重在应用"的思路，集中三级检察院资源力量，统筹推进全市数字检察建设。市检察院每个部室确定一名数字检察工作联络员与数字办协同，全市17个院已成立数字检察工作领导小组及其办公室。加强数字检察人才培养，组织数字重庆建设专题培训，持续增强检察人员数字思维、数字认知、数字技能。市院统筹市院和分院的技术力量，培养了一批能够自主构建模型的技术人员，减少了对科技公司的依赖，也降低了研发费用。市院组建9个数字检察业务小组，分业务进行指导；对全市进行了数字化人员摸底调查，初步统计了80名数字化人员。

---

① 参见《数字检察篇之：以"数字革命"驱动新时代法律监督提质增效》，微信公众号《重庆检事儿》2023年1月11日。

（二）研发数字检务的基础设施

打造智慧检务应用中心，涵盖门户网站、公文处理、数字档案、案件质量评查、队伍管理、检察官考核等，实时、动态集成全市三级检察院检务数据和视讯资源，运用多媒体合成技术和3D展示技术，实现全市检务数据一张图、远程视讯调度一盘棋，有效服务领导决策指挥和检务工作的科学管理。建设"益心为公"云平台智能辅助办案体系，自2021年7月上线以来，依托云平台等收集线索6754条，立案898余件，云平台志愿者提供案件咨询22件、协助办案99件。创建"渝e管"区块链非羁押人员数字管控平台，通过公安、检察、法院数据共享和业务协同、实现对取保候审、监视居住的犯罪嫌疑人从强制措施开始之日至判决前的实时监控，提高监督质效，入选国家区块链创新应用综合试点重点应用场景。研发"远程提讯手写电子签名捺印系统"，破解了远程提讯同步签名、捺印难，解决了远程提讯签字"最后一公里"难题，实现了安全升级+办案"零接触"的双重效果，获评2020年度智慧检务十大创新案例。目前，已利用该系统"零接触"办理1300余件案件。开发量刑建议辅助系统，收录了重庆近3年公开的15万份刑事判决书，涵盖25个常见罪名的精准量刑、幅度量刑以及缓刑、附加刑的适用，覆盖全部刑事案件的95%以上，量刑精准率达81.3%。[①]

重庆推出"方阵"的数字档案信息系统（检察版），成为全国检察机关中首个全覆盖推广数字档案的省市。搭建全市检察系统档案数据大平台，有效整合三级检察机关45个院的档案数据资源。根据国家标准制定了全市检察机关的公文标识编码，公文流转后自动向档案系统推送电子文件，同步完成"四性"检测并归档。创建档案数据"仓库"，借助全市检察机关"档案数据分析可视化大

[①] 参见《数字检察篇之：以"数字革命"驱动新时代法律监督提质增效》，微信公众号《重庆检事儿》2023年1月11日。

屏",实时显示45个检察院的室藏、利用等档案信息,实现年报自动化填报、数据自动化统计。截至2022年底,"方阵"数字档案信息系统已将1866项档案管理规定、1600个案由、176条保管期限,全部嵌入诉讼档案卷内目录和封面的录入页面。目前,重庆检察机关的库藏档案达到179万卷、档案条目1142万条、数字化总量9060万页,年均利用量19万人次,检察档案利用率保持全国领先水平。①

（三）推出数字检务的公众服务

重庆依托智慧检务应用中心,推出"法律监督网",实时向公众发布检察机关重大的新闻信息;通过"掌上手机微官网",为公众提供10项"指尖上的检察服务"。在全国率先上线了教职员工入职查询平台,把有犯罪"前科"的人阻挡在校园招录的门槛之外。②运行以来,平台已提供信息查询服务63.28余万人次,查出招录人员中有犯罪前科176人,在职教职员工涉罪信息566人,14人被撤销教师资格。打造"莎姐云"平台,为未成年提供全方位保护。完善12309检察云呼叫平台,依托"人工智能+检察服务"新模式,让"数据多跑路、群众少跑腿",充分解决群众诉求,力争把矛盾纠纷化解在"云端"。

重庆市南岸区自主研发"律师阅卷一体机"自助终端,实现快捷化、无纸化、一站式的自助阅卷,解决了律师人工阅卷操作繁琐、耗时长的问题,帮助律师阅卷实现了"线上办"的智能操作。不断升级"律师阅卷一体机",创新开发跨区域阅卷系统,与全国

---

①参见《"数字检察"点亮"智慧监督"——全市检察机关大数据赋能打造法律监督升级版》,《重庆日报》2023年1月13日,第009版。
②参见《科普帖!"重庆市检察院智慧检务应用中心"到底是个啥?》,微信公众号《渝北检察》2020年1月16日。

检察业务应用系统的异地阅卷模块无缝对接。承办律师在12309网站的异地阅卷申请，由案件承办检察院案管部门审核并导入检察工作网的全国检察业务应用系统。律师在一体机上通过身份证和人脸识别即可登录，查看自己申请的阅卷信息。通过审核的可以立即制作电子卷宗光盘。①

（四）加强大数据赋能法律监督

重庆出台《2022年检察大数据赋能法律监督行动方案》，组织实施检察大数据赋能法律监督行动，研发了工程建设领域农民工权益保护公益诉讼监督模型、大数据杀熟监督模型等18个法律监督模型和监管系统。②依托110可视化系统监督平台，专门研发AI系统对全市每年500万条接警处警信息进行智能筛选，精准挖掘监督线索。借助"渝e管"，累计管控1500余人，减刑假释智慧监督系统办理减刑假释案件2600多件。截至2023年12月，通过智慧民事检察监督平台，发现民事虚假诉讼、"套路贷"线索2492件，成案1338件，民事行政检察审限预警系统发现不当使用中止审查等问题，清理办结"积案"1100余件。公益诉讼检察指挥中心实现线索统一管理、远程视频实时指挥调度，形成公益诉讼线索900余条，获得在渝全国人大代表点赞。案件质量主要指标系统、案件质量评查系统持续提升案件管理监督预警能力。

---

① 参见《跨省异地阅卷实现"通车"——重庆南岸：开发线上律师阅卷一体机》，《检察日报》2021年6月24日，第002版。
② 《"数字检察"点亮"智慧监督"——全市检察机关大数据赋能打造法律监督升级版》，《重庆日报》2023年1月13日，第009版。

第六章

以高质量立法促发展保善治

近年来，重庆地方立法紧紧围绕习近平总书记对地方立法工作提出的"紧扣大局，着眼急需，着力解决实际问题，维护国家法治统一"等要求，深入推进科学立法、民主立法、依法立法。2018年以来，审议通过法规案88件，立改废各类地方性法规和自治县单行条例169部（其中，制定法规和法规性决定41部，修订法规23部，单独或集中修正法规66部，废止法规30部，审查批准自治县单行条例9部），进一步优化了地方性法规结构，较好发挥了地方立法的实施性、补充性、试验性作用。连续五年，重庆地方立法工作经验在全国地方立法座谈会上作交流发言。

一、完善地方立法工作格局

习近平总书记指出："要加强党对立法工作的集中统一领导，完善党委领导、人大主导、政府依托、各方参与的立法工作格局。"[1]重庆市人大作为重庆市地方立法机关，以上述精神为指导，完善地方立法工作格局。

始终坚持党的全面领导这一最高政治原则，加强党对立法工作的集中统一领导，坚决执行党领导人大工作的各项制度机制，完善党委领导立法的体制机制，确保党的理论路线方针政策和党中央决策部署在人大工作各领域得到全面贯彻落实，用高质量立法落实"总书记有号令、党中央有部署，重庆见行动"。首先，在精神上、思想上与党中央保持高度一致。其次，坚决执行党领导人大工作的各项制度机制，完善党委领导立法的体制机制。中共重庆市委全面

---

[1]习近平：《在中央人大工作会议上的讲话》，《求是》2022年第5期，第8页。

依法治市委员会作为推进重庆市法治建设的领导机关，不仅专门审议重庆市人大每年的立法计划，讨论重庆市地方立法中的重大事项，还成立立法协调小组负责协调地方立法中的重要事项。作为地方立法机关，重庆市人大也严格执行重大事项请示报告制度，重要会议、重要立法、重要工作、重大事项及时向市委请示报告，根据2023年1月15日在重庆市第六届人民代表大会第一次会议上的《重庆市人民代表大会常务委员会工作报告》，过去的五年，重庆市人大常委会党组累计向市委请示报告409次。

切实发挥人大在立法工作中的主导作用。其一，科学制定立法规划，科学确定立法选题，认真落实年度立法计划，适时召开立法工作推进会，加强对全市立法工作的统筹协调，加强对民族自治地方立法工作的指导，推进协同立法，着力强化法治供给。其二，重要法规草案由市人大牵头起草，严格把关法案审议，坚持开门立法，加强与社会公众沟通，每件法规草案都注重征求市人大代表意见，对收集到的每条建议都认真研究，努力使法规最大限度地体现社会认同、反映群众意愿。

依托政府，有效推动地方立法工作。一方面，重庆市人大制定的诸多地方性法规直接关涉重庆市人民政府的职能履行和经济社会事务的管理。另一方面，加强和改进重庆市人民政府立法制度建设，完善地方政府规章制定程序，完善公众参与地方政府规章的体制机制，重要行政管理法律法规由政府法制机构组织起草，加强政府部门间立法协调，严格按照法定权限和程序制定地方政府规章，保证地方政府规章的质量，对地方性法规规章规范性文件适时进行专项清理，利用省级法规规章规范性文件数据库，发布行政规范性文件制定主体清单，集中公布行政规范性文件。

加强协调，拓宽社会各方有序参与立法的途径和方式。加强立法协调，充分发挥政协委员、民主党派、工商联、无党派人士、人民团体、社会组织在立法协商中的作用。重庆市人大坚持在法规立项、起草、论证、审议等各环节拓展人民群众的有效参与，完善法规草案公开征求公众意见和反馈机制，组织召开新闻发布会同步解读通过的法规。

二、健全地方立法工作机制

习近平总书记指出："推进科学立法，关键是完善立法体制，深入推进科学立法、民主立法，抓住立法质量这个关键。要优化立法职权配置，发挥人大及其常委会在立法工作中的主导作用，健全立法起草、论证、协调、审议机制，完善法律草案表决程序，增强法律法规的及时性、系统性、针对性、有效性，提高法律法规的可执行性、可操作性。"[1]这说明，发挥立法体制优势，形成立法工作合力，提高立法质量，建立健全立法工作机制十分必要。党的十八大以来，特别是近五年以来，重庆市人大不断健全立法工作机制，持续在科学立法、民主立法、依法立法上下功夫。

进一步完善地方性法规的法案起草、议案处理及审议等工作机制，推进立法工作规范化、制度化。2018年，市五届人大常委会修订并表决通过《重庆市人民代表大会常务委员会讨论决定重大事项的规定》，该规定对标对表党的十九大精神，按照统筹推进"五位一体"总体布局的要求，重新界定了重大事项的概念，增加了讨论决定重大事项的内容，规范了讨论决定重大事项的程序，增加了"对专业性、技术性较强的重大事项，应当组织专家、智库、专业机构进行深入论证和评估"等内容，并要求市人大常委会讨论决定

---

[1] 习近平：《论坚持全面依法治国》，中央文献出版社2020年版，第114页。

重大事项应当充分听取人大代表和社会公众意见。2022年，重庆市人大常委会表决通过重庆市人大代表议案工作地方性法规——《重庆市人民代表大会代表议案工作条例》，该条例健全代表议案信息化处理机制、规范以代表团名义提出议案的相关处理要求，有助于提高重庆市人大代表议案质量和办理落实成效。2023年，重庆市人大常委会表决通过《重庆市人民代表大会常务委员会议事规则》，该规则贯彻落实党中央决策部署，贯彻落实中央人大工作会议就新时代坚持和完善人民代表大会制度、加强和改进人大工作所做的决策部署；与地方组织法、监督法、监察法、全国人大常委会议事规则等法律的修改保持一致，进一步完善人大常委会会议制度；将市人大常委会在完善会议程序、严格会议纪律等方面形成的经验做法以立法的方式固化下来。

创建"主任接待日"工作制度，开展"两联一述"工作，建立基层立法联系点制度，健全人民群众参与立法的机制。2013年9月24日，重庆市人大常委会主任会议通过《重庆市人大常委会"主任接待日"工作制度》。在市五届人大及其常委会届初，印发了《关于进一步做好"两联一述"工作的通知》，明确了工作的主要内容和基本要求，确定60名市人大常委会组成人员固定联系112名市人大代表。在市五届人大常委会履职期间，"主任接待日"开展活动38次，市人大常委会领导接待市、区人大代表766名，实现了对所有区县（自治县）的全覆盖，收集意见建议均在规定时限反馈代表；全市各级人大累计组织代表6300余人次，走访、接待群众活动16万人次，收集处理社情民意10万余条。同时，870余名市人大代表向原选举单位述职，述职率达100%。近年来，市人大常委会积极践行全过程人民民主，不断创新优化民主立法方式方法，分两批次建立基层立法联系点10个，向全国人大常委会申报设立"国字号"基层立法联系点获成功，并落地于沙坪坝区。2020年5月以来，重庆市人大常委会在全市社区、高校、律师协会、人民法庭等地陆续设立了10个基层立法联系点，由各联系点立足自身特点，各有侧重地针对立法提出建议，发挥反映民情、倾听民意、汇聚民智的"直通车"作用。在此基础上，市人大法制委积极指导各点组建工作队伍、拓宽工作渠道、延伸工作触角。

深化备案审查工作，充分利用省级法规规章规范性文件数据库，从制度层面规范地方性法规配套规定的问题，发挥备案审查制度功效、确保法治统一。首先，以备案审查制度体系推动备案审查全覆盖。目前，重庆以地方性法规为统领，以工作办法、审查基准和行政规范性文件管理办法为支撑，以市级部门和区县备案审查工作制度为配套的"1+3+N"备案审查制度体系已初步成型。坚持"把所有规范性文件纳入备案审查范围"，逐步将"一府一委两院"和人大及其常委会制定的规范性文件纳入备案审查范围，并从制度层面予以规范。健全报备工作机制，严格报备流程和时限，统一报备文书格式，提升报备规范化水平。坚持主动查询、定期核对，对迟报漏报行为进行通报纠正。其次，以省级法规规章规范性文件数据库建设作为提高备案审查工作质量的重要切入点，切实提高备案审查法治化、数字化水平。2019年推动备案审查信息平台向区县延伸，实现全市38个区县政府向区县人大电子报备全覆盖。2020年积极推动监委、法院、检察院开展规范性文件电子报备，促进规范性文件数据库扩容增效。2021年推动备案审查信息平台延伸到乡镇，指导区县人大开展报备培训、联网测试等工作，2021年9月底平台顺利联通至全市792个乡镇，全面实现市、区县、乡镇三级规范性文件电子报备。2022年9月，重庆市法规规章规范性文件数据库第一期建设项目在重庆人大网和政务外网办公平台同步上线运行。按照"谁起草、谁清理，谁实施、谁清理"的原则，备案审查工委动员市、区县、乡镇"三级联动"，推动11类规范性文件先期入库，数据库归集现行有效的各类文件9180件。有上述制度的支撑、数字化的加持，重庆备案审查成效跻身全国第一方阵。2023年

3月29日，市六届人大常委会第一次会议听取并审议了重庆市人大常委会备案审查工作委员会关于备案审查工作情况的报告。报告显示，五年来，市人大常委会依职权审查规范性文件1005件，依申请审查公民审查建议30件，共依法纠正存在合法性、适当性问题的文件29件。①

三、加强重点新兴领域立法

习近平总书记指出："要加强国家安全、科技创新、公共卫生、生物安全、生态文明、防范风险等重要领域立法，加快数字经济、互联网金融、人工智能、大数据、云计算等领域立法步伐，努力健全国家治理急需、满足人民日益增长的美好生活需要必备的法律制度。"②党的二十大报告指出："加强重点领域、新兴领域、涉外领域立法，统筹推进国内法治和涉外法治，以良法促进发展、保障善治。"③十八大以来，特别是近五年以来，重庆市人大加强重点领域、新兴领域立法，聚焦人民群众急盼的问题，提高立法的针对性、及时性、系统性、可操作性，发挥立法引领和推动作用，以良法促进发展、保障善治。

抓好经济领域立法，以立法引领和推动经济发展，通过立法处理改革和法治的关系，实现立法和改革决策相衔接，做到重大改革于法有据、立法主动适应改革发展需要。在推进地方立法中，重庆

---

① 参见《备案审查整体工作位列全国"第一方阵"》，《重庆日报》2023年3月31日，第002版。
② 习近平：《坚持走中国特色社会主义法治道路 更好推进中国特色社会主义法治体系建设》，《求是》2022年第4期。
③ 习近平：《高举中国特色社会主义伟大旗帜 为全面建设社会主义现代化国家而团结奋斗——在中国共产党第二十次全国代表大会上的报告》，《人民日报》2022年10月26日，第01版。

市人大注重处理好改革"变"与立法"定"的关系，先后针对"放管服"改革、优化营商环境、机构改革调整等重大决策，牵头开展法规专项清理，区分不同情形提出修改和废止法规的建议。2019年，随着国家盐业体制改革深入推进、相关上位法修订，《重庆市盐业管理条例》规定的内容已不符合改革和修订后的上位法的要求，重庆市人大常委会建议予以废止。2020年，市人大法制委、常委会法制工委会同市人大财经委、市司法局、市市场监管局研究认为：近年来，无证无照经营查处工作面临的形势和执法环境已发生很大变化，《重庆市查处无照经营行为条例》已难以适应深化商事登记制度改革以及营造宽松创业创新环境的需要，在监管体制、措施及处罚幅度等方面都存在明显缺陷，建议废止。同时，2022年，重庆市人大常委会还按照分类处理要求，对行政处罚法涉及的法规进行清理，打包修改旅游条例等法规23部。

制定《重庆市数据条例》，为数字经济、互联网金融、人工智能、大数据、云计算等新兴领域的健康发展提供法治保障，推动数据资源更好为经济高质量发展赋能增效。2023年4月25日，数字重庆建设大会召开，数字重庆建设提档升级。《重庆市数据条例》，明确数据处理规则、数据安全责任和公共数据范围，对数据要素市场框架制度作出规范，可以说为未来数字重庆的建设提供了基本的法治保障。

围绕持续优化营商环境，重庆市人大常委会修订《重庆市反不正当竞争条例》，新修订的《重庆市反不正当竞争条例》明确不正当竞争行为的具体表现形式，对直接影响公平竞争的行为作出禁止性规定，规范对不正当竞争行为的监督检查，着力营造公平竞争、开放有序的市场秩序。与此同时，重庆市人大常委会还制定了《中国（重庆）自由贸易试验区条例》《重庆市社会信用条例》《重庆市标准化条例》，修改了《重庆市科技创新促进条例》《重庆市道路运输管理条例》《重庆市实施〈中华人民共和国农村土地承包法〉

办法》等一大批事关全市改革发展的重要法规，用地方立法促进了转变发展方式、优化经济结构、转化增长动力等。

抓好惠民立法，以立法保障和增进民生福祉，让立法体现人民利益、反映人民愿望、保障人民权益、激发人民创造活力、增进人民福祉。

2021年，为认真贯彻落实中央《关于优化生育政策促进人口长期均衡发展的决定》和《中华人民共和国人口与计划生育法》，重庆市人大常委会及时对《重庆市人口与计划生育条例》进行修订，修正后的人口与计划生育条例，围绕实施三孩生育政策，细化支持生育措施，完善生育服务管理，确保国家政策在地方"最后一公里"落实落地。结合我市实际推动制定的《重庆市生活垃圾管理条例》，促进生活垃圾源头减量、管理端口前移，为推动高质量发展、创造高品质生活提供法治保障。

2022年，推动《重庆市乡村振兴促进条例》等事关"三农"发展的重要立法，突出"五大振兴"，统筹政策扶持，加强监督管理，巩固拓展脱贫攻坚成果同乡村振兴有效衔接，助推城乡融合高质量发展。修订《重庆市实施〈中华人民共和国农民专业合作社法〉办法》，推进农业科技创新，构建现代农业产业体系、生产体系、经营体系，保护农民专业合作社及其成员的合法权益。推动《重庆市慈善条例》及时出台，规范和促进慈善事业持续健康发展。制定《重庆市城市供水节水条例》，推动用水方式向节约集约转变，进一步保障了广大群众的用水健康和生活需求。审慎制定《重庆市养犬管理条例》，加强养犬管理专项立法修法，提升养犬管理法治化水平，着力保障公众人身安全，维护社会公共秩序和市容环境卫生。

近年来，重庆市人大常委会还审议通过了《重庆市公共汽车客运条例》《重庆市全民健身条例》《重庆市实施〈中华人民共和国公共文化服务保障法〉办法》《重庆市实施〈中华人民共和国红十字会法〉办法》《重庆市人力资源市场条例》《重庆市公安机关警务辅助人员条例》《重庆市道路运输管理条例》《重庆市中医药条例》《重庆市国有土地上房屋征收与补偿条例》《重庆市地名管理条例》等社会治理和民生领域立法，推动改革发展成果更多更公平惠及全市人民。在疫情防控关键时期，及时推动出台关于依法全力开展新冠肺炎疫情防控工作的决定，维护人民群众生命健康。开展精神卫生、安全生产、养老服务、职业教育、消防等立法调研，为下一步民生立法做准备。

抓好环保立法，保护长江生态环境。重庆市人大将"绿水青山就是金山银山""生态优先、绿色发展"等理念融入生态环境保护立法的全过程各方面，努力为生态"留白"、给自然"添绿"，为建设"山清水秀美丽之地"提供有效的立法支撑。

2019年，为了深入贯彻习近平生态文明思想和国家关于长江经济带发展的决策部署，推进长江经济带绿色发展，把广阳岛建设成为"长江风景眼、重庆生态岛"，根据《中华人民共和国城乡规划法》《重庆市城乡规划条例》等法律法规和《长江经济带发展规划纲要》，结合本市实际，重庆市人大常委会出台《关于加强广阳岛片区规划管理的决定》，立足对自然生态资源和历史人文资源的"双重保护"，筑牢长江上游重要生态屏障。近年来，重庆市人大常委会及时牵头对涉及生态环保的所有地方性法规和自治条例、单行条例开展全面清理，对清理出的28部法规逐一分类处理，制定和修改了《重庆市植物检疫条例》《重庆市燃放烟花爆竹管理条例》《重庆市长江防护林体系管理条例》《重庆市节约能源条例》《重庆市野生动物保护规定》《重庆市湿地保护条例》《重庆市矿产资源管理条例》《重庆市地质灾害防治条例》《重庆市水污染防治条例》《重庆市河长制条例》《重庆市城市园林绿化条例》《重庆市人民代表大会常务委员会关于促进和保障长江流域禁捕工作的决定》《重庆市生活垃圾管理条例》等与长江流域生态环境保护与修复紧密相关的法规，坚决扛起筑牢长江上游重要生态屏障的重大责任，强化

"上游意识"，担当"立法责任"，切实用法规制度保障"一江碧水向东流"。2020年《中华人民共和国长江保护法》通过后，重庆市人大常委会还开展了涉及长江流域保护的法规专项清理，着重从规范产业发展、加强生态环境保护修复、统一行政处罚标准等角度进行研究，并全面梳理了需要通过地方立法补充完善的制度"空白"。

抓好弘德立法，强化培育社会主义核心价值观。重庆市人大常委会积极建立健全社会主义核心价值观融入地方立法修法的工作机制，全方位贯穿、深层次融入法规"立改废释"全过程。重庆市委于2018年出台了《关于加强法治和德治工作的实施意见》，市人大常委会结合立法工作实际，于2019年紧跟出台《关于推动社会主义核心价值观融入地方立法工作的实施方案》，进一步明确了推进社会主义核心价值观融入我市地方立法的工作目标、重点任务、遵循路径、主要措施，并围绕从五年立法规划中优选的55个重点项目，提出了关于弘德立法切入点、起草责任部门、推进时间预安排等具体要求。

2018年，重庆市人大常委会表决通过《重庆市历史文化名城名镇名村保护条例》，优化固化历史文化资源普查、预先保护等制度机制，将城市更新路径由"拆、改、留"变为"留、改、拆"，努力延续重庆悠久历史、厚重人文。2021年，重庆市人大常委会表决通过《重庆市文明行为促进条例》，注重把实践中被广泛认同、较为成熟、操作性强的道德要求转化为具有刚性约束力的法规制度，对维护公共卫生、推进社区文明、反对食品浪费等14个方面作出了科学的制度安排。重庆市人大常委会表决通过《重庆市见义勇为人员奖励和保护条例》，重点从评审认定、奖励优待、权益保护等方面进行规范，鼓励见义勇为行为，保障见义勇为人员的合法权益，弘扬社会正气，为培育和践行社会主义核心价值观提供立法支撑。2022年，重庆市人大常委会及时出台《重庆市红色资源保护传承规定》这部"小切口"的法规，强调弘扬"红岩精神"，界定我市红色资源的概念和范围，建立保护传承管理机制，创设保护责任人制度，强化区域协同保护与发展，着力将全市红色资源的调查认定、保护利用、传承弘扬等活动纳入法治轨道。重庆市人大常委会修订并表决通过《重庆市大足石刻保护条例》，为保护、管理、传承大足石刻这一世界文化遗产提供更精细的法治保障。

此外，重庆市人大常委会修订并表决通过《重庆市宪法宣誓实施办法》《重庆市实施〈中华人民共和国国旗法〉办法》等地方性法规，以法律规范的形式维护和培育爱国主义情怀。

四、突出重庆地方立法特色

一个地方的立法特色是由这个地方自身定位决定的，重庆市的定位集中体现于习近平总书记对于重庆的重要指示之中，营造良好政治生态、坚持"两点"定位、"两地""两高"目标，发挥"三个作用"，推动成渝地区双城经济圈建设，加快建设西部陆海新通道。十八大以来，特别是近五年来，重庆市人大紧紧围绕上述定位推进地方立法工作，突出重庆地方立法特色。

全面清理地方性法规，全面落实备案审查，在确保法治统一的同时，突出重庆市地方立法的针对性与可操作性。2013年，重庆市人大对当时施行的195件地方性法规进行了深度清理，市政府也同步全面清理了政府规章176件。之后，一旦有新的上位法出台，重庆市人大都会对相关地方性法规进行全面清理，2021年，贯彻实施民法典，落实国家"放管服"改革和生态环境保护要求，打包修改城镇房地产交易管理条例等6件法规，废止罚款和没收财物管理条例等5件法规。2020年《中华人民共和国长江保护法》通过后，重庆市人大常委会还开展了涉及长江流域保护的地方性法规专项清理。充分利用重庆市法规规章规范性文件数据库平台，实现地方性法规备案审查的全覆盖。在实施性立法上，不刻意追求法规体例上的法典化和完整性，不重复上位法的相关规定，而是注重从细化上下功夫，增强法规的操作性，注意突出对上位法的补充性，坚持有几条写几条。在创制性立法上，注意体现地方立法的独创性和试验性，弥补国家立法上的空当。对上位法尚无相关规定，或者无上位法，地方立法给予补充。

将生态保护作为地方性立法中的重中之重，为重庆成为山清水秀美丽之地提供法治保障。党的十八大以来，以习近平同志为核心的党中央以前所未有的力度抓生态文明建设，提出了一系列新理念新思想新战略，形成了习近平生态文明思想。重庆地处长江上游和三峡库区腹心地带，既是江河交纵的山水之城，也是长江上游重要的生态屏障。同时，重庆也是曾经"三线建设"的工业落户地。因此，不管是从历史还是现实来看，生态文明建设对于重庆来说都具有特殊的意义。党的十八大以来，特别是近五年来，重庆市人大将长江流域、嘉陵江流域的生态保护作为重中之重，制定和修改了一系列有关生态保护的法律。2019年，为了深入贯彻习近平生态文明思想和国家关于长江经济带发展的决策部署，推进长江经济带绿色发展示范，把广阳岛建设成为"长江风景眼、重庆生态岛"，重庆市人大常委员会出台《关于加强广阳岛片区规划管理的决定》。2021年，与四川省开展生态环保领域协同立法，出台《重庆市人民代表大会常务委员会关于加强嘉陵江流域水生态环境协同保护的决定》。

积极推进川渝立法，助推成渝地区双城经济圈建设。成渝地区双城经济圈建设被视为中国经济发展的"第四极"，党的二十大报告将"推动成渝地区双城经济圈建设"作为"促进区域协调发展"的重大战略举措。2023年2月13日，重庆市委将"成渝地区双城经济圈建设"作为"一号工程"。在此背景下，重庆市人大积极行动起来，与四川省人大深度协同，在优化营商环境、生态文明保护、铁路安全运输等方面取得一系列成果，为成渝地区双城经济圈建设提供了重要的法治支撑。

有效利用立法机关之外的智识力量，特别是法学院校、研究机构的力量，不断强化立法评估、立法论证等机制，依法建立健全专门委员会、工作委员会立法专家顾问制度，探索委托第三方起草法律法规草案，探索建立有关专家学者等对立法中涉及的重大利益调整论证咨询机制。重庆市人大充分利用西南政法大学的法学研究力量，积极推进重庆市地方立法的科学化。2019年，重庆市人大委托西南政法大学立法研究院/重庆市地方立法研究协同创新中心作为第三方开展地方性法规结构研究，一大批专家学者、人大工作者历时一年，深入分析我市现行有效地方性法规，全面检视我市立法工作得失，探究地方性法规结构特征和发展规律，明确了完善我市法规结构、编制立法计划和调整立法规划、提高立法质量的思路，这对我市地方立法更好融入国家治理体系和治理能力现代化，具有重要意义。

五、积极推进川渝协同立法

2021年10月20日中共中央、国务院印发了《成渝地区双城经济圈建设规划纲要》，并发出通知，要求各地区各部门结合实际认真贯彻落实。2021年12月30日，中共重庆市委、中共四川省委、重庆市人民政府、四川省人民政府印发《重庆四川两省市贯彻落实〈成渝地区双城经济圈建设规划纲要〉联合实施方案》，并发出通知，要求两省市各级各部门结合工作实际，认真抓好贯彻落实。2023年2月13日，重庆市市管领导干部学习贯彻习近平新时代中国特色社会主义思想和党的二十大精神研讨班上，重庆市委书记袁家军强调，要推动成渝地区双城经济圈建设"一号工程"走深走实，唱好"双城记"、共建经济圈。各种重要政策的颁布，标志着成渝地区双城经济圈的建设进入关键时期，旨在将成渝地区双城经济圈建设为我国经济增长的第四极，成渝地区双城经济圈的建设获得了前所未有的重视与支持。

成渝地区双城经济圈一体化发展，必然需要打破行政体制机制障碍，构建统一的区域市场，这些都离不开法治的引导和保障，都需要围绕成渝地区双城经济圈一体化的发展，积极推进川渝协同立法。2023年3月13日第十四届全国人民代表大会第一次会议对《中华人民共和国立法法》进行修订，此次修订贯彻国家区域协调发展战略，根据地方实践经验，增加规定：可以协同制定地方性法规，可以建立区域协同立法工作机制。这项重要的法律修订在为积极推进川渝协同立法提供更有力法律支撑的同时，提出了更高的要求。

因为重庆市与四川省之间的特殊关系，自直辖以来，重庆市与四川省就一直在开展各种层面的协调，包括立法协调。党的十八大以来，特别是近五年以来，尤其是在中共中央、国务院印发了《成渝地区双城经济圈建设规划纲要》之后，重庆市人大积极推进川渝协同立法，助力成渝地区双城经济圈建设。

机制先行，构建川渝区域协同立法的常态化、规范化机制。2020年7月23日，川渝两省市人大常委会签署《四川省人大常委会重庆市人大常委会关于协同助力成渝地区双城经济圈建设的合作协议》，协议指出，双方将加强协同立法，本着"立法项目协商确定，立法文本协商起草，立法程序同步推进，立法成果共同运用，法规实施联动监督"的精神，就协同立法项目、年度立法计划、协同立法有关问题等进行研究讨论并予以明确，协同开展相关领域地方性法规清理，加强备案审查工作，对制约推动成渝地区双城经济圈建设的法规和规范性文件中有关条款，依法予以废止或者修改。2020年12月底，川渝两地联合制定出台《川渝人大法制工作机构推动成渝地区双城经济圈建设协同立法工作办法》，以制度固化规范两省市人大法制工作机构开展协同立法工作。

重庆市人大常委会审议通过《重庆市优化营商环境条例》，为成渝地区双城经济圈的良好营商环境提供法治保障。2020年7月，川渝两省市人大常委会在重庆签订《关于协同助力成渝地区双城经济圈建设的合作协议》，明确将优化营商环境条例作为两省市协同立法的首个项目。在立法推进过程中，川渝两省市人大常来常往、加强交流，互学互鉴优化营商环境及地方立法的有益经验。2020年7月，在将优化营商环境条例作为川渝两省市协同立法的首个项目之初，条例草案在两省市的立法进度并不一致——在四川省，条例草案已经进入常委会审议阶段；在重庆市，条例还属当年立法计划的预备项目。为此，《重庆市优化营商环境条例（草案）》的立法进程开始提速。在重庆，这项立法采取了"双组长"工作机制，即由市人大常委会分管副主任、市政府分管副市长任组长，并成立立法工作起草小组、咨询专家小组，加快开展文献研究、书面调研、问题梳理、制度研究等工作，形成了工作合力。2020年8月下旬，市人大法制委和常委会法制工委专程赴四川就两地条例草案的篇章结构及重要制度设计进行了沟通交流；2020年12月，重庆市人大常委会赴成都，与四川省人大常委会共商川渝人大合作事宜。在成都举行的协同助力成渝地区双城经济圈建设座谈会上，两省市人大常委会明确，携手推进优化营商环境条例立法等8项合作事项，作为2021年度川渝两省市人大常委会协同合作事项。2021年2月25日至26日，川渝两地优化营商环境协同立法研讨会在西南政法大学召开。经过共同努力和充分沟通协调，2021年3月下旬，川渝两省市人大常委会分别审议通过了《四川省优化营商环境条例》《重庆市优化营商环境条例》，均从市场、政务、法治三个维度作了重点规范，共有30余个条款针对同类事项作出相近规定，实现了重要制度有机对接。一是在总则中对川渝两地协同推进优化营商环境工作作出完全一致的规定，即加强毗邻地区合作，促进要素自由流动，推进政务服务标准统一、异地通办、监管联合、数据共享、证照互认，完善执法联动响应和协作机制，并实现违法线索互联、处理结果互认等。二是针对重要具体事项，明确川渝两地协作要求，如条例规定协同推进成渝科技创新中心建设，推进建立成渝地区"12345"政务服务热线联动机制，支持成渝地区行业协会商会沟通交流互认等。三是就扩大开放、市场准入、涉企收费、中介服务、创新免责、规范停产停业、营商环境评价等，均结合实际作出了相近的制度安排，便于有关方面一体遵循。

首次尝试"重庆决定+四川条例"的协同模式，积极探索嘉陵江流域协同保护立法。2021年11月25日，重庆市五届人大常委会第二十九次会议表决通过了《重庆市人民代表大会常务委员会关于加强嘉陵江流域水生态环境协同保护的决定》，并于2022年1月1日起施行。同日，四川省十三届人大常委会第三十一次会议也表决通过了《四川省嘉陵江流域生态环境保护条例》，同样于2022年1月1日起施行。这是川渝两地首次尝试以"重庆决定+四川条例"的形式开展生态环保领域协同立法。之所以进行这样的尝试，是由于此前出台的《重庆市水污染防治条例》，已经对本市行政区域内的江河、湖泊、渠道、水库等地表和地下水体的污染防治作出规定。总体而言，重庆对嘉陵江流域水污染防治的制度是健全的，措施是符合实际的，专门为嘉陵江再立法的必要性不大。经过慎重考虑，重庆市人大常委会提议采取"小切口"模式立法，"有几条立几条"。最终，经过沟通交流，川渝两地人大达成共识——重庆以出台法规性决定的形式，四川以制定条例的形式，对嘉陵江保护协同立法。"重庆决定"共17条，从信息共享、生态保护补偿、专项规划编制、水污染治理、水生态修护、水资源保护等13个方面，对川渝两地嘉陵江流域水生态环境共标、共建、共治、共管作出了详细规定，不仅规定了协同原则，明确建立了协调机制，还规范了协同内容。2021年12月9日，川渝两地人大常委会相向而行，共聚重庆市大足区，召开了协同助力成渝地区双城经济圈建设第三次联席会议。在这次会议上，两地人大常委会商定，要在2022年下半年，对川渝两地嘉陵江流域水生态环境保护的条例和决定开展一次联合执法检查，以推动立法和监督工作走深走实。

重庆市人大常委会与四川省人大常委会同步审议通过铁路安全管理条例，健全管理体制，完善协作机制，合力打造和保障川渝铁路交通安全大通道。随着成渝地区双城经济圈建设深入推进，两地迎来铁路大建设、大发展的黄金机遇。制定出台铁路安全管理地方性法规，对两地铁路建设安全、线路安全、运营安全等事项予以协同规范，有利于推进成渝地区铁路事业健康发展。成渝两地已有多条铁路开通运行，且川渝地区铁路同属中国铁路成都局集团公司管段范围，亦属成都铁路监管局监督管理范畴，同时，在安全管理上面临的问题具有一致性。基于以上因素，川渝两地人大共同确定将铁路安全立法作为协同立法项目。本着"立法文本协商起草、立法程序同步推进、立法成果共同运用、法规实施联动监督"的精神，两地人大深度协同联动，形成阶段性文稿后，先后12次从工作层面交流修改意见。2021年8月31日，川渝两省市人大常委会在成都联合开展铁路安全立法调研，协同推进川渝两地铁路安全立法工作。2021年11月24日，在重庆市五届人大常委会第二十九次会议上，《重庆市铁路安全管理条例（草案）》提请审议；2021年11月25日，四川省十三届人大常委会第三十一次会议同步审议《四川省铁路安全管理条例（草案）》。2022年3月30日，重庆市五届人大常委会第三十三次会议表决通过《重庆市铁路安全管理条例》；2022年3月31日，四川省十三届人大常委会第三十四次会议表决通过《四川省铁路安全管理条例》，两个《条例》同时于5月1日起施行。在立法协同过程中，川渝两省市联合开展调研，合力破解协同发展难题。两个《条例》都由总则、建设安全、线路安全、运营安全、协作机制、法律责任、附则等章节组成，《四川省铁路安全管理条例》共56条，《重庆市铁路安全管理条例》共58条。此次协同立法着眼推动构建互联互通、管理协同、安全高效的铁路基础设施网络，二者的法律文本中，不仅在管理规范、执法要求等方面基本保持一致，还专门规定了川渝铁路安全管理协作的具体工作机制，强化安全协同联动，共建安全管理体系，推动形成监管合力。条例施行后，川渝两地在铁路安全地方立法层面，不存在"一方禁止另一方未禁止"或"一方允许另一方不允许"的情况，且处罚措施也保持一致。

接下来，重庆市人大法制委、常委会法制工委还将继续推进区域协调发展协同立法课题研究，针对提升协同创新发展能力、强化公共服务共建共享、保护利用巴蜀文化资源等，着眼长远发展，聚焦关键重点，认真研究谋划需要通过协同立法推进的事项。

第七章

建设更高水平更高质量的
法治政府

重庆市全面加强政府自身建设，出台法治政府建设实施方案，科学决策、依法行政成为鲜明标识，法治政府建设取得重要进展。截至2022年底，4个区、3个项目成功创建全国法治政府建设示范区、示范项目。①

一、打造一流法治营商环境

法治是最好的营商环境。重庆市持续优化市场化法治化国际化营商环境，发挥法治引领和保障作用，取得明显成效。2021年，国务院部署在重庆等6个城市开展全国首批营商环境创新试点。经过探索，重庆形成了一系列可复制可推广的制度创新成果，为全国营商环境建设作出了重要示范。

（一）深化"放管服"改革

营造便捷高效的政务环境。2020年3月，市政府出台《重庆市政务服务管理办法》。2021年7月，出台实施《关于持续营造国际一流营商环境的意见》。《重庆市优化营商环境条例》作为川渝人大协同立法的首项成果，在川渝两地同步施行。2022年1月，出台实施《重庆市营商环境创新试点实施方案》。开展营商环境行政权力事项评估，推动完善市、区县、乡镇（街道）三级权责清单体系。推进"证照分离"改革全覆盖，地方层面设定的涉企经营许可事项

---

① 本章所使用的资料来源于历年重庆市人民政府工作报告、重庆市人大常委会工作报告、重庆市高级人民法院工作报告、重庆市人民检察院工作报告、重庆市法治政府建设情况报告、全面依法治市工作情况的报告等。在正文论述中，没有逐一加注释，特此说明。

全部取消。发布第二批实行告知承诺制的证明事项目录，累计对21个领域86个证明事项实行告知承诺制。2023年5月，四川省人民政府办公厅、重庆市人民政府办公厅联合印发《成渝地区双城经济圈"放管服"改革2023年重点工作任务清单》，聚焦持续深化改革、优化营商环境、激发市场活力、提振市场信心，梳理出了4大类63项重点任务，并明确了牵头单位和完成时限。

落实营商环境创新试点100项首批改革事项。推动"照后减证"和简化审批，建设水电气讯等"一站式"服务平台。优化"企业服务专区""个体工商户服务直通车"，集中发布助企惠企"政策包"，实现政策"精准直达""免申即享"。在全国率先建立裁判文书生效证明自动生成查询机制，减少市场主体问累、跑累、诉累。2022年，重庆市司法局在全国率先完成律所预核名改革牵头任务；制定并落实法治保障60项措施；开展营商环境行政权力事项评估，调整行政权力515项。涪陵法院创新"司法+"服务企业模式，工作经验受到最高人民法院肯定推广。

以数字化改革助力优化营商环境。深入开展"互联网+政务服务"。持续深化简政放权，推动各类行政权力事项网上运行、动态管理。推进政务服务事项通办改革，提升"渝快办"效能，全面推进"全渝通办""跨省通办"，丰富"一卡通一码通"应用场景。建设法治化营商环境数字管理一体化平台，研发上线"重庆法院破产协同易审平台"，建设渝商综合服务平台。2022年，行政许可实现全面清单化管理、99%的事项"最多跑一次"，企业开办时间由34天缩短至1个工作日，工程建设项目全流程审批时间压缩50%以上。

（二）依法保护各类市场主体

依法保护各类市场主体产权和合法权益。2020年9月，重庆市高级人民法院发布《保市场主体维护企业和企业家合法权益20条措施》，通过公正高效司法增强市场主体司法获得感。全面推行"双随机、一公开"监管，杜绝滥用行政权力干涉民营经济市场主体正常经营的行为。组织开展不适宜促进民营经济发展的地方性法规、政府规章清理工作。完善助企纾困司法政策包，严防利用行政或刑事手段插手干预经济纠纷。启动实施"黄桷树计划""凤凰计划""扬帆计划"，为企业风险防控、上市融资、破产重整重组、涉外发展等提供法律服务。持续开展民营企业"法治体检""公共法律服务园区行"等活动，推广使用企业法律风险防范手册。运用法治手段促进解决中小微企业"融资难""融资贵"、账款拖欠等问题，对因国家利益、公共利益或其他法定事由等需要改变政府承诺和合同约定而受损失的各类企业，依法予以补偿。推广惠企政策"一窗兑现"，实行涉企优惠政策一门服务、一窗办理。

加强民营经济司法保护。重庆市人民检察院联合市工商联等部门对涉案企业启动合规整改，制定优化营商环境服务保障民营经济健康发展"20条意见"，开展"保市场主体、护民营经济"专项行动，联合公安机关清理涉企"挂案""积案"，为企业解除诉累。江北、巴南、荣昌等地法院深化与工商联沟通联系机制，加强民营企业保护。重庆市高级人民法院审结的损害公司利益纠纷案入选全国法院十大商事案件。"力帆系"破产重整案入选全国法院助推民营经济高质量发展典型民商事案例。

加大知识产权保护力度。加大对民营中小微企业原始创新保护力度。2020年重庆市委办公厅、重庆市人民政府办公厅印发《关于强化知识产权保护的具体措施》，重庆市高级人民法院、市司法局、市知识产权局建立健全知识产权纠纷多元化解机制。在全国率先开展知识产权检察改革试点，推进"保知识产权、护知名品牌"专项行动。成立西部（重庆）科学城、两江协同创新区知识产权检察保护中心以及9个巡回审判站。

（三）营造诚信守法、公平竞争的市场环境

打造稳定公平透明、可预期的法治化营商环境。重庆市市场监管局持续深化商事登记制度改革，优化开办企业"一网通"、E企办平台，完善市场主体退出机制。构建线上线下联动和诉讼、调解、仲裁共治的"一站式"国际商事争端解决机制，打造争端解决"重庆优选地"，建设西部法律服务高地。重庆市高级人民法院牵头的"执行合同""办理破产"两项指标均进入全国标杆行列。重庆市人民检察院建立"1+11"制度体系，缩短涉企案件办理周期、降低解纷成本，与市消委会联合出台意见，在全国率先探索建立支持消费者集体诉讼制度。

全面落实公平竞争政策制度，加强社会信用体系建设。推广法治化营商环境司法评估指数体系，治理恶意拖欠账款和逃废债行为。恪守契约精神，建设"山城有信"平台。探索"一业一证（照）"改革创新，深入推进要素市场化配置综合改革，加强反垄断和反不正当竞争。强化竞争政策基础地位，健全公平竞争制度框架和政策实施机制。强化制止滥用行政权力排除限制竞争的反垄断执法。未经公平竞争不得授予经营者特许经营权，不得限定经营、购买、使用特定经营者提供的商品和服务。定期推出市场干预行为负面清单，及时清理废除妨碍统一市场和公平竞争的政策。优化完善产业政策实施方式，建立涉企优惠政策目录清单并及时向社会公开。

（四）健全营商环境法规体系和制度规范

高位推动构建法治化营商环境建设新格局。2023年，中共重庆市委、重庆市人民政府出台《关于促进民营经济高质量发展的实施意见》，印发实施《重庆市2023年优化营商环境激发市场活力重点

任务清单》。重庆市人大常委会修订《重庆市反不正当竞争条例》，明确不正当竞争行为的具体表现形式，对直接影响公平竞争的行为作出禁止性规定，规范对不正当竞争行为的监督检查。重庆市人大常委会与四川省人大常委会协同开展优化营商环境条例执法检查。市政协就全面优化营商环境促进民营经济发展意见落实情况开展视察。

营造平等保护的法治环境。重庆市委政法委制定印发《关于开展服务保障民营经济专项行动的通知》《政法机关服务保障民营经济工作座谈会意见建议清单》等文件，构建"1+N"服务保障民营经济发展政策体系。重庆市高级人民法院在全国首发《重庆法治化营商环境司法评估指数体系》，发布《民营企业法律风险防控提示书》，发挥民营经济"1+X"司法保护机制效能；成立西部首个破产法庭。重庆市人民检察院制定《充分履行检察职能服务营商环境建设的意见》，推出12项具体措施。加快发展涉外法律服务业，设立重庆临空政策法律服务国际中心和重庆两江国际商事调解中心，培育涉外法律服务示范机构，建立涉外律师人才库，成立涉外仲裁员专业委员会。

重庆市高级人民法院按照全国标杆性目标建设成渝金融法院，推动建设西部金融中央法务区，形成全国首个跨省域金融法院可复制可推广经验。加强金融审判，在全国率先设立"人民法院证券期货犯罪审判基地"。在江北嘴中央商务区创设西部金融法律服务中心，打造"全链条、一站式"金融法律服务平台。渝中、江北法院开展"数字金融纠纷一体化解决"试点。渝中法院与中国建设银行重庆分行共同研发"数字金融纠纷银企易诉平台"，实现数字金融纠纷智能化、流程化、批量化全线上闭环处理。健全跨省域司法协作机制，助力成渝地区双城经济圈建设。

二、完善依法行政制度体系

重庆市深入贯彻《法治政府建设实施纲要（2021—2025年）》，健全依法行政制度体系，推进机构、职能、权限、程序、责任法定化，政府治理各方面制度更加健全完善。

（一）加强和改进地方立法

加强党对立法工作领导。重庆市委六届二次全会做出关于法治政府建设走在中西部前列的部署要求。健全市委审议批准党内法规和规范性文件制定计划以及市人大常委会、市政府立法计划机制，研究解决重大问题，防止违背上位法规定、立法"放水"等问题。制定实施《2023年市委党内法规和规范性文件制定计划》，出台《市委文件公开发布规程》，明确规定市委法规工作机构、市政府法制工作机构要对拟公开发布的市委文件稿进行合法合规性审查。

加强重点领域立法。积极推进创新驱动发展、成渝地区双城经济圈建设、壮大现代产业体系、全面深化改革、扩大更高水平开放、生态优先绿色发展等地方立法，及时跟进数字经济、平台经济、互联网金融、人工智能、大数据、云计算、信息安全等制度建设。加快粮食安全、乡村振兴、反不正当竞争、科技创新、城市提升、民生保障等重点领域立法。重庆市制定或修订《重庆市社会信用条例》《重庆市国有土地上房屋征收与补偿条例》《重庆市集体土地征收补偿安置办法》等法规规章，加快突发公共卫生事件应急条例、招商投资促进条例、政府规章管理办法等立法项目进度。将社会主义核心价值观融入地方立法，出台乡村振兴促进条例、红色资源保护传承规定、地方粮食储备管理办法等法规规章。2021年，重庆市人大常委会制定或修订《重庆市人口与计划生育条例》《重庆市公安机关警务辅助人员条例》《重庆市标准化条例》等地方性法规，重庆市人民政府制定或修订《重庆市医疗保障基金监督管理办法》《重庆市无障碍环境建设与管理规定》《重庆市物业专项维修资金管理办法》等政府规章。

充分发挥地方人大在立法中的主导作用，突出务实管用，提高地方立法质效。重庆市人大开展涉及民法典、行政处罚法贯彻实施和成渝地区双城经济圈建设、长江流域保护、人口与计划生育、公共卫生等领域法规规章规范性文件专项清理，废止、修改地方性法规4件、市政府规章16件、规范性文件77件。

（二）完善立法工作机制

将全过程人民民主理念贯彻到地方立法各环节。在法规草案的立项、起草、调研、审议、评估等过程中广泛听取和充分征求社会公众、人大代表、企业、行业协会、基层立法联系点的意见建议。发挥立法咨询专家作用，部分重点法规规章实行专家全程深度参与立法工作机制，借力借智、群策群力，对提高立法质量起到了积极作用。

坚持立法与改革相衔接相促进，及时将可复制可推广的经验做法上升为政府规章等。创新立法协调机制，实行重要地方性法规项目由市人大常委会分管领导、市政府分管领导任组长的"双组长"机制，及时研究协调重大立法争议。科学编制立法计划，增强政府立法与人大立法协同性，实行地方性法规草案与配套规定同步研究、同步起草，增强制度规范整体功效。以"小切口"立法形式制定一批务实管用的"小快灵"法规。深化区域协同立法，推动与长江经济带、成渝地区双城经济圈以及其他毗邻地区的协同立法。2022年，重庆市高级人民法院为市人大、市政府立法和制定规章制度提供法律意见29件次。

在全国率先出台规范性文件备案审查基准。出台地方性法规要求配套的规范性文件制定工作监督办法，推动地方性法规全面有效实施。加强基层立法联系点建设，全国人大常委会法工委在重庆市沙坪坝区设立基层立法联系点，发挥基层立法联系点"民意直通车"作用。

（三）加强行政规范性文件监督管理

依法制定行政规范性文件，严禁越权发文、严控发文数量、严格制发程序。未经合法性审核或者经审核不合法的文件，不得提交集体审议。提升行政规范性文件管理质效。完成市政府部门和区县政府行政规范性文件备案审查，清理市政府行政规范性文件。建立健全行政规范性文件案例指导和通报制度，编制审查典型案例，每年通报行政规范性文件管理工作情况。迭代升级重庆市政策文件库小程序，上线政策文件库移动版，实现政策文件手机"一键查"，建立健全智能关联、动态更新机制，提高政策透明度、更新及时度、使用便捷度。

（四）健全全面依法治市工作推进机制

2021年12月，中共重庆市委、重庆市人民政府印发《重庆市法治政府建设实施方案（2021—2025年）》。完善重大行政决策程序，完成行政复议体制改革。2022年社会各界对法治政府建设满意度提升至94.2%。推进"述法+测评+考核"，把党政主要负责人履行推进法治建设职责情况纳入年度考核，把依法依规指标纳入市管领导班子运行评估和群众口碑评价指标体系。

推动行政争议实质性化解。市高法院与市检察院、市司法局联合出台25条意见，率先在全国省级层面建立行政争议全域协同治理机制。完善行政机关负责人出庭应诉制度，长寿、大足、铜梁、梁平、石柱等多地行政机关负责人出庭应诉率为100%。

注重整体智治、高效协同。以"法治保障+智治支撑"打造市域社会治理现代化"新模式"，优化完善"渝快办""渝快政"，推进跨部门数据共享、流程再造、业务协同，打造政令一键智达、执行一贯到底、监督一屏掌控等数字化协同工作场景。江北区"法治政府建设'智慧穿针、依法引线'城市管理新路径"项目被中央全面依法治国委员会办公室评定为"全国法治政府建设示范项目"，成为全国59个示范项目之一。通过智能技术的应用，提高城市治理的效率和精确度，坚持依法行政，确保城市治理的合法性和公正性，实现城市治理的全面升级。

三、提升行政决策能力水平

重庆市持续健全行政决策制度体系，严格落实《重大行政决策程序暂行条例》《重庆市重大行政决策程序规定》，不断提升决策公信力和执行力。

（一）强化依法决策意识

以科学规范为导向，提升依法行政工作水平。加强重大行政决策合法性审查、民意调查和决策后评估。进一步明确重大行政决策事项的范围、法定程序和适用条件，健全公众参与、专家论证、风险评估等制度，积极开展重大行政决策合法性审查，全程跟踪、全面评估重大行政决策事项的实施情况与执行效果。将是否遵守决策程序制度、做到依法决策作为对政府部门党组（党委）开展巡视巡察和对行政机关主要负责人开展考核督察、经济责任审计的重要内容。

重视听取法律顾问、公职律师或者有关专家的专业性意见。2022年，重庆市出台《关于切实加强全市党政机关法律顾问工作充分发挥党政机关法律顾问作用的实施意见》《关于加快推进公职律师工作的实施意见》，推动全市各级党政机关法律顾问、公职律师到场发声、发挥作用，为法治政府建设贡献力量。

推行重大行政决策事项年度目录公开制度。制定重大行政决策事项目录编制指引，编制公布年度重大行政决策事项目录并实行动态调整，完善市、区县两级重大行政决策目录管理机制。2023年6月，重庆市制定发布《2023年度重庆市人民政府重大行政决策事项目录》，确定现代职业教育、先进制造业、城市绿化、公共卫生、生态环境分区管控、公平竞争审查等12项重大行政决策。

加强行政规范性文件监督管理。完成市政府部门和区县政府行政规范性文件备案审查，清理市政府行政规范性文件，发布行政规范性文件制定主体清单。在全国率先建成省级政策文件数据库，集中公布政府规章148件、行政规范性文件5990件。

（二）严格落实重大行政决策程序

规范行政决策程序。2020年，重庆市政府修订并公布《重庆市重大行政决策程序规定》，将《重大行政决策程序暂行条例》《重庆市重大行政决策程序规定》作为行政决策的基本遵循，切实履行公众参与、专家论证、风险评估、合法性审查、集体讨论决定等法定程序。

增强公众参与实效。事关经济社会发展全局和涉及群众切身利益的重要规划、重大公共政策和措施、重大公共建设项目等，决策机关广泛征求社会各方意见。同时，大力推行规划建设、高速公路货车通行、文化教育、医疗卫生、环境保护、公用事业等重大民生决策事项民意调查制度，采用座谈会、听证会、问卷调查等多种形式丰富公众参与的渠道。

提高专家论证和风险评估质量。对一些专业性、技术性较强的重大决策事项，决策机关组织专家、专业机构对其合法性、必要性、可行性、科学性和风险可控性等进行论证，市政府参事、市政府法律顾问固定列席市政府常务会议。通过持续健全重大决策专家咨询机制，探索建立重大行政决策智库，规范化、制度化、科学化开展各项专家咨询工作。在决策过程中结合实际需要对可能存在社会稳定、生态环境、公共安全等风险的决策草案进行评估，把风险可控作为决策的重要参考指标。

重大行政决策严格履行合法性审查和集体讨论决定程序。明确合法性审查为决策必经程序。市政府重大行政决策和市政府行政规范性文件均经过合法性审查。行政机关做出重大行政决策和出台行政规范性文件前，要围绕决策权限、程序和内容是否合法等方面进行合法性审查，听取合法性审查机构的意见。未经合法性审查，或者审查不合法的决策草案，不得提交决策机关讨论。例如，重庆市梁平区组织区政府法律顾问、公职律师等参加行政决策讨论会、分析会、评审会，出具合法性审查意见书。

（三）加强行政决策执行和评估

完善行政决策执行机制。决策机关在决策中进一步明确执行主体、配合单位、执行时限、执行反馈等内容。在一些涉及民生福利的重要决策事项上，决策机关主动向社会公开相关的任务目标、执行措施、实施步骤、责任分工、监督方式等内容，确保公众的知情权。负责决策执行的单位不仅要确保重大行政决策依法、准确的落实，还应当及时向决策机关报告执行情况。重大行政决策一经作出，未经法定程序不得随意变更或者停止执行，严格落实重大行政决策终身责任追究制度和责任倒查机制。

建立健全重大行政决策跟踪反馈制度。在开展决策后评估工作时，注重听取社会公众的代表性意见，广泛吸纳包括人大代表、政协委员、人民团体、基层组织、社会组织在内的各方面力量参与评估，并将评估结果作为调整重大行政决策的重要依据，以此来提高决策质量和实施效果。

四、健全行政执法工作体系

全面推进严格规范公正文明执法，对建设法治国家、法治政府、法治社会具有重要带动作用。重庆市深入推进行政执法改革，构建权责明晰、指挥顺畅、运行高效、行为规范、服务优质、保障有力的行政执法体制，不断推进行政执法体系纵深发展。

（一）深化行政执法体制改革

推进综合行政执法体制机制改革。2019年，重庆市全面推进市场监管、生态环境保护、文化市场、交通运输、农业、城市管理、自然资源、卫生健康等8个领域综合行政执法改革。2020年，继续推进城市管理等8个重点领域综合行政执法改革，渝中区以旅游综合执法改革为突破口，获评首批全国法治政府建设示范区。2021年，重庆市深入推进城市管理、市场监管等9个领域综合执法改革，顺利完成高速公路交通安全管理体制改革，组建市级应急管理执法队伍，出台《重庆市综合行政执法制式服装和标志管理实施办法》，推动生态环境保护等6支综合行政执法队伍统一着装。2023年，重庆市政府办公厅印发《关于深化乡镇（街道）综合行政执法改革的实施意见》，在全市41个乡镇（街道）试点实施综合行政执法改革，深化市区（县）乡三级行政执法协调监督体系建设。

稳步将基层管理迫切需要且能有效承接的行政执法事项下放给基层。不断健全基层执法协调联动机制，强化基层承接事项的业务指导、技术支持和工作评估。2020年，重庆市向万州区分水镇等11个经济发达镇赋权306项。2022年，重庆市推行覆盖市、区县、乡镇（街道）的行政执法事项清单管理制度，下沉执法重心。2023年，市政府统一制作乡镇街道赋权事项指导目录，梳理了15个领域的329项执法事项，推动在基层治理场景中高频率、高综合、高需求、易发现易处置的区县级执法事项赋予给乡镇（街道）。

完善行政执法与刑事司法衔接机制。健全生态环境、知识产权等行政执法和刑事司法衔接机制，生态环境领域"两法衔接"工作获国家部委肯定和推介。健全行政执法和刑事司法案件移送标准和程序，建设"两法衔接"信息系统。2023年4月，市生态环境局、市公安局、市司法局、市高法院、市检察院5个部门首次联合印发《关于进一步健全生态环境保护行政执法与刑事司法衔接工作机制的实施意见》，进一步细化部门职责，健全联席会议、联动执法、案件移送等10项制度。

（二）加大重点领域执法力度

加大与群众切身利益相关的重点领域执法力度，开展集中专项整治。抓好安全生产，实施常态化安全监管"十条措施"，开展大排查大整治大执法，建立暗查暗访和督办交办机制。2021年，重庆市深入开展道路交通安全和运输执法领域突出问题专项整治、火灾防控"除险清患"专项行动；开展全民反诈专项行动，建立预警劝阻、行刑衔接全链条打击处理工作机制。2023年，《重庆市道路交通安全和运输执法领域突出问题专项整治工作实施方案》等重要文件出台，市委、市政府将专项整治列入2023年全面依法治市和法治政府建设工作重点，在全市部署开展道路交通安全和运输执法领域突出问题专项整治工作。

加大生态环境领域执法力度。重庆市加强生态环境公益诉讼与生态环境损害赔偿制度工作衔接，推动筑牢长江上游重要生态屏障。2020年重庆市为健全完善生态环境配套制度，推动出台《重庆市水污染防治条例》《重庆市河长制条例》。2023年1月至5月，全市共发出环境行政处罚决定书284件。为加强生态保护补偿，江北—酉阳、九龙坡—城口等10对区县建立横向生态补偿提高森林覆盖率机制；永川—江津、綦江—江津等4对区县围绕临江河、綦江河、璧南河、梁滩河流域开展流域横向生态保护补偿。

（三）完善行政执法程序

健全行政执法程序制度。2022年，重庆市政府修订出台《重庆市规范行政处罚裁量权办法》《重庆市行政处罚听证程序规定》，细化量化重庆各行政执法行为的裁量范围、种类、幅度等并对外公布。2023年，推动36个市政府部门普遍制定或者修改裁量基准，制定全市统一的行政执法文书基本标准和文书格式模板。

落实行政执法"三项制度"。2019年，重庆市政府出台《重庆市全面推行行政执法公示制度执法全过程记录制度重大执法决定法制审核制度实施方案》，市、区县和乡镇（街道）三级行政执法机关全面推行"三项制度"，42个市级行政执法机关制定本系统的执法文书、执法用语等7项标准规范，有效规范行政处罚、行政强制、行政检查、行政征收征用、行政许可等行为。2020年，制定乡镇行政执法程序文书规范、执法问答、执法人员培训办法，指导13

个市政府部门完善本行业领域行政处罚基准。

加强执法人员专业培训。2021年,重庆市政府发布《行政执法典型案例汇编(第三辑)》,开展行政执法人员培训2万余人次,换发执法证件7980个。2022年,重庆市政府编发《新行政处罚法学习指引》,编制行政执法典型案例汇编、行政执法短视频教程,探索情景式执法培训。创新基层行政执法培训指导方式方法,区级行政执法机关通过定期以案释法、专用法律知识轮训、"跟班学习""下派指导"等方式培训乡镇(街道)执法人员。江津区创新镇街综合行政执法"导师制+跟踪执法"培训监督模式,进一步规范综合行政执法工作,强化行政执法监督,提升综合行政执法人员业务素质和执法水平。

五、创新行政执法方式

加大柔性执法力度。2022年,市农业农村委明确3类4种轻微违法行为不予行政处罚情形,市公安局建立违停执法提醒纠正机制。市检察院、市高法院、市公安局、市司法局联合制定《刑事案件赔偿保证金提存制度实施办法(试行)》,在渝中、合川、酉阳等区县进行试点,探索轻罪治理机制。重庆沙坪坝区以磁器口街道综合行政执法改革试点为契机,探索出区级"0+N"行政执法模式,广泛运用说服教育、劝导示范、警示告诫、首违不罚、包容免罚、指导约谈等柔性执法方式。

以数字化改革助力执法方式创新。重庆大力推进"互联网+执法"模式,优化和改进执法方式,提升执法效能。2021年,市公安局交巡警总队在全国首创"交巡执法通"建设应用工作并在全市推行。市农业农村委开发应用"慧执法"平台系统，被农业农村部推介为2022年全国智慧农业建设优秀案例，也是全国74个优秀案例中唯一一个涉及农业执法的案例。2022年市水利局上线运行"智慧河长"系统，在全国率先实现省级河长制平台智慧化、智能化。2023年，加快"执法+监督"一体化数字集成应用建设，编制多跨场景等"三张清单"，推动"统一化处罚办案系统"1.0初步建成，同步在渝快政上线掌上执法APP。

扎实推进"谁执法谁普法"责任制。2020年，重庆市政府制定市级普法责任清单，对各区县（自治县）和67个市级单位年度普法计划进行评审；在全国率先出台《市民法治素养提升行动方案》，创新"普治结合"联动机制，建立执法机关普法联系点150个，深入推进以案释法，着力构建"普治并举、以普促治"工作格局；实施市民法治素养提升行动，突出抓好宪法、民法典、公共卫生领域法律法规宣传，累计开展专题宣传活动5万余场次、覆盖2200万余人次。2022年，重庆市实施法律服务普惠万村行动，培育村（社区）"法律明白人"3.55万余名，新聘、调整村（居）法律顾问2737名。印发《2023年重庆市普法依法治理工作要点》，明确6个方面23项工作任务，制定"法润千里 治汇广大"一季度一主题法治宣传活动计划，2023年上半年开展民法典主题宣传6000余场次。

六、强化行政权力监督制约

重庆市持续健全行政权力监督制约体系，着力实现行政决策、执行、组织、监督既相互制约又相互协调，确保对行政权力制约和监督全覆盖、无缝隙。

（一）形成监督合力

将行政权力制约和监督体系纳入整体监督体系筹谋划，突出党内监督的主导地位，强化对公权力运行的制约和监督。推动党内监督与人大监督、民主监督、行政监督、司法监督、群众监督、舆论监督等各类监督有机贯通、相互协调。推动审计监督、财会监督、统计监督、执法监督、行政复议等监督机制发挥更好作用。市政府严格执行人大及其常委会决议决定，支持人民政协履行职责，认真办理人大代表建议和政协提案。

不断增强人大监督实效。制定增强人大监督实效的实施意见。政府组成部门每年向人大常委会书面报告工作情况，规定提交审议的报告问题部分不少于报告篇幅的三分之一，建立审议意见问题清单销号制度。2022年，重庆市人大常委会听取审议法治政府建设工作情况的报告，督促研究整改行政执法工作中存在的突出问题。听取审议市高法院关于人民法庭工作情况的报告，督促优化人民法庭布局，持续推进人民法庭标准化规范化专业化建设。听取审议市检察院关于刑事执行检察工作情况的报告，要求提高刑事执行检察质量和规范化程度。

重庆市高级人民法院助推全面依法治市，支持监督行政机关依法行政，连续十年发布行政诉讼白皮书和十大典型案例。2018年以来，重庆市人民检察院强化法律监督，办案数从2018年的3513件上升到2022年的4826件；探索运用大数据平台，监督纠正虚假诉讼706件；发挥行政检察优势，促进审判机关依法审判，推进行政机关依法履职。发挥行政复议的监督职能，进一步提高政府公信力和依法行政水平，切实解决"官民"纠纷。2021年，重庆市行政复议机关加大对行政执法的监督力度，对行政机关不作为、乱作为等违法或不当行政行为坚决予以纠正。责令有关行政机关有针对性地改进执法，以确认违法、撤销、变更、责令履行等方式直接纠错。

（二）加强和规范政府督查工作

提高法治督察实效。积极发挥政府督查的激励鞭策作用，坚持奖惩并举，对成效明显的按规定加大表扬和政策激励力度，对不作为乱作为的依规依法严肃问责。2020年重庆市政府对12个市级部门、38个区县进行督察评估，现场提问打分，出具评审结论。

优化升级督查过程与系统。严控督查频次和时限，建立季度统计、核查、提醒机制，切实为基层减负。强化督查结果运用，7项工作获国务院督查激励。全面升级改造"互联网+督查"平台，实现反映事项网上流转、办理结果快速反馈、办理过程全程可溯、办理结果群众评价，有效解决群众的"操心事、烦心事"。

（三）加强对行政执法制约和监督

持续深化行政复议体制改革，深入推进行政复议规范化建设。持续开展行政复议"以案促改"专项行动。健全行政复议与行政调解、行政诉讼衔接联动机制。

系统整合执法监督平台与标准，完善执法监督体系。2019年，推进重庆市行政执法信息和监督网络平台建设，发挥群众批评—证明事项清理投诉监督平台作用，实现区县监督管理全覆盖。试点推广"掌上复议"，深化"复调对接"，倒逼依法行政。

督促负责人出庭应诉。重庆市政府印发《关于加强行政机关负责人出庭应诉工作的通知》，定期收集全市出庭应诉情况，约谈"零出庭"或出庭应诉率较低的单位，督促行政机关负责人出庭应诉。2022年全市办结一审行政诉讼案件8169件，行政机关负责人出庭应诉率达83.2%，较2021年提升15.2个百分点。

持续加强执法司法制约监督。制定落实政法领域执法司法制约监督制度机制建设任务分解方案，建成公安执法办案管理中心，出台进一步加强检察权运行监督管理的意见以及检察机关监狱巡回检察实施办法，建立全市三级法院院（庭）长监督管理典型案件清单、法官审判权力和责任清单。2021年，重庆市开展执法司法制约监督制度机制建设专项督察，集中评查案件872件，督促整改问题案件97件。

强化执法监督保障。2022年，重庆市政府办公厅印发《关于开展行政执法协调监督工作体系建设试点工作的通知》，在渝北区、沙坪坝区等7个区县开展行政执法协调监督体系建设试点，推动行政执法协调监督实现行政职权、执法领域、执法主体、执法人员、执法行为"五个全覆盖"。2023年，重庆深化市区（县）乡三级行政执法协调监督体系建设，全国首创行政执法"双社"监督员制度，打造"公证+执法"模式，建立"专业化+网格化"行政执法监督员队伍，创设"行政执法指数"。开展行政执法"三项制度"落实情况专项检查和行政处罚案卷评查"回头看"。

（四）全面主动落实政务公开

推进决策、执行、管理、服务和结果公开，做到法定主动公开内容全部公开到位。加强公开制度化、标准化、信息化建设。全面提升政府信息公开申请办理工作质量，依法保障人民群众合理信息需求。

建设各级政务公开专区。2021年，重庆市政府办公厅发布《重庆市人民政府办公厅关于建设政务公开专区的通知》，全市各级政务服务场所、各级国家档案馆和公共图书馆、有条件的村（居）便民服务站，全面建成各级政务公开专区，为社会公众提供集政府信息查询、政府信息公开申请、政策咨询、政民互动等功能为一体的"一站式"政务公开服务场所。

健全完善政府信息公开机制。编制基层政务公开标准指引，坚持以公开为常态、不公开为例外,通过多种形式积极主动发布政府信息。2019年,全市各级行政机关依法主动公开政府信息133.6万条。政府自觉依法接受人大和政协监督,2021年,办理全国人大代表建议16件、全国政协提案7件;办理市人大代表建议1221件、市政协提案1117件,满意率均达100%;全年累计主动公开政府信息160万余条,减税降费、稳岗就业、疫情防控等重点信息公开到位,32个领域基层政务公开规范有力,公共企事业单位信息公开有序推进。全市各级政府机关发布各类政策解读信息1万余条,召开新闻发布会300余场,开展面对面政策解读活动1万余场,有效回应社会关切。

(五) 加快推进政务诚信建设

构建广泛有效的政务诚信监督体系。健全政府守信践诺机制与政务诚信监测治理机制,建立健全政务失信记录制度,将违约毁约、拖欠账款、拒不履行司法裁判等失信信息纳入全国信用信息共享平台并向社会公开。建立健全政府失信责任追究制度,加大失信惩戒力度,重点治理债务融资、政府采购、招标投标、招商引资等领域的政府失信行为。强化政务诚信建设,建立涉政府机构执行案件专题库,每日动态更新涉政府机构执行人和被执行人数据,持续推动失信被执行人涉政府机构动态清零。

推进线上政务诚信的系统化建设。2021年,重庆建立政策性合同履约网,实行线上电子动态监管,清偿有分歧账款3422.42万元,失信被执行人涉政府机构动态"清零"。开发线上涉党政部门执行案件智慧督办平台,健全涉政务诚信行政案件定向推送机制,自动比对机构代码抓取案件信息并转发至区县政府,实现"一键督办"。

第八章

推进公正高效权威司法

党的二十大报告以专节对严格公正司法专门作出重要部署，强调"公正司法是维护社会公平正义的最后一道防线，加快建设公正高效权威的社会主义司法制度，努力让人民群众在每一个司法案件中感受到公平正义"[1]。习近平总书记在中央全面依法治国委员会第三次会议的重要讲话中提出，"执法司法公正高效权威才能真正发挥好法治在国家治理中的效能。要加强对法律实施的监督，深化司法体制综合配套改革，推进严格规范公正文明执法，努力提升执法司法的质量、效率、公信力，更好把社会主义法治优势转化为国家治理效能"[2]。市委六届二次全会对我市法治建设及司法工作进行全面系统部署，提出法治政府与法治社会建设走在中西部前列的总体要求，明确深化司法体制综合配套改革、推进智慧法院建设与提升涉企案件审理质效、健全府院联动机制等具体任务，为我市司法机关服务保障现代化新重庆建设提供有力指引。

一、提升审判执行和法律监督工作质效

党的二十大报告指出，"公正司法是维护社会公平正义的最后一道防线"[3]。习近平总书记多次论述，"全面推进依法治国，必须坚持公正司法"[4]。习近平总书记进一步指出，"公平正义是司法的灵魂与生命。司法公正对社会公正具有重要引领作用，司法不公对

---

[1] 党的二十大报告辅导读本编写组：《党的二十大报告辅导读本》，人民出版社2022年10月第1版，第37—38页。
[2] 习近平：《论全面依法治国》，中央文献出版社2020年版，第275页。
[3] 党的二十大报告辅导读本编写组：《党的二十大报告辅导读本》，人民出版社2022年10月第1版，第37—38页。
[4] 习近平：《论全面依法治国》，中央文献出版社2020年版，第22页。

社会公正具有致命破坏作用。提高司法办案质量和效率"①。习近平总书记在2019年中央政法工作会议的重要讲话中提出,"让司法人员集中精力尽好责、办好案,提高司法质量、效率、公信力"。

(一) 充分发挥司法职能

全市法院围绕公正与效率主题,受理各类案件503.2万件,审执结493.9万件,主要质效指标稳居全国前列且每年递进。坚持每年发布审判白皮书、典型案例,7个案例入选最高法院指导性案例、196个案例入选全国法院典型案例,入选全国法院"百篇优秀裁判文书""百场优秀庭审"数量居全国第5位。审结一审刑事案件12.2万件,判处罪犯17万人,依法宣告12名公诉案件被告人和47名自诉案件被告人无罪;完成扫黑除恶专项斗争任务。审结各类一审民商事案件248.8万件、一审环境资源案件1.1万件,一审民事案件平均审理周期较前一个五年缩短8天,环境资源审判工作经验在世界环境司法大会交流。审结一审行政案件4.4万件,支持和监督依法行政。如期完成"基本解决执行难"目标任务,执结案件165.7万件,兑现"真金白银"2591亿元,向着"切实解决执行难"目标不断迈进。②

全市检察机关强化法律监督,公平正义得到进一步彰显。刑事检察优中有升,对构成犯罪的追诉3051人,对不构成犯罪或犯罪情节轻微的不起诉28246人;监督立案1679件,监督撤案5261件,开展侦查活动监督7319件;对认为确有错误的刑事裁判,抗诉416件。民事行政检察弱项变强,办案数从2018年的3513件上升到

---
① 习近平:《论全面依法治国》,中央文献出版社2020年版,第98页。
② 参见《重庆市高级人民法院工作报告》,《重庆日报》2023年1月16日,第005版。

2022年的4826件。发挥行政检察优势，促进审判机关依法审判，推进行政机关依法履职。公益诉讼检察之路越走越宽广，不断拓宽公益诉讼保护范围，办理公益诉讼案件10587件，诉前检察建议整改率由2018年的97.2%上升至2022年的99.9%。推行"专业化法律监督+恢复性司法实践+社会化综合治理"生态检察模式，让生态环境得到更广泛保护。①

（二）推动司法工作现代化

2023年1月，习近平总书记对政法工作作出重要指示，强调奋力推进政法工作现代化。市委六届二次全会系统谋划全面建设现代化新重庆。总书记有号令、党中央有部署，重庆见行动、司法必担当，这就要求重庆司法机关按照西部排头兵定位，系统谋划目标、工作、政策、评价体系，实现整体性跃升。

市高法院坚持系统观念，强化体系思维，注重闭环管理，构建重庆法院工作现代化理念、目标、机制、工作、政策、能力、评价、保障8大体系，努力推进审判理念、审判体制、审判机制、审判管理现代化，为现代化新重庆建设提供有力司法服务和保障。在具体工作中，全市法院如期完成2022年初提出的诉源治理目标，超额完成积案清理任务，推动多元化纠纷解决地方立法。承担最高人民法院新审判质效评估体系试点工作，审判质效保持在全国第一方阵，执行完毕率等重要质效指标位居全国前列。法官人均结案375.5件，全国领先；生效裁判服判息诉率98.7%、案件结收比106.8%，均居全国第2位。371个集体、410名个人获得市级以上表彰表扬。②

---

①参见《重庆市人民检察院工作报告》，《重庆日报》2023年2月3日，第007版。
②参见《重庆市高级人民法院工作报告》，《重庆日报》2023年1月16日，第005版。

全市检察机关对标现代化新重庆建设谋划新时代重庆检察工作，不断回应时代需求，在法律监督现代化中迈出新步伐。扎实做好群众信访件件有回复、检察听证、司法救助等工作，促进矛盾源头治理。坚持将法、理、情融为一体，办准办好群众身边的"小案"，全力做好为人民服务新的民生答卷。以更大力度深耕法律监督，聚力"四大检察"，持续做优刑事检察、做强民事检察、做实行政检察、做好公益诉讼检察，持续加强食品药品、教育医疗、社会保障等民生领域的法律监督。用好"侦协办"、检法联席会等平台，进一步加强与公安、法院的配合制约，深化对监狱的巡回检察，做实长江生态检察官制。①

（三）深化司法工作经验把握

一是坚持党对司法工作的绝对领导。全市司法机关自觉把"两个维护"放在首位、落到实处，坚决兑现市委"三个确保"政治承诺，坚定正确政治方向。扎实开展"不忘初心、牢记使命"主题教育、党史学习教育和"两个坚持"专题教育、"两个确立"主题教育、习近平新时代中国特色社会主义思想主题教育，不断提高政治判断力、政治领悟力、政治执行力。法院系统成立重庆法院党校，开办"领导干部大学堂"，强化政治轮训。出台服务保障重庆发挥"三个作用"意见等司法政策文件89份，切实把党中央决策部署、市委工作安排贯穿到法院工作全过程各方面。检察系统及时制定贯彻落实中央《意见》及市委贯彻措施的分工方案，把党赋予检察机关的更重责任落到实处，开展争创"学习型"检察院、争当"放心型"检察官活动。

二是准确把握司法在法治建设中的作用。司法权作为判断性权

---

① 参见《重庆市人民检察院工作报告》，《重庆日报》2023年2月3日，第007版。

力，其作用是通过审执各类案件和法律监督来定分止争，实现法律的秩序价值，对于更好发挥法治固根本、稳预期、利长远的保障作用具有重要意义。全市司法机关在执法办案中把政治、大局、国情和法律规定、立法精神有效结合，做到了依法履职与服务保障大局相统一以及政治效果、社会效果和法律效果相统一。

三是以人民群众获得感作为检验司法质效的唯一标准。人民法院、人民检察院的称谓有人民二字，决定司法质效好坏只能以人民群众获得感、是否感受到社会公平正义为判断标准。近年来，重庆司法机关自觉接受人大监督、政协民主监督、舆论监督等各项监督，健全人大代表、政协委员联络长效机制，司法公信力与队伍建设民意调查指数持续保持高位，实现司法质效与人民群众获得感双提升。

二、服务保障国家安全社会稳定和高质量发展大局

党的二十大报告专章部署推进国家安全体系和能力现代化，要求"坚定不移贯彻总体国家安全观，把维护国家安全贯穿党和国家工作各方面全过程"。党的二十大报告在"平安中国建设迈向更高水平"的成就基础上继续强调"建设更高水平的平安中国"[1]。习近平总书记于2018年1月对中央政法工作会议的重要指示中指出，"履行好维护国家政治安全、确保社会大局稳定、促进社会公

---

[1] 党的二十大报告辅导读本编写组：《党的二十大报告辅导读本》，人民出版社2022年10月第1版，第47页。

平正义、保障人民安居乐业的主要任务,努力创造安全的政治环境、稳定的社会环境、公正的法治环境、优质的服务环境,增强人民群众获得感、幸福感、安全感"[①]。习近平总书记还对民营经济司法保护、扫黑除恶、知识产权审判、民事审判和检察工作提出具体要求。如"法治是最好的营商环境,要把平等保护贯彻到执法司法等各个环节""继续依法打击破坏社会秩序的违法犯罪行为,特别是要推动扫黑除恶常态化,持之以恒、坚定不移打击黑恶势力及其保护伞,让城乡更安宁、群众更安乐""提升涉外执法司法效能""提高知识产权审判质量和效率,促进知识产权行政执法标准和司法裁判标准统一"等。

(一) 将确保政治安全作为首要政治任务

政治安全是国家安全的根本。习近平总书记着眼于进行具有新的历史特点的伟大斗争,就坚持总体国家安全观提出一系列新理念新思想新战略,为做好新时代维护政治安全工作提供根本遵循。以总体国家安全观为统领,把履行好维护政治安全职责摆在首位,深入分析政治安全风险的特点和趋势,善于掌握政治安全风险的发生演变规律,充分发挥司法职能作用,赢得有效防范应对的战略主动。

全市司法机关一方面发挥刑事司法职能,严惩煽动颠覆国家政权、间谍窃密、邪教等危害国家安全犯罪,坚决维护国家政权安全、制度安全、意识形态安全,坚定不移捍卫中国特色社会主义国家制度和法律制度,在确保国家政治安全的斗争中作出司法贡献;另一方面履行好民事、行政司法职能,在一些涉及民族情感、民族尊严的案件审理中把握意识形态斗争主动权,维护好全民族的共同

---

① 习近平:《论全面依法治国》,中央文献出版社2020年版,第193页。

记忆和情感，弘扬社会主义核心价值观，保障司法领域意识形态安全。

（二）将维护社会大局稳定作为重要司法职责

司法机关作为国家政权机关，审判权与检察权作为国家专政力量组成部分，保障社会大局稳定与国家长治久安是其基础功能。司法在国家治理体系中，最本职的任务是坚持打击犯罪与保障人权相结合。我市司法机关要按照市委提出的着力打造更高水平的平安中国建设西部先行区要求，坚持统筹发展与安全，依法惩治各类违法犯罪，依法化解各类矛盾纠纷，消解影响社会大局稳定的各种因素，为维护社会大局稳定提供有力司法支撑，努力夺取平安重庆建设的高分报表。

全市司法机关制定贯彻反有组织犯罪法工作方案，出台深入推进常态化扫黑除恶斗争工作意见，强力推进"黑财清底"，摧毁黑恶势力经济基础，涉黑恶案件查控财产处置到位率达98.9%。深入推进"全民反诈"，严厉打击电信网络诈骗犯罪及其关联犯罪，深入开展打击拐卖妇女儿童犯罪、打击整治养老诈骗犯罪等专项行动，提升人民群众安全感。协同完善监察执法与刑事司法衔接机制，对"蝇贪""蚁腐"严惩不贷。全市法院审结一审刑事案件12.2万件，判处罪犯17万人，坚持罪刑法定、疑罪从无、证据裁判，依法宣告12名公诉案件被告人和47名自诉案件被告人无罪。[1] 全市检察机关起诉黑恶势力犯罪2612人，起诉的故意杀人、故意伤害等严重刑事犯罪五年下降21.6%。[2]

---

[1] 参见《重庆市高级人民法院工作报告》，《重庆日报》2023年1月16日，第005版。
[2] 参见《重庆市高级人民法院工作报告》，《重庆日报》2023年1月16日，第005版。

（三）将新发展理念落实到司法实践中

我国经济发展进入新时代，已由高速增长阶段转向高质量发展阶段。高质量发展迫切需要高质量司法，需在司法中落实新发展理念。重庆作为中西部唯一的直辖市、国家重要的中心城市，共建"一带一路"、长江经济带发展、新时代西部大开发、成渝地区双城经济圈、西部陆海新通道建设等重大战略叠加，需从法治最大公约数着眼，以法治要素信息化要素等聚集市场经济要素，营造法制统一、透明公正、平等有序的法治环境，让各类投资者得到统一的法制待遇，服务保障高质量发展。全市司法机关积极服务和融入新发展格局，完善司法保障措施，为"国之大者"提供优质的司法服务保障。

全市法院审结与经济发展密切相关的一审民商事案件182.1万件，涉案金额5844亿元。推动设立成渝金融法院、两江新区（自贸区）法院、重庆破产法庭、重庆知识产权法庭，妥善办理全国首例铁路提单物权纠纷案、力帆系企业破产重整案等重大典型案件，推动构建长江经济带"11+1"省市跨区域生态环境保护协作机制，服务共建"一带一路"、长江经济带发展、西部陆海新通道等重大战略实施。扎实做好世界银行营商环境咨询服务评估相关工作，重庆法院牵头的"执行合同"指标得分位居全球190个经济体前10名、"办理破产"指标得分位居前20名；全国首发法治化营商环境司法评估指数体系和评估报告。围绕营商环境创新试点城市建设，建立"1+11"制度体系，缩短涉企案件办理周期、降低解纷成本。与市消委会联合出台意见，全国率先探索建立支持消费者集体诉讼制度，服务我市国际消费中心城市建设。发挥破产审判职能，帮助重庆钢铁、重庆能源、力帆系、隆鑫系等一批企业脱困重生。实体化运行重庆知识产权法庭9个巡回审判站，积极推动知识产权"三合一"审判改革，构建与科创中心建设相适应的知识产权司法保护格局。建成环境司法展示馆，环境司法保护基地、巡回审判站增至45个，全力守护"一江碧水、两岸青山"。与市司法局、市贸促会等单位共建重庆国际商事一站式多元解纷中心，打造涉外商事争端解决优选地。①

全市检察机关检察履职从依法办案向能动服务转变，出台10条意见、优化法治化营商环境20条措施。在全国率先开展知识产权检察改革试点，在西部科学城、两江协同创新区设立知识产权检察保护中心，在有关企业设立知识产权综合保护联系点，部署推进"保知识产权、护知名品牌"专项行动，帮助60余家知名企业"打假维权"。2020年起持续深入开展"保市场主体、护民营经济"专项行动，联合市工商联等部门对111家涉案企业启动合规整改，促进企业规范经营、更好发展。与广西检察机关签署协作意见，携手服务"一带一路"和西部陆海新通道建设。建立长江上游六省市生态环境保护检察协作机制，设立长江生态检察官，助力长江经济带绿色发展。②

三、践行司法为民实现社会公平正义

习近平总书记明确指出，"公正司法事关人民切身利益，司法工作者要密切联系群众，坚持司法为民，改进司法工作作风，通过热情服务，切实解决好老百姓打官司难问题"③。习近平总书记强

---

① 参见《重庆市高级人民法院工作报告》，《重庆日报》2023年1月16日，第005版。
② 参见《重庆市人民检察院工作报告》，《重庆日报》2023年2月3日，第007版。
③ 中共中央宣传部、中央全面依法治国委员会办公室：《习近平法治思想学习纲要》，人民出版社、学习出版社2021年版，第111—112页。

调,"民事案件同人民群众权益联系最直接最密切。各级司法机关要秉持公正司法,提高民事案件审判水平和效率。要加强民事司法工作,提高办案质量和司法公信力","要加强民事检察工作,加强对司法活动的监督,畅通司法救济渠道"①。

(一)通过司法强化民生权益法治保护

把保障群众权利、维护公平正义作为首要价值目标,运用司法手段保证人民依法享有广泛权利和自由。在坚持平等保护原则下,加强对涉诉弱势群体的司法关爱。妥善办理相关案件,为"学有所教""劳有所得""病有所医""老有所养""住有所居"提供司法保障。

全市法院审结一审涉民生案件66.7万件。加强外卖骑手、快递小哥、网约车司机等领域从业者权益保障;发布劳动争议、消费者权益保护等民生权益司法保护典型案例,持续强化平等保护与实质公平。建立线上线下一体化便民诉讼服务系统,网上立案133.2万件,当场登记立案率始终保持在98%以上。全面推进多元纠纷解决机制建设,引导群众选择非诉讼方式解决纠纷,诉前调解102万件。②

全市检察机关践行为民宗旨,直接为群众解决急难愁盼问题2745件。聚焦群众反映强烈的生态环保、食品药品安全问题,依法办理相关公益诉讼案件。做实做靓"莎姐"未成年人检察工作,落实家庭教育促进法及重庆条例,发出"督促监护令",对犯罪情节轻微、主观恶性不大的未成年人不起诉,引导3944名涉罪未成年人回归社会,帮助2029名受害未成年人走出阴霾,"莎姐"成为有

---

①习近平:《论全面依法治国》,中央文献出版社2020年版,第281页。
②参见《重庆市高级人民法院工作报告》,《重庆日报》2023年1月16日,第005版。

全国影响力的未成年人司法保护品牌。[1]积极支持农民工、残疾人等弱势群体维护合法权益，深入开展专项行动，五年司法救助3300多人，发放救助金5000多万元。[2]

（二）把全面落实司法为民举措作为重中之重

建设有重庆特色的普惠型司法为民体系，推进诉讼服务中心一窗通办、一次办理。从细节和微末着手，悉心完善各项便民举措和服务设施，认真落实体现群众关怀、降低诉讼成本的举措。不断创新服务方式，切实解决当事人"诉讼难"。

全市法院系统优化城区法庭、城乡结合法庭、乡村法庭147个，建设"生态环保法庭""旅游法庭"等特色法庭，自主创新的"巡回审判包"收录进中国国家博物馆、中国法院博物馆，"稻田里的巡回审判""水上巡回法庭"入选中国共产党历史展览馆、中国脱贫攻坚成就展。推出落实强基导向"六项工作"，获中央依法治国办、全国教育整顿办、最高法院肯定推介，相关做法纳入我市法治中国建设规划实施方案、法治社会建设实施方案、社会治理"十四五"规划等文件。[3]其中，5G"车载便民法庭"被喻为"行走的法院"，是重庆法院最具辨识度创新成果和司法便民服务产品的集中体现。"车载便民法庭"集中承载和体现"六个必须坚持"的立场观点方法，车体小、外观美、功能强、造价低，把智慧法院一站式诉讼服务搬上车，适用于法治宣传、诉讼服务、多元解纷、执行指挥等多种应用场景，实现全域诉讼服务。央视新闻联播、《人民日报》等多家国内主流权威媒体广泛报道和高度赞许，获首届人民法院重大科技创新成果全国唯一特等奖、工信部5G应用社会治理

---

[1]参见时侠联：《切实做到主题教育与检察工作两手抓两促进》，《检察日报》2023年7月13日，第3版。
[2]参见《重庆市人民检察院工作报告》，《重庆日报》2023年2月3日，第007版。
[3]参见《重庆市高级人民法院工作报告》，《重庆日报》2023年1月16日，第005版。

一等奖、全市政法改革十佳案例，被《法治日报》评为2023年智慧法院十大创新案例，被写入最高法院工作报告，西藏、海南等地法院引进推广，全国数十家单位专程来渝考察学习建设应用经验。[1]

全市检察机关大力开展办实事活动，创新12309检察云呼叫平台，建立群众信访件件有回复制度，做到七日内程序性答复、三个月内办理过程或结果答复两个100%。扎实做好检察听证工作，促进矛盾源头治理。创新律师互联网阅卷平台，实现律师阅卷"一次也不用跑"。设立"益心为公"检察云平台，深化"河（林）长+检察长"制，扎实开展"公益诉讼助力乡村振兴"行动。抓实信访矛盾源头治理三年攻坚、重复信访积案实质性化解三年"清仓"行动，推进"控申为民办实事"实践活动。[2]

（三）通过司法满足人民群众对美好生活的向往

新时代，人民群众不仅对物质文化生活提出更高要求，在民主、法治、公平、正义、安全、环境等方面的要求日益增长。人民群众的美好要求，蕴含着对法治的期盼，需通过公正司法予以维护，让人民群众在法治建设进程中享有更多的获得感、幸福感和安全感。在实现中国式现代化、全面建设现代化新重庆过程中，全市司法机关发挥司法理顺法律关系、综合适用法律责任的专业优势，通过司法方式确立行为规则、稳定社会关系、防范重大风险。

全市法院系统注重发挥司法裁判价值导向作用，引领社会向上向善。渝中法院审结要求医院返还冷冻胚胎案，肯定特殊物承载的人格利益和情感寄托。渝北法院审结"水滴筹"性质认定案，明确

---

[1] 参见王斌来、常碧罗：《重庆法院探索推出车载便民法庭，开展巡回审判等司法服务——把法庭设到群众家门口》，《人民日报》2023年8月16日，第11版。
[2] 参见《重庆市人民检察院工作报告》，《重庆日报》2023年2月3日，第007版。

保险公司不得因患者获赠捐助款减轻理赔责任。江津法院审结偷窥坠亡索赔案，明确守法者无需为他人违法行为买单。潼南法院判决支持女儿在过世父母墓碑上刻名维权，尊重传统伦理观念和公序良俗。荣昌法院审结离婚财产分割案，以司法裁决方式明确弱势方终身居住权。通过一个个典型案例明规则、扬正气，推动社会主义核心价值观深入人心。①

全市检察机关坚持"明辨是非、定分止争，息诉罢访、案结事了，促进管理、创新治理"的司法理念，持续落实最高检一至八号检察建议，督促整治校园安全、窨井伤人、虚假诉讼等突出问题。针对办案发现的社会管理问题，向党委、人大、政府提交专题报告1197份，向有关单位发出检察建议2044份，办理一案、治理一片。②

四、深化司法体制改革提升司法公信力

党的二十大报告提出，"深化司法体制综合配套改革，全面准确落实司法责任制，加快建设公正高效权威的社会主义司法制度，努力让人民群众在每一个司法案件中感受到公平正义。规范司法权力运行，健全公安机关、检察机关、审判机关、司法行政机关各司其职、相互配合、相互制约的体制机制。强化对司法活动的制约监督，促进司法公正"③。早在2014年中央政法工作会议的重要讲话

---

①参见《重庆市高级人民法院工作报告》，《重庆日报》2023年1月16日，第005版。
②参见《重庆市人民检察院工作报告》，《重庆日报》2023年2月3日，第007版。
③党的二十大报告辅导读本编写组：《党的二十大报告辅导读本》，人民出版社2022年10月第1版，第38页。

中，习近平总书记即对司法权性质作出重要论断："司法活动具有特殊的性质和规律，司法权是对案件事实和法律的判断权和裁决权。"①

习近平总书记多次亲自部署司法体制改革，提出"深化司法体制综合配套改革，全面落实司法责任制，加快构建权责一致的司法权运行新机制。深化诉讼制度改革，深入推进以审判为中心的刑事诉讼制度改革，推进案件繁简分流、轻重分离、快慢分道，推动大数据、人工智能等科技创新成果同司法工作深度融合，构建开放、动态、透明、便民的阳光司法机制"②。习近平总书记还特别强调，"党的十八大以来，政法战线坚持正确改革方向，敢于啃硬骨头、涉险滩、闯难关，做成了想了很多年、讲了很多年但没有做成的改革，司法公信力不断提升，对维护社会公平正义发挥了重要作用"③。

（一）强化系统集成推进司法体制改革

深化司法体制改革，必须坚持系统的改革方法，坚持全面与局部相结合、治本与治标相结合、渐进与突破相衔接。持续促进制度之间相互配套，有效衔接，发挥制度体系整体合力；持续促进制度创新与科技支撑深度融合，向现代科技要改革生产力；持续促进队伍建设与业务建设，建设高素质干部队伍，推动司法事业长远发展。

全市法院构建以"8+4"为重心的司法责任制改革制度体系，

---

① 习近平：《论全面依法治国》，中央文献出版社2020年版，第61页。
② 习近平：《全面深入做好新时代政法各项工作　促进社会公平正义保障人民安居乐业》，《人民日报》2019年1月17日，第01版。
③ 习近平：《坚定不移推进司法体制改革　坚定不移走中国特色社会主义法治道路》，《人民日报》2017年7月11日，第01版。

制定落实审判责任25条实施意见，修订法官惩戒委员会章程，推行"权责清单""典型案件动态台账"和院庭长阅核制，健全考核体系创新形成"党建""审执"两张表机制。深入推进司法责任制综合配套改革，实现三类人员分类管理、人财物市级统管。全国率先完成基层法院内设机构改革，超过80%的编制和人员配置到审判执行一线。推进四级法院审级职能定位改革，探索提级管辖案件要素式审查，妥善审理"双减"政策下教育培训合同纠纷等重大典型案件，工作经验获最高法院肯定。推进民事案件繁简分流，深化以审判为中心的刑事诉讼制度改革，完成认罪认罚从宽制度改革等试点任务[①]。

全市检察机关圆满完成职务犯罪侦防职能、机构、人员转隶，蹄疾步稳推进公益诉讼制度，先行先试开展内设机构改革，顺利实现检察体制、机制、机构的华丽"转身"，形成刑事、民事、行政、公益诉讼"四大检察"新格局。强化刑事检察监督，与公安机关联合设立侦查监督与协作配合办公室，在全国首创"110可视化系统监督平台"。强化民事检察监督，2022年对认为确有错误的民事裁判，提出抗诉及再审检察建议433件，监督纠正虚假诉讼370件。强化行政检察监督，联合市高法院、市司法局出台《关于协同推进行政争议实质性化解的意见》，化解行政纠纷93件。设立重庆两江地区检察院，主要从事公益诉讼检察工作，在全国率先迈出跨行政区划检察改革第一步。深入推进司法责任制综合配套改革，基层检察院员额比例由2018年的29.5%提高到2022年的37.1%，检察人员职业保障体系更加完善。稳步推进刑事诉讼制度改革，构建捕诉一体化、类案专业化办理机制，检察机关诉前主导、审前过滤作用得到强化。全面开展监狱巡回检察改革，相关做法被最高检推广[②]。

[①] 参见《重庆市高级人民法院工作报告》，《重庆日报》2023年1月16日，第005版。
[②] 参见《重庆市人民检察院工作报告》，《重庆日报》2023年2月3日，第007版。

（二）遵循司法规律推进司法体制改革

准确把握司法权的判断属性和权责统一特点，体系化理解依法、中立、谦抑、公开、衡平、终局的关系，健全完善司法权力配置、运行和监督机制，严格落实罪刑法定、证据裁判、意思自治等基本原则。持续推动新时代能动司法，强化回应型、服务型、主动型司法实践，构建更加符合国情、体现中国特色的司法制度体系，不断提升司法质效和公信力。

重庆司法体制改革取得的许多成绩，发展完善于基层。新时代新征程上，在更高站位、更深层次、更宽领域，以更大力度深化司法体制综合配套改革，需要鼓励基层在遵循司法规律基础上发扬首创精神。把创新工作"揭榜挂帅"作为重要创新平台，选择适当数量的"揭榜挂帅"项目，由基层司法机关承担，孕育孵化重大改革项目，见微知著，以小见大，让"微创新"发挥"大效用"。在民事诉讼中探索适用令状式、要素式、表格式等简式裁判文书，简易程序适用率达80%以上。落实以审判为中心的诉讼制度改革，2022年证人、鉴定人、侦查人员出庭作证1379人次。通过发扬基层首创精神，源于重庆基层法院实践的6个案例入选最高法院改革典型案例，3项成果写入中国法院司法改革白皮书。营商环境司法评估指数体系、长江生态检察官被评为重庆市政法领域改革十佳范例，涌现出社会矛盾纠纷调处、"人身安全保护令+司法确认书"、诉讼服务一窗通办等有影响力的基层司法改革创新。

（三）加强科技应用推进司法体制改革

深化司法体制综合配套改革，必须向科技要生产力，深耕拓展科技司法应用场景，加强人工智能和区块链司法应用，努力创造更高水平的数字正义。以数字重庆建设为引领，加快推进数字法治，把司法大数据纳入数字政府公共数据系统，深入开展"数助决策"，服务司法管理、党政决策和社会治理。按照数字重庆建设"三融五跨"要求，持续提升一站式司法服务、在线司法服务、全域司法服务水平，让人民群众足不出户就能享受更多数智司法服务。

全市法院聚焦"全渝数智法院"建设目标，编制并修订信息化建设与实施五年规划，以数字技术赋能智慧司法。推进全流程网上办案改革，统一网上办案流程规则，打造覆盖网上立案、卷宗生成、智慧庭审等30多类功能的全流程网上办案体系，便捷当事人诉讼和法官办案。研发上线干警业绩评价系统，构建纵向贯通三级法院、横向覆盖三类人员、相同模型不同系数的全员评价机制。智慧法院建设工作经验连续五年入选中国法院信息化发展法治蓝皮书，"区块链+金融案件智审平台"入选国家区块链创新应用综合性试点重点应用场景，"全渝数智法院"建设工作经验在全国交流。①

全市检察院大力推进数字检察改革，建成智慧检务应用中心，研发量刑建议智能辅助系统、智慧民事监督办案系统，让数字检察更智能。强化大数据法律监督。制定检察大数据赋能法律监督行动方案，研发的"渝e管"入选"国家区块链创新试点"重点应用场景。②上线"教职员工入职前涉罪信息查询系统"，把有犯罪前科的176人挡在校门外。利用行业大数据研发的"工程建设领域农民工权益保护公益诉讼监督模型""大数据杀熟法律监督模型"等在全国检察机关大数据法律监督模型竞赛中获奖。③

---

① 参见《重庆市高级人民法院工作报告》，《重庆日报》2023年1月16日，第005版。
② 参见《重庆市人民检察院工作报告》，《重庆日报》2023年2月3日，第007版。
③ 参见时侠联：《以数字革命驱动法律监督提质增效》，《检察日报》2023年6月28日，第9版。

五、加强川渝地区多领域司法协作

党的二十大报告将成渝地区双城经济圈建设明确为国家的区域发展战略。[①]习近平总书记对推动成渝地区双城经济圈建设提出一系列重要要求。统一公正的司法环境与法治秩序是成渝地区双城经济圈建设的重要基石，加强川渝地区多领域司法协作有利于川渝建设统一大市场和优化营商环境，是落实《成渝地区双城经济圈规划纲要》一体化发展理念的重要体现。

（一）构建川渝司法协作体系

全市法院坚持"一家亲根脉、一盘棋理念、一体化推动"，升级落实司法协作机制，为成渝地区双城经济圈建设提供有力司法保障。在川渝政法合作联席会议指导下，与四川高院共同签署《成渝地区双城经济圈司法协作框架协议》，在诉讼服务、生态保护、执行联动、智慧法院建设等八个方面加强司法协作，建立三项合作保障机制，搭建两地法院司法协作基本框架。以司法协作框架协议为基础，重庆高院与四川高院分别就知识产权司法保护、环境资源审判协作、执行工作联动协作、跨域诉讼服务合作、破产审判、法官学院交流合作等领域签署司法协作协议，努力实现两地法院执法办案"同城效应"。将服务保障成渝地区双城经济圈建设纳入全市法院重点工作任务，逐一明确责任领导、责任部门、完成时限，推动两地法院司法协作联动走深走实。全市各级法院坚持一体化发展理念，深化对接合作，联合签署合作协议、印发机制文件等180余份，形成"高院统筹，整体推动，条块联动，点面结合"的司法联

[①]党的二十大报告辅导读本编写组：《党的二十大报告辅导读本》，人民出版社2022年10月第1版，第29页。

动格局。①

全市检察院积极服务成渝地区双城经济圈建设，在川渝政法合作联席会议上，重庆市检察院与四川省检察院会签《加强检察协作服务保障成渝地区双城经济圈建设的意见》与四川省检察机关建立76项协作机制，会签公益诉讼协作机制49件，在交通物流、生态环保、经济金融等领域统一司法标准。重庆市检察院与四川省检察院联合出台《加强川渝检察禁毒协作的意见（试行）》，合力推进跨区域禁毒工作，推动毒品犯罪溯源治理。成都市检察院、眉山市检察院、德阳市检察院、资阳市检察院与市检察院一分院、五分院共同签署成渝地区"4+2"检察协作意见，助推做强成渝双极核和发挥主干功能。②

（二）推进川渝司法协作实践

两地高院院长带队相互考察交流，两地法院联合出台建设工程领域司法解答，发布典型案例百余个，在诉讼服务、知识产权、环境资源、执行联动等方面深化司法协作，召开成渝地区双城经济圈金融审判联席会议。市二中法院审结全国首例跨省域消费者权益保护民事公益诉讼案，推动完善川渝两地跨域消费维权合作机制。川渝两地法院首次开展川渝跨域大型代表委员联络活动，首次揭牌川渝跨域"车载便民+巡回"法庭。③

川渝检察机关协同办案250余件，联合督办案件6件，联合发布川渝检察协作典型案例10件，共同开展现场观摩、同堂培训、业务交流1400余人次，携手共推川渝检察一体化、现代化、高质量发展。两地检察机关互移公益诉讼案件线索106件、立案55件，

---

①参见《重庆市高级人民法院工作报告》，《重庆日报》2023年1月16日，第005版。
②参见《重庆市人民检察院工作报告》，《重庆日报》2023年2月3日，第007版。
③参见《重庆市高级人民法院工作报告》，《重庆日报》2023年1月16日，第005版。

其中涉及生态环境领域线索76件；建立跨区域司法修复示范基地7个，累计增殖放流鱼苗超过200万尾。重庆渝北检察院与四川邻水检察院共同为跨省域省级新区川渝高竹新区设立检察服务中心。[①]

（三）明确川渝司法协作重点

一是高起点高标准建设成渝金融法院。成渝金融法院作为全国首个跨省域集中管辖金融案件的专门法院，是践行习近平经济思想与法治思想的生动实践，是成渝地区双城经济圈"一体化"的重要体现。落实袁家军书记对成渝金融法院的重要批示和视察成渝金融法院的重要讲话精神，强化使命担当，扛起重大责任，抓住数字重庆建设机遇，统一川渝两地办案平台，充分运用现代化手段，提升金融审判质量效率。立足跨省域管辖实际，充分发挥金融法院职能作用，加强对成渝金融法院的法律监督，高标准打造"全国标杆性法院"，在服务保障成渝地区双城经济圈建设中发挥重要支撑性作用，书写成渝金融法院浓墨重彩的历史篇章，在跨域管辖、审判、管理等方面为国家层面的跨省域专门法院设置运行提供方案。

二是开拓创新建设西部金融中央法务区。以成渝金融法院为支点建设西部金融中央法务区，西部金融中央法务区具有突出特色、强调专精、支点明确、跨域运行、内陆开放、法商融合等特征。按照聚焦重庆、保障成渝、服务西部、面向东盟，辐射"一带一路"目标，建设现代化国际化跨域型法治服务区，有效服务西部金融中心建设。

三是努力实现川渝司法公共服务一体化。推进诉讼服务一体通办，探索建立集网上立案、跨域立案、律师服务等功能的统一诉讼

[①] 参见《川渝检察机关服务成渝地区双城经济圈：让"双城记"唱得更精彩》，《检察日报》2023年5月29日，第1版。

服务平台。推动统一网络调解平台建设，加强矛盾纠纷化解力量协作。推动信息化查控及执行网络对接，逐步实现执行"同城"。整合司法鉴定、破产管理人、人民陪审员、人民调解员等资源，实现司法资源互通共享。优化法律适用规则统一机制，联合发布审判检察白皮书、典型案例等。健全司法人才培养机制，推进两地司法人才统一培训、学习和交流。健全司法研究对话机制，整合川渝法律学术界与实务界力量，研究解决双城经济圈建设中的重大司法问题。通过川渝司法公共服务一体化，努力实现"司法公共服务同城效应""法律秩序统一同城效应"两个"同城效应"。

第九章

加快推进法治社会建设

法治社会建设是全面依法治国工作布局的重要一环。习近平总书记指出，"法治国家、法治政府、法治社会相辅相成，法治国家是法治建设的目标，法治政府是建设法治国家的重点，法治社会是构筑法治国家的基础"①。这一重要论述深刻阐释了坚持法治国家、法治政府、法治社会一体建设的内在逻辑，强调了法治社会建设在建设社会主义法治国家中的重要地位。法治社会的核心在于社会生活的法治化，集中体现在社会主体相互关系的法治化和社会成员观念行为的法治化，其实质是以法治化的方式协调社会关系、解决社会问题、构建社会秩序。建设法治社会，就是要把法治国家建设和法治政府建设的各项成果引入社会领域，在社会生活中深入推行法治；也只有在一个法治观念深入人心、法律制度健全完备、社会治理依法而行的社会环境中，法治国家与法治政府才具有深厚根基。

重庆深学笃用习近平法治思想，贯彻落实中央决策部署，以《重庆市法治社会建设实施方案（2021—2025年）》为指引，加快推进法治社会建设。在工作中着力增强全社会厉行法治的积极性和主动性，推动全社会尊法学法守法用法，健全社会公平正义法治保障制度，保障人民权利，提高社会治理法治化水平，为新时代新征程全面建设社会主义现代化新重庆筑牢坚实法治基础。

一、推进全民守法，增强全社会法治观念

全面推进依法治国，必须坚持全民守法。习近平总书记指出：

---

① 习近平：《坚定不移走中国特色社会主义法治道路　为全面建设社会主义现代化国家提供有力法治保障》，《求是》2021年第5期。

"全民守法，就是任何组织或者个人都必须在宪法和法律范围内活动，任何公民、社会组织和国家机关都要以宪法和法律为行为准则，依照宪法和法律行使权利或权力、履行义务或职责。"[1]重庆市加大全民普法工作力度，弘扬社会主义法治精神，增强全民法治观念，夯实依法治国社会基础。

（一）深化普法宣传教育，提升市民法治素养

全民普法和守法是依法治国的长期基础性工作。习近平总书记强调，"法治建设需要全社会共同参与，只有全体人民信仰法治、厉行法治，国家和社会生活才能真正实现在法治轨道上运行"[2]。近年来，重庆市深入推进法治宣传教育工作，增强普法守法实效。

一是注重整体规划，构建全域普法格局。在圆满完成"七五"普法基础上，制定实施"八五"普法规划。出台全市普法依法治理工作要点，制定市级普法责任清单，对各区县各部门年度普法计划进行评审验收，推动形成"条块结合、覆盖全市"的普法责任体系。整合高校法学专家、法律工作者、政法干警等人才资源，构建形成市、区县、乡镇（街道）、村（社区）四级普法网络体系。建立行政执法机关普法依法治理联系点制度，推动市、区（县）两级行政执法部门在基层建立联系点，把执法普法融合发展的触角延伸到基层。壮大全民普法的社会力量，加强普法讲师团和普法志愿者队伍建设，组建重庆市"八五"普法讲师团，加强普法骨干的法治培训，通过全民普法覆盖到社会生活全方面，着力构建全域普法"大格局"。

二是聚焦重点群体，实施精准普法策略。在全国率先出台《市

---

[1] 习近平：《习近平关于全面依法治国论述摘编》，中央文献出版社2015年版，第87—88页。
[2] 习近平：《推进全面依法治国，发挥法治在国家治理体系和治理能力现代化中的积极作用》，《求是》2020年第22期。

民法治素养提升行动工作方案》，建立健全市民尊法学法守法用法长效机制，针对不同地区、行业、人群的法律需求细分受众、精选内容，一类群体一种策略开展差异化、个性化、分众化普法释法。该项举措获得司法部充分肯定，全民法治素养提升已被纳入全国"八五"普法规划重要内容。深化国家工作人员法治教育，重点抓好"关键少数"。探索建立领导干部应知应会法律法规清单制度，严格落实党委（党组）理论学习中心组集体学法、领导干部年度述法制度、新提任领导干部法治理论知识考试、年度法治理论知识考试、旁听庭审等制度。持续推进青少年法治教育，落实法治教育课时，建立小学、初中法治课程视频教学资源库，统筹开展"学宪法 讲宪法"、"莎姐"进校园、"小公民法律课堂"、"关爱明天 普法先行"等青少年普法活动，重点加强未成年人保护法、预防未成年人犯罪法等学习宣传。

三是丰富途径渠道，探索创新普法形式。坚持普法方式多样化与普法领域全面化、线上与线下宣传、集中普法与日常宣传、普法与治理相结合的工作原则。加大以案普法、以案释法力度，注重把普法深度融入立法、执法、司法和法律服务全过程，开展实时普法。制定"法润千里 治汇广大"一季度一主题法治宣传活动计划，开展习近平法治思想、宪法、民法典等主题宣传活动。编写《民法典与百姓生活100问》，采用"示例+法条+解读"的方式，以通俗易懂的语言解读《民法典》。全民国家安全教育日活动被多家国家级媒体报道，并得到中央国安办肯定。制作"'渝'你说法"系列普法广播剧，通过互联网和"村村通"广播持续向基层群众进行推送，打造推出"拍案说法""法治观察""法眼""律师在线"等一批深受群众好评的法治专栏节目。

（二）弘扬社会主义法治文化，厚植法律道德根基

法律是成文的道德，道德是内心的法律。习近平总书记指出："要加强法治宣传教育，引导全社会树立法治意识，使人们发自内心信仰和崇敬宪法法律；同时要加强道德建设，弘扬中华民族传统美德，提升全社会思想道德素质。"①重庆市突出文化引领，加强社会主义法治文化建设，协同推进法治德治深度融合，推动全社会形成崇德尚法的良好风尚。

一是加强社会领域立法，推动社会主义核心价值观入法入规。制定《重庆市文明行为促进条例》，将每年3月设立为文明行为促进月，从公共秩序、公共卫生、文明出行、文明用餐等方面，引导公民树立文明观念、养成文明行为，让文明成为城乡发展最温暖的底色。修订《重庆市见义勇为人员奖励和保护条例》，优化评审程序，完善奖励措施，保障见义勇为人员权益，弘扬社会正气。制定《重庆市社会信用条例》，对公共信用信息的归集应用、严重失信主体名单的认定适用作出规定，确立守信激励措施和失信惩戒措施清单制，加强信用主体权益保障，促进全社会诚信意识和信用水平提升。制定《重庆市红色资源保护传承规定》，强调弘扬"红岩精神"，界定全市红色资源的概念和范围，建立保护传承管理机制，创设保护责任人制度，强化区域协同保护与发展。制定《重庆市养犬管理条例》，着力保障公众人身安全，维护社会公共秩序和市容环境卫生。

二是广泛开展法治文化活动，丰富群众法治文化生活。持续举办优秀法治动漫、微视频和故事征集评选展播活动，深入开展法治文艺演出、法治文化基层行、百名法学家百场报告会、法治书画展等群众性法治文化活动。推动8000余个村修订村规民约，弘扬善

---

①习近平：《论坚持全面依法治国》，中央文献出版社2020年版，第167页。

良风俗、家规家训等优秀传统文化中的法治内涵。举办"感动重庆十大人物""重庆市十大法治人物""见义勇为先进群体"等评选表彰活动,发挥先进典型示范引领作用。以梦想课堂、梦想沙龙、道德讲堂等活动为载体,开展"德法相伴"宣传教育活动;巴南区围绕"德法相伴",创新开展"德法红黑榜"评身边人、"以案说法院坝会"议身边事、"德法有约大讲堂"学身边法等活动,该项创新实践入选全国文化建设领域典型案例。

三是强化法治文化阵地建设,培育重庆法治文化品牌。全市建成法治文化公园、长廊、广场等1.5万余个,实现村社区法治宣传专栏、橱窗全覆盖。打造并命名14个市级法治宣传教育基地,重庆市廉政教育基地、荣昌区喻茂坚纪念馆获评全国法治宣传教育基地。强化媒体法治文化阵地建设,发挥好"重庆司法"微信公众号、"12348重庆法网"等平台作用,推动建设融"报、网、端、微、屏"于一体的全媒体传播体系,逐步形成上下贯通、同频共振的立体法治文化阵地。深入挖掘重庆本地文化中的法治元素,打造体现重庆特色、具有全国影响的法治文化品牌。丰都县通过在城镇社区和农村集镇建设"善文化"主题公园,推出"尚善丰都,唯善呈和"文化品牌,让群众在休闲娱乐中接受"善文化"熏陶。合川区秉承"以和为贵"理念,建设集法治教育与人民调解于一身的多元化"法德文化长廊",大力宣传"和为贵、让为贤"的传统美德,打造"和合"文化品牌。

(三)坚持"以普促治",推进普法与依法治理有机融合

人民权益要靠法律保障,法律权威要靠人民维护。习近平总书记指出,"要强化依法治理,培育全社会办事依法、遇事找法、

解决问题用法、化解矛盾靠法的法治环境"①。重庆市坚持法治宣传教育与法治实践相结合，广泛开展依法治理活动，构建"以普促治""普治融合"良性格局。

一是深化法治乡村（社区）建设，夯实法治社会基础。统筹开展乡村（街道）扩权赋能行动、公共法律服务普惠万村行动、矛盾纠纷联调联解行动、重点人群管理提质行动、基层基础固本增效行动等"五大行动"。通过政府购买、公益派驻等方式扎实推进"村居法律顾问"的全覆盖工程，推进"法律明白人"培养管理服务智能化建设，累计培养乡村（社区）"法律明白人"超4万人，7个区县试点运行"法律明白人"服务管理应用，全覆盖完成信息录入。细化"民主法治示范村（社区）"建设标准，明确自治、法治、德治"三治融合"工作要求，成功创建"全国民主法治示范村（社区）"89个，"市级民主法治示范村（社区）"2225个。推动制订自律性社会规范的示范文本，开展居民公约、村规民约、行业规章法治审查，推动实现民事民议、民事民办、民事民管，推动建设更高水平的共建共治共享。

二是创新乡村依法治理，积极推广有益经验。永川区坚持创新乡村治理体系，充分发挥"新乡贤"作用，遴选乡贤评理员建成"乡贤评理堂"，在党组织领导下发挥引领乡风文明、普及法律政策、调处矛盾纠纷、反映社情民意、倡导移风易俗的作用，为新时代创新乡村治理作出了有益探索。武隆区依托"法治大院"，创新设立"礼让堂"、"让一让"人民调解工作室、"易法院"扶贫工作室和"莎姐"维权工作室，开展基层普法细胞建设和村民志智双扶，努力探索基层治理方法，走出了一条法治扶贫新路子。荣昌区以传统院落为单位，吸纳周边散居村（居）民户共同参与，结合当

---

① 习近平：《坚定不移走中国特色社会主义法治道路　为全面建设社会主义现代化国家提供有力法治保障》，《求是》2021年第5期。

地特色，建设不同主题的新型农村院落"新风小院"，依托"小院讲堂"开展基层宣传治理工作，实现矛盾纠纷不出"小院"，"小院"事"小院"管，推进农家院落自治、法治、德治有机融合。

三是依法治理网络空间，营造清朗网络环境。深化依法治网，加强互联网法律普法，贯彻实施个人信息保护法，推动互联网企业依法依规经营。出台全市互联网新闻信息服务单位考核工作方案，在全国率先建立互联网新闻信息服务许可、考核、退出一体化机制，开展互联网新闻信息服务许可和商业网站地方频道审批备案工作。加强互联网违法和不良信息举报监督体系建设，推动建立涵盖重要行业和重点单位在内的立体式网络安全通报预警体系。维护网络意识形态安全和文化娱乐领域安全，依法处置涉宗教极端、邪教邪说、封建迷信、"饭圈"乱象、网络"炫富"等有害信息。加大重点自媒体账号监管力度，严厉查处利用评论区散布涉政有害言论、引流发布垃圾信息等违规行为，依法处置问题账号，查删违法和不良信息。

二、提升法律服务质效，打造西部法律服务高地

法律服务是广大人民群众维护合法权益的重要方式和途径。习近平总书记强调，"要深化公共法律服务体系建设，加快整合律师、公证、司法鉴定、仲裁、司法所、人民调解等法律服务资源，尽快建成覆盖全业务、全时空的法律服务网络"[1]。重庆市持续提

---

[1] 习近平：《论坚持全面依法治国》，中央文献出版社2020年版，第249页。

升公共法律服务质效，出台《建设西部法律服务高地规划（2021—2025年）》，着力形成西部领先、全国一流的现代法律服务业。

（一）推进公共法律服务体系建设，满足人民群众司法服务需求

公共法律服务是法治社会建设的重要一环，是保障和改善民生的重要举措。党的二十大报告提出，"建设覆盖城乡的现代公共法律服务体系"。重庆市有效整合公共法律服务资源，加快建设覆盖城乡、便捷高效、均等普惠的现代公共法律服务体系，不断满足人民群众日益增长的司法服务需求。

一是完善法律服务网络，推进公共法律服务便利化。重庆市按照中办、国办《关于加快推进公共法律服务体系建设的意见》要求，出台市级贯彻落实文件，提出15条具体举措，制定完善9类17项基本公共法律服务实施标准和15类42项发展指标。建好用好实体、热线、网络三大服务平台。近年来，全市建成41个区县（自治县）公共法律服务中心、1034个乡镇（街道）公共法律服务工作站，每年服务约90万人次。建成12348公共法律服务热线呼叫中心，与12345政务服务便民热线整合运行，法律服务和政务服务"一线通"，每年服务约15万人次。建成12348重庆法律服务网，法律咨询、法律法规和法律服务机构人员查询、法律服务事项申请"一网办"，每年服务约300万人次，真正实现数据共享、流程衔接、业务协同，让群众"只跑一次"或者"一次不跑"。

二是深化"互联网+公共法律服务"，以数字化变革创新法律服务方式。优化"大牛"法律机器人/类脑算法，推动全市300余台"大牛"法律机器人"上岗"村（社区），累计提供法律咨询等各类服务5万余件次。建立"行本·公证链在线存证平台"，24小时面向社会提供电子证据安全存储、取证维权、在线公证等智能化服

务，累计存证数超8000余万条，满意率达100%。协同研发、部署应用智能法律咨询暨天翼智慧调解系统，借助重庆电信IPTV进入千家万户，用户居民足不出户就可获得精准的法律咨询意见和纠纷调解服务。重庆市高法院创新研发出5G"车载便民法庭"，充分运用原笔迹电子签名、法律知识图谱等人工智能技术，使智慧法院一站式诉讼服务便捷延伸至人民群众家门口，为司法便民服务注入了新动能。该实践获评人民法院重大科技创新成果唯一特等奖，工信部5G应用征集大赛社会治理专题一等奖，被法治日报评为智慧法院十大创新案例，工作成果被写入2022年最高人民法院工作报告。

三是优化公共法律服务，提高法律服务的质量、效率和公信力。充实乡村法律服务力量，基层司法4400余名工作人员，通过他们密切联系群众，收集群众法律服务的需求，精准地提供服务。做优乡村法律服务，针对基层群众的需求来开展相关的法律服务。建成公共法律服务综合管理平台，整合开发、推广应用"村居法律顾问服务平台""社区公证员服务平台""法律明白人服务平台"，真正实现"点对点"为居民提供法律咨询和法律服务指引。持续优化法治化营商环境，不断加强涉企法律服务，深化"公共法律服务园区行""民营企业'法治体检'"专项行动，2022年以来为108个园区、6349家企业提供法律服务1.3万余次。2023年，重庆市启动建设现代公共法律服务体系提质增效行动，基本公共法律服务率指标同比增长39.19%，办理特殊困难群体法律援助代理（辩护）案件1.62万件，提供值班律师法律帮助1.91万件，提供现场法律咨询8.42万件，提供线上法律咨询7.12万件，提供村（居）法律顾问服务5.35万件。

（二）加快建设西部法律服务高地，构建"重庆法律服务"新格局

建设西部法律服务高地是重庆市服务国家战略使命的重要举措，是优化法律服务业结构、释放法律服务生产性功能效应的题中之义。近年来，重庆市着力推动法律服务业开放创新，培育聚集优质法律服务资源，不断提升法律服务质效与公信力，全面建设西部法律服务高地。

一是加强统筹规划，整合要素禀赋优势。抓住多项区域发展和对外开放战略在渝叠加、重庆法律服务业迎来最有利发展的战略机遇期，制定《建设西部法律服务高地规划（2021—2025年）》，明确重庆市建设法律服务高地的要素禀赋、突出问题、发展目标和任务举措，提出了建设法律服务开放发展高地、机构品牌高地、人才引育高地、产品优质高地、均等普惠高地和发展扶持高地等六个方面的具体目标。充分整合最高人民法院第五巡回法庭、中国国际经济贸易仲裁委员会西南分会等权威性机构的资源优势；600余名高级职称法学专家、数十名法律服务人员享受国务院特殊津贴的人才优势；以及"全国十佳仲裁机构"、西部唯一国家级司法鉴定机构的行业优势。

二是加强法律服务平台建设，打造"重庆法律服务"品牌。建成长江上游法律服务中心，引进重庆国际商事一站式多元解纷中心、欧洲重庆中心法律服务基地、中国重庆两江国际仲裁中心等法律服务单位入驻。该中心是长江上游首个集律师、仲裁、公证、司法鉴定、调解、破产管理、涉外商事等功能于一体的综合性法律服务中心。2023年启动建设重庆中央法务区，新加坡国际仲裁中心重庆委员会、重庆仲裁委员会金融速裁速调中心、重庆智慧法律服务研究基地、成渝金融纠纷人民调解委员会（重庆）也在启动仪式现场揭牌成立，推动政务、商务、法务融合发展，着力打造具有重庆

辨识度、成渝影响力的法治金品牌。江北区创设西部金融法律服务中心，整合司法、行政、调解、仲裁、公证等优质资源，高标准打造公共法律服务、诉讼服务、检察服务、警务服务等四大功能区，聚焦防范金融风险、优化营商环境、服务金融机构三大任务，以产业链思维推动金融法律服务流程再造，有效促进了全区金融风险防控等持续健康发展，优质金融资源、金融法服资源加速集聚。

三是推动成渝法律服务一体化，协同打造西部法律服务产业聚集群。围绕《成渝地区双城经济圈建设规划纲要》相关要求，成渝两地共同确立了成渝法律服务一体化发展"1+4+16"总体思路，即制定成渝地区双城经济圈法治建设1个总体合作框架，签订成渝律师、公证、仲裁、司法鉴定行业一体化4个发展协议，明确推进行政复议协同、社区矫正联管、人民调解协作、法律服务市场共拓、法治人才同育等16个重点项目，引领成渝公共法律服务深入合作。川渝两地目前已成立涉外法律服务联盟与知识产权保护法律服务联盟，联合发布成渝地区双城经济圈涉外法律服务和知识产权法律服务机构、律师名录，成立"川渝地区调解专家库"，建立两地统一的涉企纠纷受理平台。成渝律师行业成功举办法律服务产品创新大赛并发布十大合作项目，有效助力成渝地区双城经济圈建设。

三、深化依法治理，全面提升社会治理法治化水平

社会治理是国家治理的重要领域，社会治理法治化是建设法治社会的必然要求。习近平总书记强调，"要加快实现社会治理法治化、依法防范风险、化解矛盾、维护权益，营造公平、透明、可预

期的法治环境"①。重庆市加强和创新社会治理，坚持把专项治理与系统治理、综合治理、依法治理、源头治理结合起来，充分发挥法治对社会治理的引领、规范和保障作用，运用法治思维和法治方式化解矛盾，提高社会治理法治化水平，不断增加人民的获得感、幸福感、安全感。

（一）创新社会治理体制机制，推进多层次多领域依法治理

加强和创新社会治理，关键在体制创新。党的二十大报告提出，"推进多层次多领域依法治理，提升社会治理法治化水平"。重庆市不断创新社会治理理念思路、体制机制和方法手段，努力实现社会治理结构的合理化、治理方式的科学化、治理过程的民主化。

一是系统推进市域社会治理现代化试点工作，全面提升市域社会治理能力。市委六届二次全会将"社会治理水平显著提升"列为建设社会主义现代化新重庆未来五年的主要目标任务之一。市委将市域社会治理现代化试点工作列入常委会重点工作、纳入全市经济社会发展实绩考核体系。全面落实《全国市域社会治理现代化试点工作指引》，通过强化组织领导、建立健全推进机制、完善评估标准、创新交流会与现场会推进、示范点打造等方式，强力推进市域社会治理现代化试点工作。细化责任分工，将试点工作实化为108项具体目标任务和6项负面清单，逐项分解落实到各市级责任单位和试点区县。各试点区县建立重点任务、重点项目、短板弱项"三张清单"，实行清单式管理、项目化推进。

二是整合治理资源，组织动员社会力量依法有序参与。牢固树立大社会观、大治理观，注重激发全社会活力，打造全民参与的开放治理体系，努力形成社会治理人人参与、人人尽力、人人共享的

---

① 习近平：《论坚持全面依法治国》，中央文献出版社2020年版，第234页。

良好局面。各区县在具体工作中创新政治、综治、法治、德治、自治、智治方式,切实增强社会治理动力、能力和活力,形成一批有本土特色的经验做法。南岸区持续推进"三事分流"工作法,对居民问题诉求进行分类分责处理,"大事"由政府负责解决,"小事"由社区、居民协同办理,"私事"引导居民群众自行解决或寻求市场服务,促进了政府、社会和居民之间的良性互动。北碚区面向社会广泛招募"楼院哨兵"志愿者,使其在社区基层党组织领导下,就近参与到社区治理中,协助社区开展日常巡逻、安全隐患排查、法律宣讲、矛盾纠纷化解等工作,提高了社会治理的群众参与性和认同感。

三是优化治理网络,提升社会治理效能。出台《关于加强基层治理体系和治理能力现代化建设的实施意见》《重庆市城乡社区网格化管理服务实施办法(试行)》,以网格化管理、社会化服务为方向,打破条块分割、各自为政的传统管理模式,建立健全统筹城乡的网格化管理体系,推动各类网格整合成"一张网",开展网上网下"双网格化管理"试点。万州区探索推行"楼栋工作日"机制,实行"社区吹哨,部门报到",由区委总牵头,区委常委和副区长包片,区级部门负责人、街道领导班子、群团社团组织等各方力量下沉到社区、楼栋,面对面倾听群众诉求、解决群众困难。合川区实施"红细胞微治理"工程,全区治理单元大调整,取消楼院管理单元,细化居民小组为一网格,配备专职网格长和网格员,整体推行"干部包网、群团联网、志愿者入网",常态化走访民情、了解需求、排查矛盾、发现隐患,将收集的信息录入系统。通过划小治理单元,实现了地域、人员、工作全覆盖,形成了"人在格中走、事在网中办"。

（二）着力化解矛盾纠纷，维护社会和谐稳定

正确处理社会矛盾纠纷，是保持社会安定团结良好局面的关键。习近平总书记指出，"要推动更多法治力量向引导和疏导端用力，完善预防性法律制度，坚持和发展新时代'枫桥经验'，完善社会矛盾纠纷多元预防调处化解综合机制，更加重视基层基础工作，充分发挥共建共治共享在基层的作用，推进市域社会治理现代化，促进社会和谐稳定"[1]。重庆市坚持和发展新时代"枫桥经验"，畅通和规范群众诉求表达、利益协调、权益保障通道，综合运用法治、民主、协商的办法妥善处理人民内部矛盾，努力将矛盾纠纷化解在基层。

一是健全调解工作基础制度，强化矛盾纠纷源头化解的制度保障。重庆市制定《关于深化矛盾纠纷大调解体系建设的实施意见》《加强诉源治理推动矛盾纠纷源头化解的具体举措》《重庆市行政调解办法（试行）》《重庆市高级人民法院 重庆市公安局 重庆市司法局 关于全面建立"一庭两所"矛盾纠纷联调机制的意见》等，加强大调解体系建设的制度保障。重庆市率先在全国出台《重庆市司法局关于推进行政复议与人民调解对接联动工作的指导意见》，推动行政争议实质性化解创新机制先行先试。不断完善诉调、警调、访调、复调对接工作机制，加强人民法庭、派出所、司法所联动联调，努力构建起以人民调解为基础、以行政调解为主导、以司法调解为保障的"大调解"工作格局。

二是加强矛盾纠纷大调解体系建设，构建协调联动的大调解工作格局。持续完善诉调、警调、访调、复调对接工作机制，加强人民法庭、派出所、司法所联动联调，努力构建起以人民调解为基础、以行政调解为主导、以司法调解为保障的"大调解"工作体

---

[1] 习近平：《坚定不移走中国特色社会主义法治道路 为全面建设社会主义现代化国家提供有力法治保障》，《求是》2021年第5期。

系。荣昌区依托便民纠纷解决中心，创新"一件事"机制，将诉讼服务中心、综调室（诉调对接中心）、区综治中心等整合为"多中心合一"的基层治理指挥中心，聚力打造"渝事荣易解"纠纷化解集成品牌，对接各类调解组织54个，构建分层递进源头预防化解路径，实现矛盾纠纷高效化解。巴南区创新探索"一书一令"一体化矛盾纠纷调解机制，由派出所负责前端调解，区法院根据调解协议及时出具民事裁定书提供法律保障，实现司法确认当场申请、法院确认线上作出、裁定文书当即送达，大大简化了司法流程，更好保障当事人权益。沙坪坝区创新推出"和顺茶馆"基层社会治理品牌，整合利用专职调解员、社区民警、法官、公证员等多方资源，实现"一站式"化解矛盾纠纷，使居民在"茶馆"里畅聊生活，在聊天中解决问题。

三是探索创新方式方法，打造具有本土特色的调解品牌。鼓励基层探索创新，总结推广被实践证明行之有效的工作经验和机制做法，推进调解工作由"特色"向"品牌"转变。江北区打造推出以基层调解员马善祥姓氏命名的"老马工作室"，马善祥同志在调解一线工作30余年，成功调解矛盾纠纷2000余起，总结形成了"民为本、义致和"六字理念，遵循"情、理、法、事"十三要则，以法律人、以情动人、以理服人、以德润人、以利安人"五管齐下法"等一整套"老马工作法"。在"老马工作室"基础上，进一步发挥品牌效应，设立"老马带小马工作站"，深化"老马工作法"，定期开展"老马送方法"到基层活动，让"老马"全过程手把手指导"小马"群众工作方法，真正实现"老马带小马，万马齐奔腾"。老马工作室先后荣获司法部"全国模范人民调解委员会"、中宣部党建杂志社确定为"基层群众工作联系点"、市委宣传部确定为"基层群众思想政治工作示范点"。石柱县创新打造"贵和工作法"，围绕"和为贵、民为先、情为民、法为底"理念，依托以户长、院落长、网格长、村长（主任）、派出所所长、乡（镇）长为主体的"六长抓总"负责机制，形成了"贵和群众工作法+乡村数智化防控"乡村治理模式，采取"多元促和"方法，妥善化解各类矛盾风险，成功创建了全国信访工作"三无"区县。

（三）防范化解重大风险，增强社会安全感

依法防范化解社会领域重大风险是维护社会大局稳定的重要途径，是建设法治社会的必然要求。习近平总书记强调，"把政法综治工作放在全面推进依法治国大局中来谋划，深入推进平安中国建设，发挥法治的引领和保障作用，坚持运用法治思维和法治方式解决矛盾和问题，加强基础建设，加快创新立体化社会治安防控体系，提高平安建设现代化水平，努力为建设中国特色社会主义法治体系、社会主义法治国家作出更大贡献"[①]。重庆市坚持把平安重庆建设作为"一把手"工程，深化除险清患，夯实基层基础，实现维稳保平安向法治创平安的根本性转变，着力打造更高水平的平安中国建设西部先行区，以高效能治理护航现代化新重庆建设，为经济社会持续健康发展营造安全稳定的社会环境。

一是加强制度规范建设，统筹推进社会治理和防范化解重大风险。重庆市出台《重庆市综治中心规范化建设实施意见（试行）》，深化四级综治中心规范化建设。以综治中心为依托，整合公共法律服务中心、矛盾纠纷调处中心等平台，推动综治中心与公安指挥中心、应急指挥中心、信访接待中心等联勤联动，与党群服务中心、新时代文明实践中心、政务服务中心、数字化城市管理指挥中心等协同配合，打造一体化指挥调度平台，形成联动运行的综治工作格局。

二是强化社会治安防控，防范化解社会治安风险。根据群众安

---

①习近平：《论坚持全面依法治国》，中央文献出版社2020年版，第119页。

全感调查以及警情和案件情况，针对发案情况突出、在刑事案件总量中占比较大、严重影响群众安全感满意度等社会治安突出问题开展专项整治，专项整治工作包括重点地区挂牌整治、常态化扫黑除恶斗争、"全民反诈"专项行动、严重精神障碍患者服务管理专项行动、"莎姐守未"专项行动等，"短平快准狠"打击整治阶段性高发案件。加快推进立体化智能化社会治安防控体系建设，深化"雪亮"工程应用，加强智慧警务建设，坚持公安武警联勤联动，强化社会面巡逻巡查巡防，形成整体防控格局。深入开展道路交通安全和运输执法领域突出问题专项整治、火灾防控"除险清患"专项行动，强化道路交通、消防、建筑施工、危化品、生态等领域安全。

三是加强重点人群服务管理，提高安全感。坚持群众观点和群众路线，全力保护人民群众合法权益，全市群众安全感持续上升，2021年达99.34%。2023年以来，全市9类街面突出警情同比下降21.8%，八类严重暴力案件立案同比下降3.24%、杀人案件立案同比下降34.88%、强奸案件立案同比下降3.21%、现行命案破案率100%，重点人员列管率、吸毒人员见面核查率100%。大渡口区创立"莎姐"青少年维权岗，纵向打通、横向整合相关部门职能，探索办案、帮教、预防、保护四位一体的未成年人综合司法保护机制。如今，"莎姐"团队已扩展为全市三级检察院共同参与、监察官和社会各界志愿者共同组成的未成年人保护大团队，通过品牌共有、平台共搭、机制共建、问题共治、宣传共推等，强化品牌意识，聚合品牌效应，成为具有全国影响力的未成年人保护品牌和重庆的一张"城市名片"。

第十章

加强涉外法治 打造内陆开放高地

习近平法治思想的核心要义，明确要求"坚持统筹国内法治和涉外法治"。习近平总书记在《坚持走中国特色社会主义法治道路，更好推进中国特色社会主义法治体系建设》重要文章中指出：涉外法治短板比较明显，国际竞争越来越体现为制度、规则、法律之争。中国特色社会主义法治体系，必须是扎根中国文化、立足中国国情、解决中国问题的法治体系，不能被西方错误思潮所误导。法治领域改革决不能变成"对标"西方法治体系、"追捧"西方法治实践。加强中国特色法学学科体系、学术体系、话语体系建设，要阐发我国优秀传统法治文化，讲好中国法治故事，提升我国法治体系和法治理论的国际影响力和话语权。

党的二十大报告明确指出：要"加强重点领域、新兴领域、涉外领域立法，统筹推进国内法治和涉外法治，以良法促进发展、保障善治"。习近平总书记强调："中国走向世界，以负责任大国参与国际事务，必须善于运用法治。"这就要求我们统筹中华民族伟大复兴战略全局和世界百年未有之大变局，把中国人民利益和世界各国人民利益结合起来，以更加积极的姿态参与国际事务，共同应对全球性挑战，努力为全球发展做出贡献。

党的二十大报告强调："中国式现代化，是中国共产党领导的社会主义现代化，既有各国现代化的共同特征，更有基于自己国情的中国特色。"一方面，中国式现代化是以国内法治与涉外法治为基础的。中国涉外法治的不断完善，能助推维护国际社会公平和正义，维护以国际法治为基础的国际秩序，保护国家安全与发展利益。另一方面，中国式现代化不仅要求统筹国内国际两个市场、国内国际两种资源，也强调运用国内国际两套规则。在中国式现代化的语境中研究涉外法治的内涵外延与体系机制将有利于进一步促进二者间的互动，使得涉外法治建设成果更好转化为现代化发展的动力，持续推进中国式现代化在理论和实践上取得更大的突破。

党的二十大报告还明确：中国式现代化是走和平发展道路的现

代化，不走一些国家通过战争、殖民、掠夺等方式实现现代化的老路——那种给广大发展中国家人民带来深重苦难的损人利己、充满血腥罪恶的老路；其本质要求之一就是"推动构建人类命运共同体，创造人类文明新形态"，并且应"在法治轨道上全面建设社会主义现代化国家"。这必然要求"推进中国法治现代化，建设中华法治文明新形态"，自然也包含"推进涉外法治现代化和涉外法治文明新形态"。

为此，2023年2月中共中央办公厅、国务院办公厅联合专发《关于加强新时代法学教育和法学理论研究的意见》做了全面部署和工作要求。2023年11月27日，习近平总书记在中共中央政治局就加强涉外法制建设进行第十次集体学习时强调，加强涉外法治建设既是以中国式现代化全面推进强国建设、民族复兴伟业的长远所需，也是推进高水平对外开放、应对外部风险挑战的当务之急。要从更好统筹国内国际两个大局、更好统筹发展和安全的高度，深刻认识做好涉外法治工作的重要性和紧迫性，建设同高质量发展、高水平开放要求相适应的涉外法治体系和能力，为中国式现代化行稳致远营造有利法治条件和外部环境。

一、持续优化对外开放制度设计

法治是国家核心竞争力的重要因素。党的十八大以来，以习近平同志为核心的党中央把全面依法治国纳入"四个全面"战略布局，统筹中华民族伟大复兴战略全局和世界百年未有之大变局。习近平法治思想强调："要加强涉外法治工作战略布局，协调推进国内治理和国际治理，更好维护国家主权、安全、发展利益。"①坚持统筹推进国内法治和涉外法治，是习近平法治思想的核心要义之一，要求做好涉外法治的统筹布局，充分发挥涉外法治的优势，进而转化为预判风险、应对风险、防范风险、避免风险的能力，从而推动实现全球治理变革，推动构建人类命运共同体。②

经济全球化是客观现实和历史潮流，坚持对外开放是基本国策，共同维护和发展开放型世界经济是世界各国的共同责任。③习近平总书记在重庆考察时作出重要指示，明确重庆发展立足"两点"、建设"两地"、实现"两高"。④以此为根本遵循，重庆坚定不移地以高水平开放助推高质量发展，推动内陆开放高地建设走深走实。积极融入"一带一路"、推进西部陆海新通道和成渝双城经济圈建设，取得了中欧班列（重庆）、中新互联互通项目、重庆自由贸易试验区等系列重要成果，也在国际性综合交通枢纽城市的建设过程中获得显著成效。

内陆开放高地的建设离不开高水平制度型开放的支撑，更需要以中国式涉外法治现代化为依托和基石。重庆在建设内陆开放高地的过程中，始终顺应经济全球化的新形势、全球产业链重塑的新局势和全球经贸规则升级的新趋势，坚持以涉外法治引领开放工作，着力推动国际规则的高标准执行和经贸规范的创新型探索，实现规则的"国际融通"与区域"制度创新"并行，优化对外开放制度设计，从而实现商品和要素流动型开放向规则制度型开放的转变，持续推进内陆开放高地实施进程。

---

① 中共中央宣传部、中央全面依法治国委员会办公室编：《习近平法治思想学习纲要》，人民出版社、学习出版社2021年版，第117—119页。
② 参见杨宗科：《习近平法治思想中的法治学学理》，《法律科学（西北政法大学学报）》2023年第2期，第17—18页。
③ 习近平：《习近平外交演讲集》第二卷，中央文献出版社2022年版，第260—261页。
④ 《重庆：加快建设内陆开放高地、山清水秀美丽之地》，中国政府网2022年8月18日，https://www.gov.cn/xinwen/2022-08/18/content_5705808.htm。

（一）积极落实涉外法治核心要求，高水平融通国际规则

1.完善和全面落实负面清单管理制度

实施全国统一部署的市场准入负面清单制度，是党中央、国务院的重大决策，是加快建设全国统一大市场、完善社会主体市场经济体制的重要制度安排。外商投资准入前国民待遇和负面清单管理制度，是公平公正对待所有企业和经营者，完善市场化、法治化、便利化营商环境的重要制度。根据《中华人民共和国外商投资法》等相关法律规定，重庆逐步有序扩大自贸实验区和服务业领域开放，制定出台了《重庆市服务业扩大开放综合试点工作方案》《重庆市发展改革委关于建立违背市场准入负面清单案例定期排查归集制度及开展市场准入效能评估试点的通知》等系列工作安排和规范性措施要求，对服务业企业投资项目实施"区域评估+标准地+承诺制+政策配套服务"等标准改革，优化服务业领域审批备案程序，提高政务服务效能，及时清理和破除服务业领域市场准入壁垒，全面推动"非禁即入"，大力推动"照后减证"和简化审批，破解"准入不准营"的问题，依法保障外商投资企业享受相关公平待遇和合法权益。[①]由市发展改革委、市经济信息委、市生态环境局、市农业农村委等多部门共同监督落实《市场准入负面清单（2022年版）》和《与市场准入相关的禁止性规定》，坚决维护市场准入负面清单制度的统一性、严肃性和权威性，确保"一单尽列、单外无单"；此外，开展外商投资准入负面清单实施效果评估，针对外商投资准入负面清单2017—2021年扩大的开放领域，清理负面清单之外的限制性措施，组织开展2023年违背市场准入负面清单案例排查归集，并就合理缩减外资准入负面清单向国家发展改革委提出

[①]《重庆市人民政府关于印发重庆市服务业扩大开放综合试点工作方案的通知》，渝府发〔2021〕19号，2021年8月10日发布。

相关政策建议。负面清单管理制度的落实将有效改善重庆营商环境，促进重庆服务业外向型、纵深型发展，从而有利于推进内陆开放高地建设。

2.依法切实加大知识产权保护力度

重庆知识产权司法保护、行政保护体系逐步健全，执法力度进一步加大。持续开展"护航""闪电""雷霆""铁拳""剑网"等执法维权专项行动，配合实施"中美海关知识产权联合执法行动""中俄海关2018年知识产权保护联合执法行动"等，有效遏制进出口环节侵权行为。[①]此外，重庆还进一步强化了对于商业秘密的保护、对于医疗健康产业进出口知识产权的保护。积极开展商标海外布局，培育具有市场竞争力、国际影响力的知名商标品牌。支持企业参加中国品牌日、中国知识产权年会以及国内外有影响力的展会、博览会；支持企业参与中国出口商品品牌评价，推进我市出口商品品牌建设，助力企业更好地"走出去"。推动更多地理标志产品进入中欧地理标志互认清单，支持地理标志产品开拓国内国际市场。建立完善平行进口等具有自贸试验区特色的知识产权保护机制，促进重庆自贸试验区内知识产权纠纷高效化解。不仅如此，重庆还积极开展知识产权国际交流合作。加强与世界知识产权组织交流合作，提高运用国际知识产权规则能力，完善与国际知识产权组织、国际知识产权保护民间机构的交流机制，鼓励企业运用国际规则和标准维护合法权益。[②]组织开展我市企业海外知识产权保护状况调查，编制海外知识产权纠纷应对指引和指导案例。动态跟踪国外知识产权法律修改变化，及时发布我市主要出口市场风险预警

---

① 《重庆市人民政府办公厅关于印发重庆市知识产权保护和运用"十四五"规划（2021—2025年）的通知》，渝府办发〔2021〕132号，2021年11月22日发布。
② 《重庆市人民政府办公厅关于印发重庆市知识产权保护和运用"十四五"规划（2021—2025年）的通知》，渝府办发〔2021〕132号，2021年11月22日发布。

报告。

3. 积极探索完善市场公平竞争规则体系

近年来，重庆市相继出台《在市场体系建设中建立公平竞争审查制度的通知》《公平竞争审查会审工作规范（试行）》等规范性文件，确保各类所有制市场主体在要素获取、标准制定、准入许可、经营运营、优惠政策等方面享受平等待遇。建立健全竞争政策实施机制，规范政府补贴政策，强化信息披露，提升各类市场主体参与竞争的公开透明度。①严格开展公平竞争审查，对新出台涉及市场主体经济活动的政策措施，均纳入公平竞争审查范围，未经公平竞争审查或违反公平竞争审查标准的一律不得出台。持续开展全面清理妨碍统一市场和公平竞争的各类政策措施，先后共清理政策措施文件14370件，废止或修订86件。

4. 加快推进各类标准衔接融通进程

标准衔接是重庆融入全球产业链的重要途径，也是消除国际贸易技术壁垒、促进贸易自由化水平，促进技术进步、提升产品质量和效益，推动国际经济技术交流与合作的必经之路。一方面，重庆积极融通贸易技术壁垒协议、动植物卫生检疫措施协议规则，探索推动技术标准升级，推进出口产品标准化发展；融通国际高标准经贸规则中的环境条款，持续改善生态环境质量，探索制定地方低碳技术规范和标准，推行产品碳标准认证和碳标识制度；调整完善产品合格评定机制，争取允许境外合格评定机构从事境内认证、检测和检验业务试点，争取允许境外符合条件的人员参与国内技术法规、标准和合格评定程序的制定。②另一方面，重庆积极参与国际

---

① 《重庆市人民政府关于印发重庆市全面融入共建"一带一路"加快建设内陆开放高地"十四五"规划（2021—2025年）的通知》，渝府发〔2021〕24号，2021年9月13日发布。
② 参见张智奎：《新时代推动制度型开放的挑战与路径选择》，《国际贸易》2021年第7期，第4—7页。

标准化工作，探索建立以企业为主体、相关方协同参与国际标准化活动的工作机制；培育、发展和推动优势特色标准成为国际标准，力争引领国际经贸新规则，增强本土产业和产品参与国际市场竞争的能力。①

（二）积极拓展涉外法治内涵外延，探索创新国际规则

1.坚持探索创新陆上贸易规则机制

海运以其运量大、运费低的优势成为国际货物运输的最重要方式，规范海运的国际条约也较为系统和完善。随着"一带一路"建设纵深发展，陆路运输的优势和重要性也逐渐显现，但是目前针对陆路运输的国际条约和相关规则尚不完善。重庆以铁路提单为切入点，着力丰富铁路提单的应用场景和融资功能，从国际跟单信用证拓展到托收、汇兑等结算应用，强化铁路提单及其融资产品市场化运用。在这一方面，两江新区人民法院在司法判决中认可了铁路提单所具备的提货和流转功能，也对铁路提单制度的创新及其基本交易模式给予了肯定，②重庆争取最高人民法院将该"铁路提单第一案"上升为指导案例，并积极研究相关国际规则，配合国家有关部委推动在国际规则层面解决铁路运单物权凭证问题。③重庆严格贯彻落实国家有关部委出台的自贸试验区铁路运输单证融资政策文件，引导和鼓励重庆自贸试验区内的市场主体、铁路企业和银行创新陆路贸易融资方式，在风险可控的前提下，积极开展赋予铁路运

---

① 《重庆市人民政府办公厅关于印发重庆市知识产权保护和运用"十四五"规划（2021—2025年）的通知》，渝府办发〔2021〕132号，2021年11月22日发布。
② 张虎，胡程航：《铁路提单的性质、风险及应对——兼评"铁路提单第一案"》，《中国海商法研究》2021年第1期，第71页。
③ 《重庆市人民政府办公厅关于印发重庆市知识产权保护和运用"十四五"规划（2021—2025年）的通知》，渝府办发〔2021〕132号，2021年11月22日发布。

输单证物权属性的有益实践探索。此外，结合中国（重庆）自由贸易试验区优势和国际货物多式联运的发展趋势，重庆还积极推动铁路运输单证物权化试点与多式联运规则、贸易金融监管政策措施创新等，围绕陆上贸易相关环节进行全方位探索，力争形成完备的陆上贸易规则体系；创新多式联运服务规则，深入推进多式联运"一单制"，①逐步建立和完善全程服务模式，积极参与国家多式联运标准规则研究制定；强化跨境跨区域协作，加强多式联运、保险、理赔等领域研究，在条件合适的基础上，推动相关商贸、运输等国际贸易运输规则的修订完善。②

2. 积极完善促进数字经济开放发展机制

由于网络技术和信息技术加速融合发展，人类正逐渐从工商业时代迈向数字经济时代。重庆瞄准数字经济这种有别于工业经济的新兴经济形态，着力通过数字经济深化重庆高水平开放的实践。③首先，重庆推动跨境数据安全有序流动，健全完善数据分级分类、数据出境安全评估等数据安全管理制度，加强对敏感数据的管理和风险防控，探索建构数据跨境流动安全管理体系。其次，重庆围绕建设国家数字经济创新发展试验区，大力发展数字贸易业态，促进数字经济和实体经济深度融合；鼓励企业运用前沿技术探索数据安全有序跨境流动，探索以高端服务为先导的"数字+服务"新业态新模式。④最后，重庆自主加强数字经济领域国际标准规则的研究制定，积极推动行业标准的互信互认。在电信业务开放方面，重庆

---

① 《重庆市人民政府关于印发重庆市营商环境创新试点实施方案的通知》，渝府发〔2022〕2号，2022年1月1日发布。
② 参见张智奎：《新时代推动制度型开放的挑战与路径选择》，《国际贸易》2021年第7期，第8页。
③ 《重庆市人民政府关于印发重庆市服务业扩大开放综合试点工作方案的通知》，渝府发〔2021〕19号，2021年8月10日发布。
④ 《重庆市人民政府办公厅关于印发中国（重庆）自由贸易试验区"十四五"规划（2021—2025年）的通知》，渝府办发〔2022〕58号，2022年5月15日发布。

积极争取国家支持允许外资按规定从事互联网数据中心业务和内容分发业务，积极争取国家支持向外资开放国内互联网虚拟专用网业务；探索支持实体注册、服务设施在重庆自贸试验区内的相关企业面向新加坡开展在线数据处理与交易处理等业务。①

3. 积极探索建立离岸贸易支持政策体系

离岸贸易是近二三十年出现的一种新型国际贸易样态，是国际转口贸易业务的延伸和发展，主要目的在于降低企业进出口运营成本，关键特征是订单流、货物流和资金流"三流"分离。离岸贸易是目前国际上自由贸易区（港）的重要业态，也是国际贸易创新发展的重要方向和城市经济转型的重要路径。离岸业务成熟与否代表了区域的国际市场竞争力和配置全球市场资源的能力。②为了提升重庆离岸贸易行业整体实力，增强重庆国际贸易能力，重庆自贸试验区探索制定全球贸易商计划（CQGTP），积极争取国家依法对在重庆从事离岸贸易服务的企业实施具有国际竞争力的税收制度和政策。在确保有效防控风险的前提下，稳定外汇管理政策，支持金融机构探索开展离岸贸易真实性管理创新，提升结算便利化水平。此外还支持重庆自贸试验区有条件的区域搭建离岸贸易公共信息服务平台。强化信息共享和服务，织严织密数据信息网络，加强对离岸贸易的事中事后监管。③

优化区域开放布局，加大西部地区开放力度是我国形成全面开放新格局的重要任务。④这要求重庆切实推进内陆开放高地建设，

---

① 《商务部关于印发〈重庆市服务业扩大开放综合试点总体方案〉的通知》，商资发2021年第65号，2021年4月21日发布。
② 参见李猛：《中国特色自由贸易港政策创新与市场监管协调发展研究》，《社会科学》2018年第7期，第50页。
③ 《重庆市人民政府办公厅关于印发重庆市加快发展外贸新业态新模式实施方案的通知》，渝府办发〔2022〕35号，2022年3月13日发布。
④ 参见马永伟、黄茂兴：《中国对外开放战略演进与新时代实践创新》，《亚太经济》2018年第4期，第80页。

深入推进高水平制度型开放，增创国际合作和竞争的新优势。这需要以加强涉外法治作为坚实后盾、需要重庆对标国际一流营商环境，增强国际化服务意识，持续提升国际化政务服务水平和法治化水平。在后续工作中，重庆还需继续全面贯彻《外商投资法》及其实施条例，持续推进开放领域地方立法进程，主动保护外商投资合法权益，营造内外资企业一视同仁、公平竞争的良好环境；并推动建设内陆国际争议解决中心，完善诉讼、仲裁与调解一站式纠纷解决机制，加大外商投诉事项协调处理力度；加强外国法查明服务与平台建设，拓展商事法律服务领域，创新服务模式，协助企业更好地参与国际竞争；规范涉外行政处罚自由裁量权，加强行政执法综合管理监督信息化建设，定期开展涉外行政执法专项监督检查。最后，重庆还需要持续发展涉外法律服务机构，建设高素质专业化的涉外行政执法队伍和审判队伍，系统地提升涉外法律服务能力和水平。①

二、探索完善涉外商事纠纷解决机制

重庆位于丝绸之路经济带、中国–中南半岛经济走廊与长江经济带的联结点上，将要管辖处理的涉外商事纠纷日益增多。面对不断深化的对外改革开放以及逐渐增多的涉外商事纠纷，重庆市持续完善涉外商事纠纷解决机制，以适应更高层次的对外开放水平，在法治轨道上推进涉外经济现代化，保障促进对外开放、维护发展利益，着力打造成为国内大循环、国内国际双循环战略枢纽城市。面

---

① 《重庆市人民政府关于印发重庆市全面融入共建"一带一路"加快建设内陆开放高地"十四五"规划（2021—2025年）的通知》，渝府发〔2021〕24号，2021年9月13日发布。

对新一轮对外开放，区域涉外法治建设也必须加快战略布局和掌握主动权。重庆市坚持以习近平新时代中国特色社会主义思想为指导，深入学习贯彻习近平总书记关于涉外法治的重要论述和指示精神，在涉外商事纠纷解决机制上做出了一系列创新性探索，也取得了一定成效。

（一）助力打造市场化法治化国际化营商环境

加强律师、仲裁、公证、司法鉴定、调解等涉外法律服务建设，增强涉外法律服务能力和效果。推动建立合作制公证机构、律师调解工作室等新型法律服务机构，设立重庆两江商事调解中心、外商投资"一站式"争端解决中心等国际商事调解组织，加强在渝仲裁机构国际仲裁业务能力建设[1]，充分发挥中国国际贸易促进委员会重庆调解中心、中国（重庆）自贸试验区商事调解中心功能作用，建立形成多元化的国际商事纠纷解决机制。构建内陆国际争议解决中心，加强《新加坡调解公约》适用问题研究和应用，强化商事争议解决方面的国际法治规则，提升参与处理陆上贸易等商事纠纷的能力。加强与司法机关、相关部门、高校和行业协会、商会交流合作，建立重庆域外法律查明服务中心、重庆涉外法律服务典型案例数据库，探索搭建重庆涉外法律服务采购供应平台，综合运用前沿信息技术和资源打造重庆涉外法律信息综合服务平台，提供培训交流、翻译服务、业务合作、业务采购等综合性、一站式服务。

（二）聚焦涉外商事案件建立专门法院

2018年12月，重庆两江新区人民法院（自由贸易试验区人民

---

[1] 参见《重庆建立国际商事一站式多元解纷中心》，《重庆日报》2022年7月21日，第006版。

法院）成立。这是全国首家覆盖全域、专门化的自贸试验区法院。①其管辖范围涵盖了重庆市涉及的绝大部分涉外商事案件，实现了涉外商事案件纠纷解决的法院专门化。重庆自贸区人民法院突出专业化、国际化，专门受理与重庆自贸试验区及全市经贸活动关联度高的国内商事案件、涉外商事案件和知识产权民事案件。同时，突出改革探索职能，强化对相关领域实际问题的研究，审结了全国首例铁路提单物权纠纷、双方当事人均为涉外企业的股权转让合同纠纷等一批新类型案件。从2018年底成立至2021年上半年，该法院共受理涉及美国、新加坡、加拿大等40余个国家和地区的涉外案件2291件，审结2124件。②

（三）创新涉外商事纠纷多元化解决机制

1.建立涉外商事一站式多元解纷中心

2023年5月，重庆市成立重庆国际商事一站式多元解纷中心，以此更好地解决涉外商事纠纷，打造更加方便、快捷的涉外纠纷解决机制，为国内外当事人提供高效便捷、灵活多样、自主选择的"一站式"诉讼服务。③重庆国际商事一站式多元解纷中心（以下简称"解纷中心"）是在原有的涉外商事一站式多元解纷机制的基础上建立的涉外商事诉讼、仲裁与调解"一站式"纠纷解决平台，率先实现全国首例涉外商事纠纷案件诉仲衔接，中国国际经济贸易仲裁委员会西南分会、重庆仲裁委员会、中国重庆两江国际（自贸

---

① 参见《重庆两江新区（自贸区）法院：专业化催生"共同体"》，《人民法院报》2020年1月6日，第7版。
② 参见商务部自贸港司：《重庆自贸试验区创新涉外商事纠纷处置机制》，《中国外资》2022年第03期，第57页。
③ 参见《重庆建立国际商事一站式多元解纷中心》，《重庆日报》2022年7月21日，第006版。

区）仲裁中心、"一带一路"国家商事调解中心、重庆两江国际商事调解中心、中国（重庆）自由贸易试验区商事调解中心等多家调解、仲裁机构已经入驻，涉外商事争端解决的专业性正在逐步增强。

涉外商事一站式多元解纷机制建立以来，重庆市法院立足审判实践，努力促进"一带一路"国际商事争议解决机制多元化和"一站式"的结合，并支持仲裁和调解发挥作用，通过研究制定《诉调对接工作管理规定》《诉仲对接工作规则》《涉外商事纠纷诉非对接流程指引》等配套措施，进一步激发了调解机构、仲裁机构、当事人高效运用机制的积极性，确保机制落地运行。依托内陆开放法律研究中心，借助外部科研力量，加强"一站式"国际商事争端解决机制理论研究，推动仲裁机构、调解中心等各方积极参与，为机制建设提供理论支撑。①

2.建立跨法域国际商事争端解决工作机制

为全面贯彻落实习近平总书记关于"把非诉讼纠纷解决机制挺在前面"的重要指示精神，充分发挥多元解纷服务国家"一带一路"战略目标和中国（重庆）自由贸易试验区经济高质量发展的作用，重庆市联合粤港澳大湾区共同建立跨法域国际商事争端解决工作机制。充分发挥国际商事调解专业、高效、灵活的优势，促进重庆和大湾区的合作，为重庆自由贸易试验区创造市场化、法治化、国际化的营商环境。

双方将共同加强跨法域国际争议解决研究，共享资源信息、开展交流合作，做好最新信息收集整理工作，联合开展相关课题研究，共享人才资源。双方将加强跨法域国际争议解决相关培训交流工作，整合资源，发挥各自优势，定期或不定期共同组织开展国际

---

① 参见《重庆建立国际商事一站式多元解纷中心》，《重庆日报》2022年7月21日，第006版。

经贸风险防范、国际商事纠纷解决、国际商事调解技能技巧等业务培训交流。

(四) 多方联动助力完善涉外商事解纷机制

1. 多方主体联动构建涉外法律查明与适用机制

重庆市法院与高校法律研究中心等专业机构合作,探索构建东盟国家法律查明与适用机制。重庆市积极抢抓RCEP签署机遇,探索解决东盟国家法律查明与适用问题,为境内外市场主体提供高水平的司法服务,着力打造市场化法治化国际化营商环境。[①]重庆市法院聚焦重庆区位与涉外经贸特点,与高校法律研究中心等专业机构合作,以数据采集、编辑与人工智能系统为支撑,建设面向政府部门、司法机构、高等院校、律师事务所、企业、个人等用户的东盟国家域外法查明服务平台,充分激发各方优势,确保数据平台科学实用。该机制成功入选中国(重庆)自由贸易试验区十佳制度创新案例。

不仅如此,多方主体协同创新、融汇互通,整合全国法治研究力量,联合制定并发布《陆海新通道沿线国家法律查明机制指引》。该指引明确了域外法委托查明的范围、方式、程序、责任承担、费用负担等问题,并对专家意见书的采纳及专家出庭规则作出具体规定,进一步完善域外法查明服务合作机制、规范域外法查明与适用规则,填补了国内东盟国家域外法查明服务的空白,大力推动区域化涉外案件裁判规则的国际对接,为全面融入共建"一带一路"、加快建设陆海新通道提供更有力的司法服务和保障。除此之外,重

---

① 参见商务部自贸港司:《重庆自贸试验区创新涉外商事纠纷处置机制》,《中国外资》2022年第03期,第57页。

庆市法院还制定了《适用域外法案件裁判指引》，进一步推动该机制的精准实施，明确适用域外法的具体情形，规范适用域外法案件的裁判标准，厘清域外法查明责任，完善域外法查明程序，严格查明内容审查标准，规范域外法解释和适用。①

该法律适用与查明机制能够有效解决域内外法律的"信息不对称"问题，服务促进区域涉外经贸交往合作。通过加强域外法查明服务，境内外商事主体能够及时、便捷、准确地掌握相关国家和地区法律法规、投资环境，更好做到"涉外合规"，有效规避投资风险，助推打通区域涉外经贸交往中的法治堵点。该机制运行以来，仅查明服务平台就为各类市场主体提供境外法律查询服务百余次，有力促进了内外双向投资和贸易往来。对于需要适用外国法的案件，外国法查明途径有限、时间周期长、适用情况复杂、查明质量参差不齐、查明机构分散等问题，成为长期制约涉外民商事审判的主要"瓶颈"。通过制定裁判指引和发布查明机制指引，明确各方行为规范，实现域内外司法领域的规则衔接和机制对接。通过建设查明服务平台，提升商事主体对涉外商事海事活动法律风险的预知和判断能力，扩大国际贸易选择适用国内外法律的意思自治空间，提升域外法查明服务的权威性和准确性，平等保护国内外当事人的程序权利和实体权利，有效提升了外国当事人对中国司法的信任度。截至2021年，重庆两江新区（自贸区）法院已受理涉及东盟十国、阿联酋等已同中国签订共建"一带一路"合作文件的国家涉外商事案件94件。该机制的高效运行，有助于公正高效便利化解跨国投资、跨境运输等经贸纠纷。②

---

① 参见《自贸区打造重庆法治建设新高地》，重庆市商务委网2021年4月6日，https://sww.cq.gov.cn/zymyq/ywxx/dtyw/202104/t20210406_9069139.html。
② 参见姜黎：《一站式解纷，重庆自贸区法院的创新之道》，《人民法院报》2021年8月10日，第8版。

2.川渝两地联动提升涉外商事一站式解纷实效

为推动构建西部陆海新通道建设司法服务保障新格局，服务内陆开放高地建设，四川与重庆两地法院共同签署《川渝自贸区法院服务保障西部陆海新通道建设司法协作协议》（以下简称《协议》），将加强国际贸易、外商投资、通道物流等重点领域案件审判，不断提升涉外商事案件一站式解纷机制实效。这是两地司法机关围绕成渝地区协调发展大局找准定位，共同助力打造内陆开放门户的又一务实举措。

《协议》明确，川渝两地自贸区法院将围绕司法服务保障西部陆海新通道建设强化协作，持续深入打造专业化审判品牌，进一步优化新通道沿线国家法律查明与适用机制，不断提升涉外商事案件一站式解纷机制实效，切实发挥司法裁判对陆上国际贸易规则的创新引领，助推铁路运输单证贸易金融创新政策完善。根据《协议》，川渝两地自贸区法院将依托"司法赋能进自贸"工作机制，主动延伸拓展司法职能，协同对接通道物流经贸园区的司法需求，梳理新通道沿线国家法院判决承认执行基础，平等保护新通道沿线国家投资主体合法权益，助力打造高质量外资集聚地和一流法治化营商环境。

川渝自贸区法院将继续整合两地司法资源，坚持通过创新协作、开放共享，实现优势互补、合作共赢，推动完善更加系统、更高能级的司法协作格局，努力为共建"一带一路"、成渝地区双城经济圈建设、西部陆海新通道建设、自由贸易试验区提升等国家重要部署提供更高水平的司法服务保障。

三、创新集成完善涉外法律服务机制

2023年是全面贯彻落实党的二十大精神的开局之年。加快建设内陆开放高地，推进内陆高质量发展，是习近平总书记对重庆的殷殷嘱托，是党中央赋予重庆的重大使命和任务，也是全面提高重庆人民生活水平的重要途径。重庆市委六届二次全会强调，要严格落实党的二十大战略部署，全面建设社会主义现代化新重庆。进一步做好涉外法律服务，正是实现这些目标必不可少的重要环节。

党的十八大以来，中央多次对发展涉外法律服务业提出部署要求，明确要大力发展涉外法律服务业，是适应经济全球化进程、形成对外开放新体制、应对维护国家安全稳定新挑战的需要，对于增强我国在国际法律事务中的话语权和影响力，维护我国公民、法人在海外及外国公民、法人在我国正当权益具有重要作用。[①]与此同时，发展涉外法律服务业也是建设完备的法律服务体系，打造市场化、法治化、国际化一流营商环境的重要举措。

随着对外开放格局纵深发展，涉外法律服务业在全面依法治市和经济社会发展中的作用更加显现，同时对涉外法律服务业的发展提出了新的更高要求。故应当进一步总结近年来涉外法律行业建设的经验与不足，创新集成推动建设更高水平的涉外法律服务。

（一）涉外法律服务行业发展现状及成效

2020年，根据司法部、外交部、商务部等部门联合印发的《关于发展涉外法律服务业的意见》等文件要求，重庆市九个部门联合发布了《全面融入共建"一带一路"加快发展涉外法律服务业行动

[①] 参见《关于发展涉外法律服务业的意见》，中国政府网2017年1月9日，https://www.gov.cn/xinwen/2017-01/09/content_5158080.htm。

方案（2020—2023年）》。该方案以坚持服务大局、坚持创新驱动、坚持统筹推进、坚持协同合作为基本原则，共制定了八项核心措施：一是积极服务保障内陆开放高地建设；二是助力打造市场化法治化国际化营商环境；三是加快推进法律服务机构"走出去"；四是稳步推进涉外法律服务业开放发展；五是发展壮大涉外法律服务机构；六是建设优化涉外法律服务人才队伍；七是切实提高涉外法律服务质量；八是加大涉外法律服务政策扶持力度。[①]

自该方案实施以来，重庆市涉外法律服务能力显著增强，涉外法律服务质量明显提升，市场化、法治化、国际化营商环境不断优化。这些重要举措为推进"一带一路"建设提供了系列法治保障和服务。

1. "走出去"与"引进来"相结合，促进涉外法律服务提质提效

《法治中国建设规划（2020—2025年）》指出，要推动建设一支高素质涉外法律服务队伍、建设一批高水平涉外法律服务机构。[②]近年来，在市委市政府各部门的统筹协调推进下，我市涉外律师、公证、仲裁等涉外法律服务均得到了蓬勃发展。

在涉外律师服务方面，重庆市律师协会先后成立了国际业务、海事海商、中新与自贸试验区3个涉外专业委员会，以及"一带一路"法律服务研究中心、国际陆海贸易新通道法律服务研究中心；推进聘请外籍律师担任外国法律顾问试点，集训150名涉外青年律师领军人才，选拔210余名涉外律师多次赴境外培训，建立有

[①]《关于印发〈全面融入共建"一带一路"加快发展涉外法律服务业行动方案（2020—2023年）〉的通知》，渝司发〔2020〕21号，2020年5月19日。
[②]《中共中央印发〈法治中国建设规划（2020—2025年）〉》，中国政府网2021年1月10日，https://www.gov.cn/zhengce/2021-01/10/content_5578659.htm。

164名涉外律师的人才库①；重庆律所段和段、中豪、索通等已在中国香港、美国、乌兹别克斯坦等地区和国家先后设立5个分支机构。香港狄炳奇·李道明有限法律责任合伙律所在渝中区设立了代表机构，西联律所与香港其礼律所、中豪律所（香港）办公室与香港区兆康律所分别达成联营协议，索通、中豪律所与美国、德国、新加坡等国外籍律师签订了法律顾问协议。②中豪、索通等律师事务所更入选"最具影响力中国涉外百强律师事务所"榜单。

在涉外公证服务方面，我市司法局采取政策扶持、教育培训、业务交流等措施，通过系统性管培结合，涉外公证队伍建设实现新突破。目前我市有涉外公证员180名，全市具有涉外办证资质的公证机构达41个，涉外公证服务覆盖率100%。此外，我市公证机构与外派劳务公司、出国留学中介公司、高校等建立了良好的协作关系，不断优化、固化便民举措，为外派劳务人员、出国留学人员等开辟"绿色通道"、提供延伸服务，健全了便民服务长效机制。

在涉外仲裁方面，重庆坚持品牌化、规模化、国际化发展方向，推动重庆仲裁委员会改革创新，健全委员会决策、执行、监督治理机构。设立重庆两江国际仲裁中心和重庆自贸区仲裁中心两处专门涉外仲裁机构，其中重庆两江国际仲裁中心聘请的87名仲裁员来自中国大陆、中国香港、中国台湾、澳大利亚、新加坡、加拿大、德国等不同国家和地区，能熟练使用英语、法语、德语、韩语开展仲裁工作。

---

① 参见重庆市律师协会：《东盟投资与贸易合规管理及法律风险防范论坛在重庆举行》，重庆律师网2023年1月6日，http://www.xblaw.com/index.php/Home/Index/articleInfo/aId/t_4pw7_YF6Xliy_nt4YeYg。
② 参见廖松：《涉外法律服务，渝中跑出"加速度"》，上游新闻2020年10月30日，https://www.cqcb.com/county/yuzhongqu/yuzhongquxinwen/2020-10-30/3196630.html。

2. 推动涉外法律服务资源集聚，开辟涉外法律服务新模式

拥有重庆中央商务区、自贸试验区、中新合作示范区"三区叠加"优势的渝中区是重庆对外交流的窗口。2021年7月，渝中区"探索涉外法律服务新模式"被评为全面深化服务贸易创新发展试点"最佳实践案例"。[①] 2021年9月，在服贸会国家会议中心综合展区设置的"中国服务贸易发展成就展"上，重庆市渝中区探索"涉外法律服务新模式"成功入列全国20个示范案例展示榜，展现中国服务贸易发展的新业态、新模式、新作为。[②] 重庆市渝中区能多次成功入选，得益于以下三方面的举措。

一是推动涉外法律服务资源集聚。巩固解放碑涉外法律高端品牌核心区，做强化龙桥涉外法律高端品牌拓展区，支持索通与外国律所组建律所联盟。持续拓展涉外律师人才库，截至2020年底，人才库共吸纳66名优秀涉外律师，推荐11名优秀涉外律师进入全国涉外律师领军人才库，推荐43名律师进入重庆市涉外法律服务专家库。

二是创新多元纠纷化解机制。设立驻法院人民调解室，组建3个诉调速裁团队，成立12个行业调解组织，设立金融、商事等10个特色调解室，打造"一站式"多元纠纷化解新模式。成立涉侨纠纷法律服务中心，创新"专业机构+专家顾问+侨务调解员"服务团队模式，探索涉侨领域矛盾化解多元化机制。鼓励索通律师事务所设立调解与互联网法务公共服务平台，为企业和个人提供调解服务，实现民事纠纷远程调解。

---

① 参见《渝中涉外法律服务新模式被纳入"全国服贸创新试点最佳实践案例"》，重庆市渝中区人民政府官网 http://www.cqyz.gov.cn/zwxx_229/yzyw/202107/t20210727_9508492.html，2021年7月27日。
② 参见《重庆市渝中区探索"涉外法律服务新模式"亮相2021中国国际服务贸易交易会》，重庆市渝中区人民政府官网 http://www.cqyz.gov.cn/zwgk_229/lwlb/gzxx/202109/t20210913_9702824.html，2021年9月3日。

三是探索全链条、集成式服务模式。设立重庆市渝中区涉外法律服务中心，搭建涉外法律服务机构与"走出去"企业信息交流平台，为本地公司海外并购提供涉外法律服务。支持律所打造"一带一路"涉外法律服务云端信息管理平台，建设移动互联网云端律所，支持律所联合"渝企走出去服务港"线上服务平台，为企业跨国经营提供"陪、跟、护"全流程法律服务。

3.赓续优秀传统文化，制定彰显中国特色的多元化涉外争端解决方案

"以和为贵"是中国自古以来的优秀传统文化，调解是独具中国特色的争端解决方式。探索设立国际调解中心，不仅是统筹涉外法律服务资源，对标国际先进水平营造良好营商环境，更是继承和弘扬中华优秀传统文化，走中国特色社会主义法治道路的中国式涉外法治现代化举措。

2022年8月，由重庆市高级人民法院牵头组建的"重庆国际商事一站式多元解纷中心"在长江上游法律服务中心揭牌。这是对涉外商事一站式多元解纷机制的再优化、再升级。依托该实体中心，将形成"实体+制度"双驱动，打通"线上+线下"双通道，进一步提高重庆涉外商事纠纷化解质效，有助于重庆打造涉外商事争端解决优选地。该中心将充分发挥多元化解纷优势，引导当事人选择适宜的途径解决国际商事纠纷，畅通不同程序间的转换，并为国内外当事人提供高效便捷、灵活多样、自主选择的一站式法律服务。

（二）探索推动涉外法律服务行业的重要机遇

2021年12月，重庆市高级人民法院、重庆市教育委员会、重庆市公安局、重庆市商务委员会、重庆市司法局五部门联合发布了《建设西部法律服务高地规划（2021—2025年）》，旨在为推动重庆

法律服务业高质量发展，增强城市核心功能与发展能级，营造市场化、法治化、国际化营商环境。2023年6月，RCEP对15个成员国全面生效，全球最大的自贸区将进入全面实施新阶段。RCEP是国际端最重要的对外开放政策机遇，也是重庆推动新通道建设的重要机遇。随着多项区域发展和对外开放战略在渝叠加，重庆法律服务业迎来了有利发展机遇期。应继续提高涉外法律服务能力，为建设陆海新通道、内陆开放新高地持续贡献力量。

1.全力构建涉外法律服务业开放新格局

一是坚持为开放型经济高质量发展提供法律服务。积极开展境外法律制度和法律环境咨询服务，协助企业建立健全境外投融资风险防范和维护权益机制；编制出台海外民商事保护指南和纠纷应对指引，积极为国际货物贸易、服务贸易、海外股权投资、涉外重大工程立项招投标、跨境电子商务、市场采购贸易以及新的商业形式和新一代信息技术、新能源、新材料等新兴产业发展提供法律服务，提升参与解决国际贸易争端能力；做优涉外知识产权法律服务，提升专利、商标和著作权保护、涉外知识产权争议解决等方面法律服务水平。

二是要致力打造西部地区高能级法律服务平台。探索中新（重庆）法律领域互联互通新模式，支持重庆中新示范项目战略研究中心联合重庆两江国际仲裁中心、重庆仲裁委金融仲裁院成立中新金融科技联盟，深化涉外法律服务与会计、金融、保险、证券等多形式合作；加强域内各大争端解决中心建设，形成各类商事争端解决服务共享平台。

2.加强涉外法律服务业的区域协作与互鉴

一是加快推动成渝律师涉外业务一体化协同发展。自成渝地区双城经济圈建设上升为国家战略以来，两地律师协会在2020年即签署战略合作框架协议，在执业权益联合保障、境外分支机构互补设立、成立涉外法律服务联盟等方面互促共进，协同打造了区域法治、法律服务、监管安全、法治人才"四个共同体"。未来，双方应协同培育培养涉外律师人才和"专精特新"律师事务所，联合举办成渝律师涉外行业评比活动，推动两地国际商事调解规则衔接、资格互认、标准对接，推进实习律师执业期限、培训及面试考核互认。

二是加强同外国法律服务机构的交流与合作。坚持在RCEP及其补充协议等框架下探讨同东盟国家律师事务所与重庆当地律师事务所的业务合作，鼓励、吸引在外国律师事务所执业或外国律师事务所驻华代表处的涉外法律服务人才到我市律师事务所执业。力争到2025年，实现7家以上本市律师事务所在"一带一路"沿线国家和地区设立分支机构、派驻法律顾问或者与境外律师事务所联营，引进5家以上境外知名律师事务所来渝设立分支机构、派驻法律顾问或者与本市律师事务所联营。各类涉外法律服务人才在法律服务队伍占比达到5%，其中涉外领军人才50名以上，中高端人才200名以上。[1]

3. 加快建设涉外法律尖端人才培育新高地

一是要大力培养涉外法律尖端型实务人才。建好用好西南政法大学、重庆大学法学院等优质法学教育资源，大力培养涉外法律实务人才的后进力量和中坚力量；积极推动教学科研机构与涉外服务机构在实务调研、学生教学实践等方面开展深度合作共谋涉外法律实务人才培养方案、共建在校生实习实践基地和实务工作者培训基地，实现双方资源共享、优势互补、共同发展，形成产学研一体化

---

[1]《关于印发〈建设西部法律服务高地规划（2021—2025年）〉的通知》，重庆市司法局官网2022年2月6日，http://sfj.cq.gov.cn/zwgk_243/zfxxgkml/sflzyj/sfjqtwj/202202/t20220206_10369617.html。

的新发展模式，扩大我市涉外法律服务机构的国际影响力和涉外人才培育高校的国际化办学实力。

二是加强涉外法律前沿理论研习和完善专家论证制度。支持西南政法大学等高校科研机构深化实施"法律民间外交平台建设计划""特色新型智库建设计划""涉外特色活动计划"，对标RCEP，加强《全面与进步跨太平洋关系协定》等国际高标准经贸规则，完善制度设计，建设特色新型智库；加快东盟等域外法律查明服务中心建设，推出一批域外法律汇编等知识产品，提升查明中心的学术与市场价值；有力培育外国法比较研究实务型人才，为进一步提升涉外法律服务高端市场提供理论和人才支撑。

第十一章
建设高素质法治工作队伍

全面推进依法治国，建设一支德才兼备的高素质法治队伍至关重要。习近平总书记强调："全面推进依法治国，必须大力提高法治工作队伍思想政治素质、业务工作能力、职业道德水准，着力建设一支忠于党、忠于国家、忠于人民、忠于法律的社会主义法治工作队伍，为加快建设社会主义法治国家提供强有力的组织和人才保障。"[1] 2021年1月，中共中央印发的《法治中国建设规划（2020—2025年）》指出："牢牢把握忠于党、忠于国家、忠于人民、忠于法律的总要求，大力提高法治工作队伍思想政治素质、业务工作能力、职业道德水准，努力建设一支德才兼备的高素质法治工作队伍。"这为重庆市推进新时代高素质法治工作队伍建设提供了重要遵循。

一、加强法治专门队伍建设

法治专门队伍主要包括在人大和政府从事立法工作的人员，在行政机关从事执法工作的人员，在司法机关从事司法工作的人员。习近平总书记强调："立法、执法、司法这三支队伍既有共性又有个性，都十分重要。立法是为国家定规矩、为社会定方圆的神圣工作，立法人员必须具有很高的思想政治素质，具备遵循规律、发扬民主、加强协调、凝聚共识的能力。执法是把纸面上的法律变为现实生活中活的法律的关键环节，执法人员必须忠于法律、捍卫法律、严格执法、敢于担当。司法是社会公平正义的最后一道防线，司法人员必须信仰法律、坚守法治，端稳天平、握牢法槌，铁面无

---

[1] 中共中央文献研究室：《十八大以来重要文献选编》（中），中央文献出版社2006年版，第174页。

私、秉公司法。"[1]重庆市紧密围绕习近平总书记的要求，按照政治过硬、业务过硬、责任过硬、纪律过硬、作风过硬的要求，教育和引导立法、执法、司法工作者牢固树立社会主义法治理念，恪守职业道德，做到忠于党、忠于国家、忠于人民、忠于法律。

（一）立法队伍

地方立法队伍主要由立法者、立法工作人员和第三方参与主体构成。重庆市人大注重加强对区县人大工作的指导。2021年底，重庆市完成区县、乡镇人大换届选举工作。市人大常委会高度重视换届后区县、乡镇人大干部的培训工作，从2022年开始，计划用2~3年时间，实现新一届区县、乡镇（街道）人大领导干部培训全覆盖。2022年6月，作为第一期培训的全市区县人大常委会领导干部专题培训班开班。该培训班为期5天，旨在深入学习习近平新时代中国特色社会主义思想和党的十九届六中全会精神，深入学习贯彻落实中央人大工作会议、市第六次党代会和市委第六次人大工作会议精神，专题学习人民代表大会制度知识、人大工作创新理论实践和地方组织法、代表法、监督法、预算法等法律法规，帮助大家增强党性修养，提升理论素养，提高依法履职的能力和业务水平。据统计，重庆市人大2022年直接培训基层人大干部4550人次，及时总结推广基层人大经验做法，注重典型引领，凝聚人大系统整体合力，全市人大工作整体水平不断提升。

此外，重庆市人大积极指导各点组建工作队伍、拓宽工作渠道、延伸工作触角。如涪陵高新区立法联系点面向园区、服务企业，先后聘请了10名咨询专家、近200名信息采集员和企业服务专员，建立起21个立法信息采集点，形成"专群结合"机制。为了

---

[1] 习近平：《论坚持全面依法治国》，中央文献出版社2020年版，第115—116页。

发挥好群众主体作用，沙坪坝基层立法联系点组建起"专家咨询+群众采集"工作队伍。一方面，在全市高校、科研院所、律师事务所、公检法司等单位遴选聘请谭启平等36名知名专家学者担任首届立法咨询专家，建立"专群结对"定点联系镇街工作机制，搭建"法言法语"与"民言民语"的双向转化平台。另一方面，在全区村（社区）遴选219名立法信息员，实现区域全覆盖，达成群众参与立法工作零距离。同时，整合现有司法资源，推动"三官一师"（法官、检察官、警官、律师）和"法律明白人"进社区制度。以专家带群众，以机制促保障，确保群众更好理解法律法规内容并能够充分表达"原汁原味"意见建议。

在立法队伍建设中，重庆市依托当地较为发达的法学法律专业资源，形成了较有特色的委托第三方参与立法实践。重庆市人大最早进行委托"第三方"参与立法的实践可以追溯到1998年，其委托西南政法大学承担《重庆市司法鉴定条例》的法规起草工作，此在全国尚属首例。此后，市人大不断加强委托"第三方"参与立法工作的探索实践，尤其是党的十八届四中全会决议，将"探索委托第三方起草法律法规草案"纳入中央顶层设计后，重庆市人大对"第三方"参与立法的制度机制作出进一步调整优化，取得较好的实践效果。

（二）执法队伍

执法，又称法律执行，是指国家行政机关和法律授权、委托的组织及其公职人员，依法行使行政管理权、履行法定职责、执行法律的活动。执法活动具有单方意志性。行政主体代表国家行使行政权，其意思表示和处分行为对于该法律关系具有决定意义。因此，建设一支高素质执法队伍对于提高执法机关执法能力，提升执法效果至关重要。

进入新时代以来，重庆市司法局严格梳理审查行政执法主体、行政执法职权和行政执法人员执法资格。2020年，梳理确认全市行政执法主体资格4219个，清理审查全市行政执法人员76676人；组织市级部门首任行政执法人员培训1793人次；指导督促各区县开展执法培训1.2万人次，换发执法证件1.1万余个。

为了进一步提升执法队伍的工作能力，重庆市从实质和形式两方面加强执法队伍专业化建设。2020年，为了做好新冠疫情下的行政执法工作，重庆市司法局编辑形成《重庆市行政执法典型案例汇编（第二辑）》，重点收集了新冠肺炎疫情防控期间典型案例，为基层一线执法提供了样本。为提升乡镇行政执法队伍水平，重庆市司法局积极与编办协作，深入乡镇和市、区县两级部门反复调研，制定下发了《乡镇行政执法程序文书规范》和《乡镇行政执法问答》，为乡镇行政执法队伍提供了"教科书"。2021年，重庆市出台《重庆市综合行政执法制式服装和标志管理实施办法》，推动生态环境保护等6支综合行政执法队伍统一着装。

随着执法队伍专业化和职业化水平的不断提升，全市涌现出了一批具有代表性的执法先进个人。

例如，重庆市公安局沙坪坝区分局磁器口派出所警长何巧所在的社区比较特殊，社区里有百余名聋人。2014年9月，何巧第一天到社区上班就到聋人群众家走访，群众用手语比画了半天，但她怎么都看不明白，自此下决心学好手语。她找来手语教材和视频，每天坚持挤出一个小时业余时间自学，还报名参加手语培训班。通过3个月不懈努力，何巧逐步掌握了手语技巧。实现了与聋人群众无障碍沟通，也架起了通往他们内心的一座桥。为给社区聋人群众提供一个相对固定的交流活动场所，何巧创建了集警务办公、纠纷调解、普法教育、文化娱乐等功能于一体的"巧姐无声警务室"，添置了聋人专用助听器、写字板等设备，设立了"无声微课堂"，开通了"无声微信箱"。

再如，1981年10月出生的罗旦华，是重庆市武隆区公安局交巡警支队副支队长。2012年3月，他主动请缨成为仙女山景区的巡逻民警。10年里，他骑坏了6辆摩托车，累计骑行40万公里，被辖区干部群众誉为"忠诚为民的仙女山骑士"。近年来，他先后驾驶警用摩托车开道，紧急护送受伤群众、临产孕妇、中暑旅客等200余人次，使30余名垂危病人得到及时救治。

（三）司法队伍

习近平总书记强调："建立符合职业特点的司法人员管理制度，在深化司法体制改革中居于基础性地位，是必须牵住的'牛鼻子'。"[1]通过改革建立符合职业特点的司法人员管理制度，是建设专业司法队伍的必由之路。

重庆是全国第二批司法体制综合配套改革试点市。自2016年9月全面推开司法责任制改革以来，员额检察官管理、检察权运行、检察人员保障等机制逐步落地落细，重庆司法体制综合配套改革多次得到中央政法委督导组、重庆市人大常委会的肯定。

2015年9月，重庆正式启动司法体制改革试点工作，确定将市第二中级人民法院、市人民检察院二分院及黔江、渝中、荣昌、梁平四区县的法院和检察院作为试点单位。试点中，重庆严守中央确定的39%的员额比例红线，完成了首批员额制法官、检察官遴选，共遴选员额法官250名、检察官161名，分别占试点法院、检察院中央政法专项编制的31%和28.2%，比中央确定的比例低8至10个百分点。试点后，全市法院于2016年9月全面启动法官员额制改革，共选任首批员额法官2387人。重庆市检察院确定1501人为首批员额制检察官。

---

[1] 习近平：《论坚持全面依法治国》，中央文献出版社2020年版，第61页。

十八大以来，重庆市司法队伍专业化职业化水平得到较大提升。同时，密切联系群众的司法传统也得以传承和发扬。司法队伍中的先进模范人物，是全市司法队伍的典型代表。

江津区人民法院第二人民法庭法官徐驰扎根基层，始终坚持真诚为民，办群众满意的良心案，做群众满意的贴心人，被辖区群众亲切地唤作"徐老师"。1985年，20岁的徐驰被分配到原江津县法院柏林法庭。1996年，他被调到位于蔡家镇的江津区人民法院第二人民法庭后，再没挪过窝。在基层法庭30多年，他办理案件近6000件，每年调解率均在75%以上。所有案件无一违纪违法，无一矛盾激化。荣获"全国优秀法官""重庆市优秀共产党员""重庆市先进工作者""重庆十大法治人物""重庆法院办案标兵"等荣誉，被评选为感动重庆月度人物并荣登中国好人榜，被重庆高院授予"调解能手""办案标兵"等称号，荣立个人三等功1次。

二、着力法律服务队伍建设

以律师为主体的法律服务队伍，以人民调解员、公证员、司法鉴定人、仲裁员、法律服务志愿者等为代表的基层法律服务队伍，是法治工作队伍的重要组成部分。习近平总书记强调："要把拥护中国共产党领导、拥护我国社会主义法治作为法律服务人员从业的基本要求，加强教育、管理、引导，引导法律服务工作者坚持正确政治方向，依法依规诚信执业，认真履行社会责任，满腔热忱投入社会主义法治国家建设。"[1]重庆市持续推进公共法律服务体系建

---

[1] 习近平：《坚定不移走中国特色社会主义法治道路　为全面建设社会主义现代化国家提供有力法治保障》，《求是》2021年第5期。

设，律师、公证、司法鉴定、仲裁、调解等法律服务队伍不断发展壮大。

（一）律师队伍

截至2022年末，重庆市共有律师16069人，全市律师万人比为5。全市专兼职律师13027人，占81.07%；公职律师（含法律援助律师，下同）2465人，占15.34%；公司律师577人，占3.59%。其中，公职律师、公司律师增长尤为显著，体现了各级党委政府和企业对法治的重视。全市律师中有博士575人，占3.58%；硕士4440人，占27.63%；本科10478人，占65.21%；本科以下576人，占3.58%。硕士以上高学历律师合计5015人，占31.21%。全市律师行业建立党组织446个。其中，市和区县律师行业党组织39个，律所单建党组织330个，律所联建党组织77个（涵盖377家律所），向无党员的248家律所选派党建工作指导员100人，实现了党的组织和工作的全面覆盖。以2022年为例，重庆市律师队伍在履行行业社会责任方面的主要工作有以下几方面。

第一，在助企纾困稳发展方面，开展助企纾困专项服务。组织"服务稳经济大盘 重庆律师在行动"活动，出台助企纾困稳发展10条服务举措，深入开展"千所联千会"等涉企专项服务，为企业提供合规培训、风险评估、上市辅导、破产重整清算、跨境投资贸易等定制化服务1.3万余件次。办理的博赛集团投资马来西亚175亿元"焦电—铝"循环经济项目等4个涉外服务案例入选首届"法律服务中国—东盟自贸区建设典型案例"。

第二，在助推法治政府建设方面，完善公职律师及党政机关法律顾问工作机制。制定《关于加快推进公职律师工作的实施意见》《关于切实加强全市党政机关法律顾问工作，充分发挥党政机关法律顾问作用的实施意见》。2022年，全市公职律师（含法律援助律师）发展到2465人，参与办理各类行政诉讼和行政复议案件16000余件，审查各类招商引资合同或协议6400余件，在法治政府建设中发挥了重要作用。

第三，在助力优化营商环境方面，积极发挥市律师协会基层立法联系点作用。组织专家律师就《重庆市反不正当竞争条例（修订草案）》等5项国家和地方立法工作或重点立法项目提出专业性、建设性、操作性意见，得到认可和吸纳，为法治化营商环境建设贡献了专业智慧。

第四，在积极投身公益服务方面，大力投入公益法律服务。据不完全统计，全市律师全年累计提供各类线上线下公益法律服务18万余件次。组织律师入驻重庆法网平台，开展全时空咨询服务2500余件次。

被称为"中国手语律师第一人"的重庆鼎圣（大渡口）律师事务所主任唐帅，是重庆市律师队伍的代表人物之一。唐帅大学毕业后，一边从事律师职业，一边开始替身边的聋人维权。然而，当他的名声越来越大，有越来越多聋人找到他时，唐帅越发感受到孤军奋战的深深无力，萌发了培养聋人律师的想法。2017年唐帅开始在网上发布招聘启事。刚从重庆师范大学毕业的聋人谭婷投了简历，并顺利入职。2020年，谭婷通过国家统一法律职业资格考试，成为我国2700余万聋人群体中唯一一位通过这项考试的聋人。

(二) 公证队伍

截至2020年底，全市有公证机构41家，市级和38个区县均设立了公证机构。2021年以来，重庆市聚焦基层治理"最小单元"，切实将服务资源下沉，推行社区公证员制度。全市各公证机构依托市村居法律顾问服务平台，指派214名社区公证员对接3118个社区、担任法律顾问，针对行政执法、征地拆迁、企业融资、婚姻家庭等热点、难点问题，提供线上法律咨询和法律服务指引，第一时间掌握民情、答疑解惑。

2023年，重庆两江公证处党支部书记、主任，高级公证员涂志辉获评"全国五一劳动奖章"。涂志辉从事公证工作超20年，共办理和审批各类公证案件8000余件，为民众提供法律服务超1万人次。

（三）司法鉴定队伍

截至2022年，重庆全市从事法医类、物证类、声像资料、环境损害鉴定的司法鉴定机构有72家，司法鉴定人1225名。2021年共办理司法鉴定业务58000多件。长期以来，我市司法鉴定人在岗位上，克服各种困难，兢兢业业，踏实工作，为服务社会、服务司法诉讼，促进司法鉴定事业的发展作出了显著成绩。

在全市司法鉴定机构中，西南政法大学司法鉴定中心于2009年12月被中央政法委组织遴选为"国家级司法鉴定机构"，是中西部地区唯一的国家级十大司法鉴定机构。该中心检验、检测文书报告在全国范围内具有司法效力，并可以在全世界范围内近46个国家和地区的各成员组织多边互认。

（四）仲裁队伍

重庆仲裁委员会以"公正、高效、专业"为价值理念，以"公信巴渝·和合天下"为愿景，着力提高仲裁队伍人员素质。以2022年为例，重庆仲裁委员会建设仲裁队伍的主要做法有：

第一，不断夯实党建基础，坚持党建引领。强化党的组织建设，完成6个党支部换届。提升发展党员工作能力，开展发展党员工作专题培训。始终坚持党建引领。制定落实《2022年度理论学习计划》，开展常态化政治理论学习。召开党总支理论学习组会议15次，学习各类文件350余份，组织仲裁大讲堂和政治培训6次。

第二，严格管理案件质效，仲裁公信力明显提升。开展仲裁员动态调整，优化分级分类名册，严格规范仲裁员指定、使用。健全裁决审核内控机制，启动重大疑难案件联审联核、专家咨询制度。建立案件质效后评估机制，制定《案件质效评查办法》，组建评查专家库，首批案件第三方评查良好率达88%，全年被人民法院裁定撤销、发回重审和不予执行案件数量占比不到0.5‰。

第三，全面推进改革创新，服务大局能力明显增强。积极服务国家重大发展战略。充分发挥中国重庆两江国际和自贸区仲裁中心作用，全年办理涉外仲裁案件12件，标的金额2.36亿元。服务西部金融中心建设，高效化解金融纠纷1019件，标的金额43亿元。创立金融仲裁速裁速调中心，入驻渝中区中央法务区、江北区西部法律服务中心。大力发展互联网仲裁，标的金额2600余万元，同比增长26倍；累计签约互联网仲裁的合同18万笔，合同金额176亿余元。健全完善矛盾纠纷多元化解机制。

第四，扎实推进队伍建设，仲裁专业能力明显提高。适应案件办理新形势、新需求，在全国增聘19名擅长国际贸易、知识产权、新兴行业等领域的专家型、实务型仲裁员。优化互联网金融仲裁员，组建"互联网+金融+科技"人才库，夯实专业仲裁人才保障。强仲裁队伍专业化培训。与人民法院实施人才共育，联合重庆、四川两地高院举办2022年涉外商事审判业务培训。加强能力提升行业协作，与上海、武汉等仲裁机构共同举办仲裁员综合素质能力提升培训，与深圳、重庆律协共同开展理论研讨。强化仲裁员监督管理。狠抓骨干仲裁员队伍建设，建议分级分类仲裁员名册685名，动态调整200余人次，仲裁专业服务能力进一步增强。常态化开展仲裁员执纪监督，解聘仲裁员1名、停止执业1名、诫勉谈话14名，仲裁员履职尽责能力明显提升。

（五）调解队伍

人民调解是在继承和发扬我国民间调解优良传统基础上发展起来的一项具有中国特色的法律制度，是公共法律服务体系的重要组成部分，在矛盾纠纷多元化解机制中发挥着基础性作用。人民调解员是人民调解工作的具体承担者，肩负着化解矛盾、宣传法治、维护稳定、促进和谐的职责使命。加强人民调解员队伍建设，对于提高人民调解工作质量，充分发挥人民调解维护社会和谐稳定"第一道防线"作用，推进平安中国、法治中国建设，实现国家治理体系与治理能力现代化具有重要意义。

目前，重庆已逐步建成多元共治、协调联动的大调解工作格局，实现"诉调、警调、访调"三调对接组织全覆盖，重点领域行业性专业性组织全覆盖。截至2021年，培育专兼职人民调解员7.1万名。年均有效化解矛盾纠纷30万件，其中"三调"联动化解矛盾纠纷7.8万件，攻坚化解信访积案、陈年老案、重大复杂疑难纠纷1.86万件，切实将矛盾纠纷化解在基层、消除在萌芽。

在重庆的调解队伍中，涌现出了一批先进典型。

马善祥，人称老马，1955年11月出生于重庆市江北区，回族，中共党员。重庆市江北区观音桥街道办事处原调研员，重庆市江北区观音桥街道人民调解委员会"老马工作室"负责人，全国优秀共产党员、道德模范、时代楷模、改革先锋。老马17岁当知青，21岁穿上军装，1988年从部队转业后来到观音桥街道当了一名调解员，从事基层调解和群众思想政治工作。2012年，56岁的老马不再担任街道领导职务，他提出的唯一要求是"请组织上不要让我离开群众工作、思想工作这个老本行"。为此，观音桥街道以他为核心组建了"老马工作室"，专门从事群众矛盾纠纷调解工作。他扎根基层三十多年，成功化解大量矛盾纠纷，为维护群众利益、化解矛盾纠纷，促进社会和谐做了大量工作。他勤于思考、笔耕不辍，记录化解复杂矛盾的经验和体会的笔记本就有230多本。由于基层工作成绩突出,他被党中央、国务院授予改革先锋称号,颁授改革先锋奖章,并荣获"改革开放40周年政法系统新闻影响力人物"等荣誉称号,被习近平总书记点赞为"我们需要千千万万这样的基层干部"。

三、突出法治人才培养

习近平总书记高度重视法治人才培养问题,指出:"法治人才培养上不去,法治领域不能人才辈出,全面依法治国就不可能做好。"[1]重庆市拥有以新中国最早的政法院校西南政法大学为代表的一批优质院校。十八大以来,全市法治人才培养规模不断提高,形成了多类型、多层次的法学教育体系。

(一) 法学教育院校概况

高校是培养法治人才的第一阵地,高校法学教育在法治人才培养中发挥着基础性、先导性作用。重庆市既有知名政法院校,又有设置在综合性大学中的高水平法学院系。进入新时代以来,重庆市高校法学教育传承红色法治基因,在培养法治人才方面发挥了重要作用。

---

[1] 习近平:《论坚持全面依法治国》,中央文献出版社2020年版,第174页。

1.西南政法大学

西南政法大学前身为1950年创建的由刘伯承元帅担任校长的西南人民革命大学。1953年，以西南人民革命大学政法系为基础成立西南政法学院，郭沫若先生题写院名，首任院长是抗日民族英雄、原东北抗日联军第二路军总指挥周保中将军。1978年，学校被国务院确定为全国重点大学；1993年，被国务院学位委员会批准为博士学位授权单位；1995年，经原国家教委批准更名为西南政法大学。2003年，被国务院学位委员会批准为全国首批法学一级学科博士学位授权单位；2004年，经国家人事部批准设置法学博士后科研流动站；2012年，经中共中央政法委员会、教育部批准成为首批卓越法律人才教育培养基地，成为教育部和重庆市人民政府共建高校；2016年，入选国家"中西部高校基础能力建设工程"院校。在教育部学科评估中，法学一级学科入围A档学科。2018年，在全国首次专业学位水平评估中，法律硕士专业学位授权点与清华大学、中国政法大学等高校一起获评A档。

历经70余载的励精图治，学校恪守"博学、笃行、厚德、重法"的校训，坚持"教学立校、人才兴校、科研强校、依法治校"的办学理念，逐步凝练出"心系天下、自强不息、和衷共济、严谨求实"的西政精神，已形成以法学为主，哲学、经济学、文学、管理学、工学等多学科协调发展，从本科到硕士、博士研究生教育以及继续教育、留学生教育等多层次、多类型的人才培养格局。学校具有招收保送生、高水平运动员、内地西藏班、内地新疆班、港澳台侨联合招生、香港免试生、澳门保送生及台湾免试生招生资格。办学70余年来，为国家培养了各级各类人才30余万人，是全国培养法治人才最多的高校，有1位校友任中共二十届中央政治局委员，7位校友任中共二十届中央委员会委员、中央委员会候补委员和中央委员会纪委委员，百余位校友担任省部级以上领导职务。曾任或现任国家首席、一级或二级大法官和大检察官的西政毕业生有近60位。

2. 重庆大学法学院

重庆大学法学院始建于1945年，是当时重庆大学6大学院（文理工商法医）之一，先后由翟晋夫先生、罗志如教授、潘大逵教授任院长，当代著名国际法学家王铁崖先生也曾在本院任教。1952年全国高等教育结构与布局调整，法学院调出重庆大学，与兄弟院校法学院系组建成立西南政法学院。1995年重庆大学恢复法学专业本科招生，隶属原贸易及法律学院，1998年设立法律系。原重庆建筑大学于1995年开始招收法学专科生，1996年开始招收法学本科生。原重庆建筑高等专科学校于1992年设立社会科学系，面向全校开设法律相关课程。2000年三校合并组建成立新的法律系并成功申报环境与资源保护法学和法理学硕士点，2002年恢复成立重庆大学法学院。

学院拥有完整的学科体系和培养体系，下设法学、知识产权两个本科专业，拥有法学一级学科硕士、博士学位授权点（涵盖10个二级学科）及法律硕士专业学位授权点，法学一级学科博士后流动站。法学本科专业系国家级一流专业建设点、教育部备案二学位专业、重庆市一流本科专业立项建设项目、重庆市高校特色专业和"三特行动计划"建设专业，入选国家首批"卓越法律人才培养基地"和"教育部大学生校外实践基地"建设项目。法学一级学科系重庆市"十二五""十三五""十四五"重点学科、重庆大学"一流学科建设重点培育学科"，在教育部第三轮学科评估中位列全国第11名第17位，在第四轮学科评估中进入B+类。

目前学院在环境与资源保护法学、知识产权法学、经济法学、法理学、刑法学、民商法学、宪法学与行政法学、国际法学等学科领域形成了自己的特色与优势，聚集了一批法学界具有较大影响的专家、学者，成为我国西部地区具有广泛影响、享有良好声誉的法学教育与研究基地。

3.西南大学法学院

西南大学法学院成立于2006年4月，为西南大学的重要支撑性学院。学院前身可以追溯至原西南师范大学政法学院法学系和原西南农业大学人文学院法学系。1985年，原西南师范大学向教育部申请设立法学本科专业并获得批准，成为全国师范院校中设置法学专业最早的院校之一。1987年，法学专业正式面向全国招生。1993年，原西南农业大学人文学院法学专业设立。2003年，原西南师范大学法学系获得法学硕士学位授权点并开始招收硕士研究生。

学院现有一个法学本科专业、法学辅修专业、治理法学微专业、法学一级学科硕士学位授权点、法律硕士专业学位授权点和交叉学科"治理学"博士学位授权点。法学专业系重庆市"十二五""十三五""十四五"重点学科。2019年法学专业被列为重庆市级一流本科专业建设点，2021年法学专业获批为国家级一流本科专业建设点。

（二）优化法学课程体系

优化法学课程体系，首先要把习近平法治思想融入学校教育，纳入高校法治理论教学体系，做好进教材进头脑工作。同时，根据法治实践和法学研究的发展，实施开设国家安全法学、党内法规学、社会治理法学、数字法学等新课程。[1]

在将习近平法治思想融入学校教育方面，西南政法大学实施培根铸魂夯基行动，讲好学校丰富生动的红色法治故事。通过融贯历

---

[1] 参见《习近平法治思想概论》编写组：《习近平法治思想概论》，高等教育出版社2021年版，第233页。

史与现实、理论与实践，把思想政治工作贯穿法学教育教学全过程。扎实推进习近平新时代中国特色社会主义思想和党的二十大精神进教材、进课堂、进师生头脑，深度推进习近平法治思想全课程、全要素、全链条融入人才培养。建成5~7门习近平法治思想相关课程，打造习近平法治思想专门课程模块，构建习近平法治思想必修、选修课程同步建设，理论、实践课程一体推进的课程体系。全面推进法学专业课程思政改革，构建法学专业课程思政话语体系，探索法学专业课程思政的"西政模式"。

在国家安全法学课程建设方面，为贯彻落实总体国家安全观，响应国家安全战略需要，西南政法大学于2018年5月22日在全国普通高校中首个挂牌成立国家安全学院。2019年4月入选教育部首批探索培养国家安全专业人才试点单位。2021年10月增列为全国首批国家安全学一级学科博士点授权单位。国家安全学院坚持以总体国家安全观为办学指导，为探索国家安全学学科建设，培养国家急需专业人才，先后成立了国家安全学基础理论、国家安全法治、社会安全治理教研室，组建了总体国家安全观理论研究、国家安全法治、非传统安全治理、海外利益保护、文化安全、政治安全、经济安全、国家安全风险治理、国际恐怖主义问题研究等教学科研团队，打造了一支专任教师28人、校内跨学科硕博士生导师34人、校外兼职硕博士生导师14人的专兼职师资队伍。新时代国家安全法治、总体国家安全观基础理论2个导师团队分别于2019年、2022年获批重庆市研究生导师团队立项。

目前，国家安全学院初步探索建立了国家安全学本硕博人才培养体系。2018年在全国率先开设了海外利益保护本科实验班，2020年在法学一级学科下自设国家安全学二级学科硕士、博士点，2022年开始招收国家安全学一级学科博士研究生，成为中西部地区唯一一个国家安全学一级学科博士学位授权点。

在社会治理法学建设方面，在大力推进国家治理体系和治理能力现代化、着力探索新文科发展的背景下，2019年，西南大学法学院交叉学科"治理学"博士学位授权点开始招收博士研究生。

在数字法学建设方面，西南政法大学人工智能法学院于2018年在全国率先增设"人工智能法学"二级学科，涵盖数据法学、网络法学算法规制和计算法学四个方向，旨在培养深谙"规则"和精通"技术"的复合型双料人才，以满足人工智能时代对"人工智能+法律"复合型人才的需求。2016年11月，在国家网络空间安全与法治中国建设的国家战略背景下，重庆邮电大学积极响应网络空间安全作为国家安全战略高地给人才培养带来的重大机遇，应对网络空间安全日益严重的发展形势给人才培养带来严峻挑战和更高要求，将计算机科学与技术学院的信息安全系与原法学院进行整合，正式成立了"网络空间安全与信息法学院"。2022年9月，信息安全与法学双学士学位复合型人才培养项目开始招生。重庆邮电大学网络空间安全与信息法学院注重网络空间安全与法学的交叉融合，加大交叉型学科人才培养。拥有网络空间与信息安全重庆市重点实验室、网络与信息安全技术重庆市工程实验室、重庆市移动互联网研究中心、重庆市人文社会科学重点研究基地网络社会发展问题研究中心、司法鉴定中心、知识产权中心、重庆市版权研究基地、网络空间安全法治研究基地等省部级平台。

（三）强化法学实践教学

十八大以来，重庆市各法学院校进一步扩大法学实践教学比重，注重创造法学专业学生到实践部门锻炼的机会，提高学生的法律实践操作能力。各法学院校共同的主要做法有以下几点。

第一，制定实践教学方案。顺应国家法律人才教育需求，重庆市各法学院校近年来重新制定了学生培养方案，实行理论教学方案与实践教学方案双轨制，增加实践教学课程的种类和学时，增加实践教学环节在整个教学中的比重。

第二,强化实践教学师资。重庆市各法学院校从数量和质量上对实务导师进行把控,聘请了数百名来自全国各级法院、检察院、律所等实务部门的专家做兼职教师和实务导师,共同参与和指导实践教学工作。

第三,建立实践教学基地。重庆市各法学院校在广东、重庆、四川、浙江、江苏、安徽、河南、云南、贵州等多个省市的法院、检察院建立了实践教学基地,每年均会派专职教师带队前往各个实践教学基地,指导和辅助学生进行集中实习,从而培养和提高学生理论联系实际的能力、口头表达能力、社会适应能力等综合素质。2019年开始,西南政法大学法学院在法律(法学)硕士研究生中遴选试点班,开展"学校+联合培养基地"人才培养新模式:学生第一学年在该院法律硕士研究生联合培养基地(重庆市第一中级人民法院、重庆市人民检察院第五分院)实习,担任法官助理和检察官助理,所有课堂教学(理论学习)都安排在晚上和周末进行。这一培养模式契合了法律硕士研究生的培养目标,提高了法律硕士研究生的实务能力和实践技能。

四、深化政法队伍教育整顿

2021年2月27日,全国政法队伍教育整顿动员部署会议召开,标志着教育整顿正式启动。明确聚焦筑牢政治忠诚、清除害群之马、整治顽瘴痼疾、弘扬英模精神"四项任务",突出学习教育、查纠整改、总结提升"三个环节"。开展政法队伍教育整顿,是以习近平同志为核心的党中央着眼党和国家事业发展全局作出的重大决策部署。经过教育整顿洗礼，重庆政法队伍教育整顿的成效得到社会广泛认可和人民群众高度评价。第三方民意调查结果显示，2021年全市群众安全感、政法队伍满意度、司法公信力再创历史新高。

（一）加强政治建设夯实思想根基

重庆市政法系统坚持将学习教育贯穿始终，以党史学习教育为牵引，融合推进政治教育、警示教育、英模教育，进一步打牢政法干警永葆忠诚纯洁可靠政治本色的思想根基，更好把学习成效转化为教育整顿的强大动力。

全市政法系统探索运用"红色三岩"青警志愿宣讲队，夜间课堂、周末课堂、云上课堂"3个课堂"等学习模式，政法干警充分利用碎片时间，善用智能化信息手段，通过掌上学习平台，线上自学答题、线下集中共学，让政治学习与业务工作齐头并进。

2021年以来，全市举办习近平法治思想、党史学习教育等专题讲座约3500场次，开展政治轮训1520场次，"一把手"讲党课840场次，开展"以案四说""以案四改"廉政教育课、警示教育会1820余场次。探索运用"红色三岩"青警志愿宣讲队、"夜间+周末+云上"3个课堂、"晨读+夜校"2个学校等学习模式，充分利用红岩革命旧址、邱少云烈士纪念馆等红色资源，教育引导全市政法干警学史明理、学史增信、学史崇德、学史力行。同时，重庆还坚持把加强政治建设、肃清流毒影响作为重大政治任务来抓，作为政法队伍教育整顿工作的重要切入点和突破口，坚持破立并举、法德结合、举一反三、正本清源、重拾信心、重塑形象、重整行装再出发。

（二）选树政法英模展现时代风采

重庆市政法系统按照"事迹可信、形象可亲、品格可敬、精神可学"的标准，选树了柴冬梅、冯中成、刘娟娟和渝中区公安分局大阳沟派出所、彭水县汉葭司法所等政法英模2051名和先进集体521个，使政法干警学有榜样、比有标杆、赶有方向。举办"响应伟大号召、争取更大光荣"等主题演讲比赛60余场次，"弘扬英模精神 展现时代风采"等英模事迹报告会450余场次，开展向政法英模学习活动830余场次。

（三）勇于自我革命维护肌体健康

江津区法院法官助理陶某某，与当事人董某某、中间人蒋某某私下接触，协调董某某与申请执行人钱某某恢复执行。在教育整顿有关环节，陶某某主动填报。鉴于其如实说明违规违纪事实，且未造成不良后果，根据《关于全国政法队伍教育整顿期间适用"自查从宽、被查从严"政策的意见》，江津区法院党组研究决定适用自查从宽政策，对陶某某进行批评教育。

陶某某的案例在全市政法系统中虽是个例，但见微知著。全市政法系统牢牢把握"惩前毖后、治病救人"基本方针，始终遵循实事求是、依规依纪依法的基本原则，精准适用"自查从宽""被查从严"政策，坚决清除害群之马、整治顽瘴痼疾，有力维护政法队伍肌体健康。教育整顿以来，严肃查处了谭晓荣、张晓川、葛森林、陈军等一批违纪违法案件。查处违法违纪力度前所未有，全市政法干警普遍感受到法律的力量、组织的力量、群众的力量。

为了让群众切实感受政法系统新变化，全市政法系统聚焦"六大顽瘴痼疾"，坚持开门搞整顿，请群众参与、让群众监督、由群众评价，坚持规定动作与自选动作相结合，"减存量""控增量"，全面排查群众反映强烈、影响严格执法公正司法的多发性、顽固性、典型性问题，全链条发力、全系统整治。截至2022年1月，全市共整治顽瘴痼疾问题2.1万个、整改率100%。

（四）注重建章立制突出长效长治

政法队伍教育整顿既实现"当下治"，更要"长久立"，既立足解决当前最突出最迫切的问题，又抓住影响政法队伍建设的共性问题、深层问题，着眼健全完善长效机制。

市教育整顿办制定22项建章立制重点任务，政法各部门配套细化了168项制度任务清单，切实建立健全了一批实用管用好用的制度机制。市教育整顿办制定出台《关于进一步彻底肃清流毒影响营造良好政治生态的意见》《关于巩固教育整顿成果长效化打造忠诚干净担当政法队伍的实施意见》等文件，加强制度建设和执行落实。

政法各部门制定出台《关于进一步严格执行防止干预司法"三个规定"实施细则》《案件评查工作办法》《法官审判权力和责任清单（试行）》《贯彻落实〈中共中央关于加强新时代检察机关法律监督工作的意见〉的具体措施》《重庆市公安机关执法办案"五个一律"工作规定实施意见》《重庆市监狱关于办理减刑、假释、暂予监外执行案件的实施细则》等一批制度文件，切实用制度管人、管事、管权，维护司法廉洁和司法公正。

（五）真抓实干解决急难愁盼

全市政法系统深入开展"我为群众办实事"实践活动，通过"互联网+政务服务"，真正实现"让数据多跑路、群众少跑腿"。政法队伍教育整顿以来，全市共邀请党代表、人大代表、政协委员、基层群众等召开座谈会2850余场次，征集群众意见建议1.4万余条，及时建立台账、细化措施、限期整改。

全市政法系统细化落实"平安重庆·法律进万家""网格员进千家""一街镇一法官""12309检察云呼叫""城区道路交通治堵促畅"等848项民生举措，解决了一大批群众"急难愁盼"事和"最恨最怨最烦"问题；常态化开展扫黑除恶斗争，扎实开展"全民反诈"等治安突出问题打击整治专项行动，人民群众获得感、幸福感、安全感不断提升。

实践表明，以习近平同志为核心的党中央决策部署英明正确、高瞻远瞩、意义重大、影响深远。重庆市政法队伍教育整顿取得明显成效，最根本在于习近平总书记作为党中央的核心、全党的核心掌舵领航，在于习近平新时代中国特色社会主义思想的科学指引，同时也得益于市委的坚强领导，得益于政法单位和有关部门的共同努力和支持帮助。特别是各级纪委监委充分发挥专责机关线索案件查办主力军作用，各级组织、宣传、网信、编制、机关工委、财政、人社、市场监管、税务等成员单位发挥职能作用，做了大量富有成效的工作。

第十二章

坚持制度治党依规治党

党的十八大以来，以习近平同志为核心的党中央提出了全面建成小康社会、全面深化改革、全面依法治国、全面从严治党的战略布局。全面从严治党是协调推进"四个全面"的根本保证，基础在全面，核心在从严，关键在责任落实。近年来，党中央坚持制度治党、依规治党，努力构建系统完备、科学规范、运行有效的制度体系，把全面从严治党提升到一个新的水平。党的二十大报告再次指出，"坚持制度治党、依规治党，以党章为根本，以民主集中制为核心，完善党内法规制度体系，增强党内法规权威性和执行力，形成坚持真理、修正错误，发现问题、纠正偏差的机制"①。

重庆始终牢记习近平总书记的殷殷嘱托，踔厉奋发、勇毅前行，建设社会主义现代化新重庆。中国共产党重庆市第六届委员会第二次全体会议于2022年12月21日召开，全会审议通过了《中共重庆市委关于深入学习贯彻党的二十大精神，坚决拥护"两个确立"、坚决做到"两个维护"，在新时代新征程全面建设社会主义现代化新重庆的决定》，确保党的二十大目标任务落地落实。着力推进以党的自我革命引领社会革命的市域实践，健全党的全面领导体系，提升新时代党建质量，坚定不移推进全面从严治党。

一、不断建立健全我市党内法规制度体系

党内法规制度是党的建设工作的重要组成部分，是加强党的自我管理、推进全面从严治党的重要手段。重庆市委深刻认识到党内法规制度建设的重要性，将其作为全面从严治党的重要内容之一，

---

① 习近平：《高举中国特色社会主义伟大旗帜　为全面建设社会主义现代化国家而团结奋斗——在中国共产党第二十次全国代表大会上的报告》，《人民日报》2022年10月26日，第01版。

并不断加强和完善相关工作。为了不断建立健全我市党内法规制度体系，我市坚持以习近平新时代中国特色社会主义思想为指导，以党章为根本依据，其他中央党内法规为重要遵循，以制度建设为抓手，切实加强对党员干部的教育和管理，推动全面从严治党向纵深发展。在这个过程中，全市广大党员干部发挥了先锋模范作用，共同推动重庆市党内法规制度体系建设迈上新台阶。

（一）建立健全市级党内法规制度体系

2017年，中共重庆市委印发《关于加强党内法规制度建设的实施意见》（以下简称《实施意见》）。该文件深入贯彻以习近平同志为核心的党中央关于全面从严治党、依规治党的重大决策部署，从总体要求、完善党内法规制度体系、加大备案审查力度、强化党内法规制度执行监督、营造尊规学规守规用规浓厚氛围、加强党的领导等方面，对加强新形势下全市党内法规制度建设提出明确要求、作出部署安排。该文件同时强调，加强党内法规制度建设是全面从严治党的长远之策、根本之策，是推进国家治理体系和治理能力现代化的重要保障，事关党长期执政和国家长治久安。

依照《实施意见》要求，重庆市明确了到建党100周年时，全市形成比较完善的党内法规制度体系、高效的党内法规制度实施体系、有力的党内法规制度保障体系的建设目标。近年来，重庆加快市委党内法规制度建设，坚持目标导向和问题导向，按照规范主体、规范行为、规范监督相统筹相协调原则，准确贯彻党章的原则和精神要求，围绕中央党内法规制度基本框架，不断完善全市党的组织法规制度、党的领导法规制度、党的自身建设法规制度和党的监督保障法规制度。仅2020年一年，重庆市印发《中共重庆市委贯彻〈中国共产党政法工作条例〉实施办法》等49件党内法规实施细则，建立健全了比较完善的党内法规制度体系，各级党组织依据党内法规管党治党的能力和水平显著提高，全面从严治党的系统性、创造性、实效性不断增强。

具体来讲，重庆市在党内法规制度体系建设方面，在坚持准确贯彻党章的原则和精神要求，围绕中央党内法规制度基本框架的前提下，科学制定部门和区县规范性文件，扎实推动全市党的建设和改革发展稳定各项工作。其中，代表性市级党内法规制度成果如下述方面。

1.完善纪检监察各项监督制度

2018年12月19日重庆市纪委监委印发《重庆市监察委员会特约监察员工作办法》，推行特约监察员制度，推动监察工作依法接受监督。特约监察员制度的建立，是重庆市纪委监委在全面深化国家监察体制改革的背景下，探索推进地方监察体制改革的一项重要举措。该制度的实施，不仅有利于加强对公职人员的监督管理，更为重要的是提高了监察工作的透明度和公正性，进一步增强了人民群众对反腐败斗争的信心和支持。特约监察员作为一种新型监督主体，具有独立性、专业性和公正性等特点，能够通过深入调查研究、提出意见建议等方式，有效地发挥监督作用。同时，特约监察员的聘任和任期制度也更加灵活，能够更好地适应不同领域、不同层级的监察需求，为加强反腐倡廉建设提供了有力支撑。此外，特约监察员制度的实施还有助于推动全市监察工作向更高水平发展。通过建立健全特约监察员工作机制，能够有效地整合各方资源，提高工作效率和质量。

2022年3月初，重庆市纪委监委2022年规范性文件制定计划出炉，计划本着确有必要、年内出台的工作思路，聚焦中央法规制度建设新部署新要求，针对监督执纪执法中的新情况、新问题，明确了15项制度制定计划。重庆市纪委监委先后出台《关于深入推动"四项监督"统筹衔接的工作措施》《关于发挥纪检监察机关职能作用助力全面推进乡村振兴的指导意见》《重庆市纪委监委机关政治生态分析研判实施办法》等系列法规制度，推动纪检监察工作规范化、法治化、正规化。统筹调研和立规"双计划"，形成"破解工作难题、形成制度规范、推动工作创新"的良性循环。

党的十九大以来，重庆市纪委监委先后编制年度规范性文件制定计划5次、明确任务108项，重点课题调研计划3次、明确任务27项，跟踪督办、打表推进。着力推进纪法贯通和法法衔接，先后出台规范性文件125件，以监督执纪执法工作办法为统领，配套制定案件管辖、线索处置、措施使用、审理工作流程、安全管理等方面系列规定，完善监督执纪执法"1+X"制度体系，为纪法双施双守提供有力制度保障。[①]

2.健全党内追责问责制度

2016年7月，中央颁布《中国共产党问责条例》（以下简称《问责条例》），释放出失责必问、问责必严的强烈信号。2017年初，重庆市委印发《重庆市实施〈中国共产党问责条例〉办法》（以下简称《办法》）。重庆版的党内问责条例办法是在承继《问责条例》框架体系的基础上，重点对问责情形、程序、机制等内容进行拓展和细化，突出简便易行、务实管用。《办法》将《问责条例》13条细化为七章36条，《办法》要求在落实中央要求同时，紧扣重庆实际，注重详略得当，突出操作性，不求面面俱到，力求有效管用。比如：《办法》细化了5大类21种具体问责情形，细化了问责工作程序，建立6项问责配套制度，确保制度可执行、可监督、可检查、可追责。[②]《办法》的制定实施，对于全市各级党组织和党的领导干部知责、明责、履责、尽责，践行有权必有责、有责要担

[①] 参见《市纪委监委打好调研和立规、纪法贯通和法法衔接"组合拳"统筹推进"立改废清执"》，重庆人大网2022年7月13日，https://www.cqrd.gov.cn/article? id=309294231482437。
[②] 参见《市纪委答记者问：重庆版党内问责条例办法有4大特点》，《重庆日报》2017年2月27日。

当，用权受监督、失责必追究，推动管党治党做到严紧硬，起到积极促进作用。

3.进一步落实党组织建设责任

为了推动全面从严治党向纵深发展，加强和规范党务公开工作，发展党内民主，强化党内监督，使广大党员更好地了解和参与党内事务，动员组织人民群众贯彻落实好党的理论和路线方针政策，提高党的执政能力和领导水平，重庆市在2018年4月27日出台实施了《重庆市实施〈中国共产党党务公开条例（试行）〉办法》（以下简称《党务公开办法》）。《党务公开办法》明确要求，各区县各部门要制定具体实施方案，编制党务公开目录，明确工作责任，以钉钉子精神狠抓落实。要加强对党务公开工作的组织领导，强化党务公开工作机构和人员队伍建设，建立健全统筹协调等工作机制，为推行党务公开提供有力保障。《党务公开办法》的实施标志着我市党务公开工作走上了制度化、规范化和程序化轨道，坚决推进全面从严治党，确保党的理论和路线方针政策得到更好的贯彻落实。通过这些举措，有力地推动了重庆各级党组织、党建工作再上新台阶，为全市的发展提供了坚强保障。

（二）加强党内法规制度建设保障

党内法规制度建设是党的建设新的伟大工程的重要组成部分，对于提高党的执政能力和领导水平具有重要意义。为了确保党内法规制度建设高质量发展，必须加强保障措施，筑牢党内法治根基。

1.明确保障党内法规制度建设的重要举措

2020年《重庆市〈法治中国建设规划（2020—2025年）〉实施方案》（以下简称《实施方案》）专章明确了加强党内法规制度

建设,坚定不移推进依规治党的具体举措。《实施方案》明确提出了,提高党内法规制度制定质量,强化前置审核,严格把关,提升党内法规制度制定规范化、科学化水平;强调注重党内法规规范性文件和地方立法的衔接和协调,努力形成相辅相成、相互促进、相互保障的格局;抓好党内法规制度实施,全市各级党组织和领导干部必须肩负起执行党内法规制度的政治责任,切实提高党内法规执行力;强化监督检查和追责问责,将党内法规制度执行情况作为各级党委督促检查、巡视巡察重要内容,严肃查处违反党内法规的各种行为;加强党内法规制度建设保障,建立专门工作队伍,加强理论和实务研究,健全后备人才培养机制等重要举措。[1]

2.建设高水平智库平台推进党内法规创新研究

2018年12月,中共重庆市委办公厅与西南政法大学共建重庆市党内法规研究中心,依托高水平智库平台建设共同推进党内法规协同创新研究。[2]近年来,重庆市党内法规研究中心紧紧围绕做好市委重大决策的支撑性服务为出发点,引导研究人员参与党内法规制度领域的重大课题研究,及时向市委呈报有关对策报告和研究成果。该智库平台围绕总结党内法规制度建设"新经验"、推进党内法规制度建设的基础理论与应用对策研究、推进党内法规理论研究队伍和后备人才队伍建设、加强党内法规干部培训为提升党内法规专门工作队伍综合素质提供高质量的智力支持。

---

[1]《重庆市〈法治中国建设规划(2020—2025年)〉实施方案》,重庆市人民政府网2021年9月15日,http://www.cq.gov.cn/sy/tzgg/202109/t20210915_9720666.html。
[2]参见《重庆市党内法规研究中心成立》,《重庆日报》2018年12月14日。

二、着力增强党内法规执行力和权威性

党内法规执行是党组织和党员领导干部履行职责、推动党内法规落实的重要活动。这个过程是将党内法规规定运用到具体事项并在实践中落地落实的过程。新时代，以习近平同志为核心的党中央高度重视党内法规制度建设，推进建构了比较完善的党内法规体系。新时代新征程全面增强党内法规权威性和执行力、充分释放党内法规管党治党效能具有重大战略意义和现实意义。重庆市委在建立健全我市党内法规制度体系同时，注重增强党内法规执行力和权威性，多措并举强化对党内法规的宣传和教育，加强对党员领导干部的监督和追责，确保党内法规得到切实有效的贯彻落实。

（一）加强宣传和教育提升党员和干部遵规学规守规用规意识

2021年9月22日，重庆市发布《中共重庆市委宣传部、重庆市司法局关于开展法治宣传教育的第八个五年规划（2021—2025年）》，文件专门要求全市各级党委和政府深入学习宣传党内法规，将学习宣传贯彻党的创新理论特别是习近平新时代中国特色社会主义思想作为首要政治任务，以党章、准则、条例等为重点，大力开展党内法规专项宣传。正确把握党内法规宣传同国家法律宣传的衔接协调，紧密结合党史学习教育，深化拓展"以案四说""以案四改"，依托"红岩魂智慧党建"平台开展党内法规学习测试，组织党内法规知识竞赛等形式多样的活动。突出学习宣传党章，教育广大党员以党章为根本遵循，尊崇党章、遵守党章、贯彻党章、维护党章。把学习掌握党内法规作为合格党员的基本要求，列入党组织"三会一课"内容，在考核党员、干部时注意了解相关情况，促进

党内法规学习宣传常态化、制度化。①

2020年9月，重庆市纪委监委成立全员培训测试组，相继赴各区县、单位组织开展全覆盖线下闭卷集中测试。测试对象包括区县纪委监委机关和派驻机构、市纪委监委派驻机构、市管企业纪检监察机构以及市属高校纪检监察机构全体干部。为确保培训实效，市纪委监委采取"线上+线下"的方式把考试测评融入日常。线上考试试卷由在线测试系统自动生成；线下由市纪委监委组织部统一提供，各单位组织集中闭卷测试。市纪委监委各厅部室中心则是以党支部为单位，组织开展每周一测。②

（二）加强执规监督检查突显刚性约束

习近平总书记指出："加大贯彻执行力度。反腐倡廉法规制度一经建立，就要让铁规发力、让禁令生威，确保各项法规制度落地生根。好的法规制度如果不落实，只是写在纸上、贴在墙上、编在手册里，就会成为'稻草人'、'纸老虎'不仅不能产生应有作用，反而会损害法规制度的公信力。我们要下大气力建制度、立规矩，更要下大气力抓落实、抓执行，坚决纠正随意变通、恶意规避、无视制度等现象。"③在党内法规执行监督检查方面，重庆市充分发挥监督检查的重要保障作用，综合运用多种途径保障党内法规有效贯彻执行。

1.加强全市党内法规执行情况监督检查和实施评估

重庆市委巡视巡察将党内法规执行情况作为重要内容，市委每

---

① 《中共重庆市委宣传部、重庆市司法局关于开展法治宣传教育的第八个五年规划（2021—2025年）》，七一网2021年10月9日，https://www.12371.gov.cn/Item/588594.aspx。
② 参见《重庆市纪委监委深化全员培训 以考促学强本领》，《中国纪检监察报》10月18日，第2版。
③ 习近平：《论坚持全面依法治国》，中央文献出版社2020年版，第155页。

年组织开展全面从严治党主体责任和党风廉政建设责任制落实情况专项检查，重点对中央八项规定精神、扫黑除恶、扶贫脱贫、法治政府建设、办公用房用车、因公出国出境等领域党内法规执行情况进行专项督查或专项整治。全市各级纪检监察机关用好监督执纪"四种形态"，坚持失责必问、问责必严，严肃查处违反和破坏党内法规行为。与此同时，重庆还尤为注重发挥党内法规和规范性文件备案审查监督作用，切实维护法规制度统一性、权威性。这些措施有力地彰显了党内法规的刚性约束作用，更有效地保障了执规工作的顺利实施。①2016年，重庆市委首次在地方级别开展了党内法规评估工作，以《关于党政机关领导班子主要负责人不直接分管人财物等工作的暂行规定》实施情况展开评估。这是一个重要的里程碑，标志着党内法规评估工作在重庆市全面开展。②

2.借助大数据平台强化执规监督"精准化"

2018年，重庆市正式开通党风政风监督大数据平台。加上原有的3个区域性大数据平台，全市构建起"1+3"大数据党风政风监督体系，为监督执纪工作插上了科技的翅膀。此举也是重庆市加强作风建设的重要举措之一，持续释放全面从严信号。市级党风政风监督大数据平台由三个子系统组成，分别为"四风"问题线索智能筛查比对系统、市管领导干部履行全面从严治党主体责任记实系统和扶贫民生领域监督执纪智能比对系统。此外，依托部分区县探索建立了三个适用于基层的区域性大数据平台。通过构建大数据监督体系，重庆市将极大拓宽监督执纪线索渠道，切实提升纪检监察机关精准发现问题线索的能力。在前期试运行期间，市纪委已经通过该平台查实违规行为48条，给予党内严重警告处分1人，党内警告

---

① 参见程威、陈朝仲：《聚合监督力量 管住小微权力》，《中国纪检监察报》2022年11月2日。
② 参见重庆市委办公厅法规处：《用好效果评估 推动制度落实——重庆市委开展党内法规执行效果评估的实践与探索》，《秘书工作》2017年第2期，第44—46页。

处分4人。①

三、坚持抓住领导干部这个"关键少数"

全面从严治党，关键是抓住领导干部这个"关键少数"。党的二十大报告专门强调："锲而不舍落实中央八项规定精神，抓住'关键少数'以上率下，持续深化纠治'四风'。"②《中央党内法规制定工作规划纲要（2023—2027年）》指出，要发挥好"关键少数"在学习贯彻党的创新理论中的示范带动作用。近年来，重庆市委始终坚持抓住"关键少数"，发挥领导干部的示范引领作用，以"关键少数"带动"绝大多数"，推动全面从严治党向纵深发展。

（一）完善干部人才的选拔任用和能力提升机制

为深入贯彻习近平新时代中国特色社会主义思想和党的二十大精神，全面贯彻新时代党的建设总要求和新时代党的组织路线，更好坚持和落实党管干部原则，应进一步规范重庆市党政领导干部选拔任用工作，加强选人用人全程监督，落实违规用人责任追究，确保《党政领导干部选拔任用工作条例》得到严格执行。"促进能者上、优者奖、庸者下、劣者汰，树立新时代选人用人鲜明导向。"六届重庆市委始终把持续修复净化政治生态作为重要政治任务，把

---

① 参见《重庆：构建起"1+3"大数据党风政风监督体系》，中央纪委监察部网站2018年2月13日，https://www.ccdi.gov.cn/yaowen/201802/t20180212_164020.html。
② 习近平：《高举中国特色社会主义伟大旗帜　为全面建设社会主义现代化国家而团结奋斗——在中国共产党第二十次全国代表大会上的报告》，《人民日报》2022年10月26日，第01版。

牢选人用人这个政治生态的风向标，坚持以严的基调正风肃纪反腐。

1.建立学习制度，健全完善理论武装工作机制

党的指导思想表现为体系化的信念与理论，它是凝聚全党共识、指引全党前进方向的旗帜。坚持制度治党、依规治党，需要不断改进学习制度，筑牢思想建党理论强党的重要基石。建立学习制度是思想建党理论强党的重要保障。首先，重庆市委着力健全和完善党委（党组）会议"第一议题"机制，建立党委（党组）理论学习中心组学习巡听旁听机制。健全"学习强国"等学习平台推广使用机制，健全和完善常态化宣讲工作机制，用制度建设推进理论武装工作走深走心走实，推动干部人才全面学习贯彻习近平新时代中国特色社会主义思想；其次，重庆市委着力推动理想信念教育常态化制度化，用制度保障理想信念教育成为各级党校（行政学院）、干部学院培训教学的重要内容，用制度确保党支部经常发挥直接教育党员的作用，使干部人才时时检视自己的思想行为；再者，重庆市委着力推动将理想信念融入具体考核实践。进一步健全干部考核选拔机制，明确理想信念的实践标准，把"政治上靠得住、工作上有本事、作风上过得硬"的年轻干部选拔到各级领导岗位上来。①

2.以"七个能力"全面提高，健全完善干部能力提升机制

重庆市委六届三次全会强调，全面提高党的领导力组织力，加快建设新时代市域党建新高地，要全面提高"7个能力"，即政治领导能力、思想引领能力、担当落实能力、服务群众能力、变革塑

---

① 参见苟立伟、吴佳彦：《健全培养选拔优秀年轻干部常态化工作机制》，《重庆日报》2023年1月30日，第010版。

造能力、风险管控能力、拒腐防变能力。①"7个能力"是具有理论完备性和实践可操作性的"能力标准",是内在逻辑严密且相辅相成的有机"能力体系",是为党员干部列出的"能力清单",也是推进依规治党、制度治党的重要路径。

全市各部门围绕干部能力提升纷纷推出有力举措。市市场监管局把全系统行风建设作为工作主抓手,把构建亲清政商关系作为突破口,坚持常态监管与行风攻坚相结合、自我革命与文化塑造相结合、问题治理与建章立制相结合,通过系统化推进、立体化监督,将清廉市场监管建设的各项工作落实落细,责任层层传递、层层落实。"丰都县以'规矩看得见、结果看得懂'为导向选拔任用干部,持续办好领导干部专题研讨班、一把手'微课堂'、'丰采'论坛等活动,不断优化党内环境。"同时,以全县纪检监察干部队伍教育整顿工作为契机,坚持自我革命、发扬斗争精神,持续强化干部队伍自身建设,严格落实各级党委(党组)全面从严治党主体责任、党委(党组)书记第一责任人责任、班子成员"一岗双责",不断提升党员干部"7个能力",确保真管真严、长管长严。②

(二)坚决打赢反腐败斗争攻坚战持久战

中纪委二十届二次全会公报《深入学习贯彻党的二十大精神,在新征程上坚定不移推进全面从严治党》指出,要以零容忍态度反腐惩恶,完善动态清除、常态惩治工作机制,更加有力遏制增量,更加有效清除存量。当前,要坚决打赢反腐败斗争攻坚战持久战,

---

①参见《提高"7个能力"把党的政治优势和组织优势转化为发展优势——市委六届三次全会精神在全市党员干部中持续引发热烈反响》,重庆市人民政府网2023年7月10日,http://www.cq.gov.cn/ywdt/jrcq/202307/t20230710_12134316.html。
②参见《提高"7个能力"把党的政治优势和组织优势转化为发展优势——市委六届三次全会精神在全市党员干部中持续引发热烈反响》,重庆市人民政府网2023年7月10日,http://www.cq.gov.cn/ywdt/jrcq/202307/t20230710_12134316.html。

应继续坚持不敢腐、不能腐、不想腐一体推进。党的十八大以来，重庆市委、重庆市纪委监委始终坚持以零容忍态度反腐惩恶的坚定决心，一体推进不敢腐、不能腐、不想腐，坚决打赢反腐败斗争攻坚战持久战。

1. 坚定不移深化反腐败斗争

只要存在腐败问题产生的土壤和条件，反腐败斗争就一刻不能停，必须永远吹冲锋号。2022年，重庆全市纪检监察机关盯住腐败问题易发高发领域，始终保持零容忍震慑不变、高压惩治力量常在。市纪委监委坚持审查调查从政治纪律和政治规矩查起，坚决查处政治问题和经济问题交织的腐败案件，紧盯重点，深挖毒瘤。同时，贯通办案、监督、警示，办案、整改、治理一体推进，用"全周期管理"方式深入整治重点领域腐败问题，进一步增强反腐败斗争的主动性、系统性、实效性。全市纪检监察机关强化"一把手"和领导班子监督，抓住"关键少数"，共立案查处各级"一把手"202人；市纪委监委坚持把治理政法领域腐败与常态化扫黑除恶、"打伞破网"结合起来，坚持监督下沉，惩治"蝇贪"。全市纪检监察机关深入整治群众身边腐败和不正之风，共查处群众身边腐败和作风问题832件1122人；市纪委监委坚持有逃必追，一追到底。市委追逃办统筹协调，紧盯"红通人员"等重点案件，扎实开展2022年职务犯罪国际追逃追赃专项行动，累计追回外逃人员5人，其中"红通人员"1人，共处置问题线索13708件，立案4063件，依法留置259人，处分3989人，持续释放"惩"的震慑效应。[①]

[①] 参见乔子轩、周尤：《回望2022｜重庆：坚决打赢反腐败斗争攻坚战持久战》，风正巴渝网2023年1月25日，https://bj.bjd.com.cn/a/202301/25/AP63c56b44e4b0ed71f927f890.html。

2. "三不腐"一体推进综合效应进一步显现

重庆市纪委监委将"三不腐"一体推进作为综合治理腐败的根本举措，把不敢腐的震慑力、不能腐的约束力、不想腐的感召力结合起来，前移反腐关口，深化源头治理，从办案一开始就树立"改"和"治"的理念，深挖案件暴露的问题和根源，在案件查结后全面总结和剖析，及时下发纪检监察建议，督促开展"以案四说"，扎实推进以案促改、以案促治，以典型的人和事开展警示教育，以问题推动查补漏洞，增强了标本兼治综合效应。2022年，全市共开展"以案四说"警示教育1.64万场次，88.6万余人次受教育，抓住政策制定、决策程序、审批监管、执法司法等关键权力，从源头推动解决了一批问题、完善了一批制度。在高压震慑和政策感召下，全市共有69人主动投案，255人主动交代问题。在推动以案促改、以案促治融入党内政治生活、融入管党治党全局的同时，市纪委监委坚持问题导向、目标导向、结果导向，下发《关于进一步深化"以案四说"警示教育和以案促改、以案促治工作的通知》，从加强警示教育、防范风险、推动整改、促进改革、优化治理五个方面逐一细化措施，压实责任，不断提升"以案四说"警示教育和以案促改、以案促治工作合力，不断取得更多制度性成果和更大治理成效。①

（三）充分发挥巡视巡察利剑作用

重庆市委巡视工作坚决贯彻落实习近平总书记关于巡视工作重要论述和党中央决策部署，坚持稳中求进工作总基调，牢牢把握政治巡视定位，全面贯彻巡视工作方针，坚决捍卫"两个确立"，不

---

① 参见乔子轩、周尤：《回望2022｜重庆：坚决打赢反腐败斗争攻坚战持久战》，风正巴渝网2023年1月25日，https://bj.bjd.com.cn/a/202301/25/AP63c56b44e4b0ed71f927f890.html。

断增强"四个意识"、坚定"四个自信"、做到"两个维护",高质量完成巡视全覆盖任务。通过市委巡视工作,对全市市管党组织开展全面政治体检,推动解决了一批管党治党存在的突出问题,督促建立完善了一批有效管用的制度机制,全市各级党组织管党治党政治责任得到增强,广大党员干部党的意识、党员意识得到强化,全市政治生态根本性好转,为新时期重庆改革发展稳定各项事业提供了坚强政治保障。

1.坚持有形覆盖与有效覆盖相统一

重庆市委巡视工作全面贯彻中央方针,与时俱进深化政治巡视,聚焦"两个维护"根本任务,严格落实巡视规划计划,灵活运用常规巡视、专项巡视、机动巡视和巡视"回头看",建立完善巡视巡察上下联动战略格局,推动巡视监督、整改、治理有机贯通,同步开展选人用人和意识形态责任制落实情况专项监督检查。五届市委巡视工作已高质量实现对258个市管党组织巡视全覆盖。38个区县和万盛经开区完成对3935个区县管党组织、11038个村(社区)党组织巡察全覆盖。加强巡视监督与纪检、监察、派驻监督的统筹衔接,建立健全巡视与组织、宣传、审计、财政、信访、统计等部门的协作配合机制,探索开展巡审联动,形成监督合力。切实抓好中央巡视指导督导反馈意见整改落实,巡视工作制度化、规范化水平有效提升。[①]

2.着力构建巡视巡察上下联动格局

重庆市委坚持巡视巡察一体谋划、一体部署、一体推进,出台区县巡察、部门巡察、延伸巡察村(社区)指导意见和加强巡视巡

[①]参见《在新的赶考路上坚持不懈正风肃纪反腐 为书写重庆全面建设社会主义现代化新篇章提供坚强保障——中国共产党重庆市第五届纪律检查委员会向中国共产党重庆市第六次代表大会的工作报告》,《重庆日报》2022年6月17日,第001版。

察上下联动若干措施,"一体两翼"工作格局基本形成。建立健全巡察工作"7+1"报备分析通报、巡察工作联系点制度,全覆盖开展区县巡察工作专项检查。创新方式方法,在区县、部门、高校、国企板块开展巡视带巡察,在区县开展"推磨式"交叉巡察,在脱贫攻坚、规划、粮食等领域开展同步巡视巡察,上借下力、下借上势,推动巡察工作规范提质。

与此同时,重庆市委一直坚持扎实做好巡视"后半篇文章"。出台加强巡视整改意见、巡视整改监督检查办法、巡视整改成效综合评估办法,开展调研督导和整改成效评估,压紧压实党委(党组)整改主体责任。坚持巡视"双反馈""双通报""双公开",建立市委巡视工作领导小组听取巡视整改情况汇报机制,将巡视整改情况纳入领导班子年度综合考核,推动整改落地见效。建立完善市纪委监委、市委组织部、市委巡视办"三方联动"工作机制,出台巡视整改日常监督办法,共同督促整改。梳理巡视发现的共性问题,移交并督促相关职能部门开展专项整治,发挥巡视标本兼治战略作用。开展"巡视巡察推动解决民生实事"十佳案例评选活动,彰显巡视巡察以人民为中心的价值取向。

四、加强政治监督与作风建设

党的二十大报告要求,"推进政治监督具体化、精准化、常态化,增强对'一把手'和领导班子的监督实效,强调发挥政治巡视利剑作用,加强巡视整改和成果运用"[①]。二十届中央纪委二次全

[①] 习近平:《高举中国特色社会主义伟大旗帜 为全面建设社会主义现代化国家而团结奋斗——在中国共产党第二十次全国代表大会上的报告》,《人民日报》2022年10月26日,第01版。

会公报指出,"推进政治监督具体化、精准化、常态化,围绕完整准确全面贯彻新发展理念、加快构建新发展格局、着力推动高质量发展等重大战略部署,围绕党中央因时因势作出的决策部署加强监督检查,确保执行不偏向、不变通、不走样"①。重庆市委书记袁家军在六届市纪委二次全会上要求,"坚定不移深入推进全面从严治党,为新时代新征程新重庆建设提供坚强保障。要持之以恒加固中央八项规定堤坝,持续深化'四风'纠治,深化整治乱作为、不作为、慢作为的问题,健全完善作风建设常态化长效化机制"②。

(一)加强党内政治监督的制度建设与机制创新

1.注重关口前移抓早抓小

重庆市纪检监察机关找准不同层级、不同领域、不同阶段的政治监督重点,项目化、清单化推进落实,发现并纠正了一批贯彻落实不力的问题,查处违反政治纪律和政治规矩的党员干部104人,确保党中央战略决策执行不偏向、不变通、不走样。在监督过程中,重庆市纪检监察机关注重关口前移抓早抓小。五届重庆市委巡视和日常监督发现,某行业协会存在工作不规范问题。市纪委监委驻市文化旅游委纪检监察组组成专项检查组,下沉到18个行业协会,以点带面开展"解剖麻雀式"监督。党组织功能不健全、制度不规范、资金使用较混乱、作用发挥不明显……专项检查组全面梳理行业协会存在的问题,向所属主管部门进行反馈,对突出问题通

---

① 《中国共产党第二十届中央纪律检查委员会第二次全体会议公报》,中央纪委国家监委网站2023年1月10日, https://www.ccdi.gov.cn/toutiaon/202301/t20230110_240984.html。
② 《袁家军在六届市纪委二次全会上强调 坚定不移深入推进全面从严治党 为新时代新征程新重庆建设提供坚强保障》,风正巴渝网2023年1月17日, http: //jjc.cq.gov.cn/html/2023-01/17/content_51974109.htm。

过召开现场办公会、下发工作督办函等方式,督促抓好整改。同时,要注意把监督的落脚点放在促进体制机制不断完善上,该纪检监察组督促市文化旅游委和市体育局健全完善86项制度机制,推动168个行业协会组织建立较为完善的法人治理结构和运行机制,有效堵塞制度漏洞,压缩权力设租寻租空间。①

2.围绕关键环节做实政治监督

把"问题清单"转化为"成效清单"的同时,重庆市纪检监察机关围绕政策制定、决策执行、执法审批等权力运行的关键环节,把监督关口前移,防患于未然。市纪委监委立足职责,以党内监督为主导,探索深化纪检监察监督与审计监督、财会监督、统计监督等贯通协同的有效路径,持续推动完善监督体系。重庆市纪委监委与市委审计办、市审计局、市委巡视办联合出台《关于进一步推进纪检监察监督巡视巡察监督与审计监督贯通协同高效的工作措施》,从日常沟通、协同监督、问题线索移送等七方面进一步推进监督贯通协同高效,增强同题共答、常态长效监督合力。市纪委监委还出台指导意见,从统筹调度、协同事项、成果共享、保障措施等方面,建立完善15项机制制度,探索纪律监督、监察监督、派驻监督、巡视监督贯通融合的有效路径。在此基础上,又制定64项措施,进一步打通"四项监督"贯通融合的堵点。②

---

① 参见乔子轩:《落实二次全会部署在行动|重庆注重关口前移抓早抓小 围绕关键环节做实政治监督》,中央纪委国家监委网站2023年2月27日,https://www.ccdi.gov.cn/yaowenn/202302/t20230227_249198.html。
② 参见《重庆:出台意见加强纪检监察、巡视巡察与审计监督贯通配合》,中华人民共和国审计署网站2019年11月19日,https://www.audit.gov.cn/n4/n20/n524/c135586/content.html。

(二) 坚持落实中央八项规定精神

习近平总书记指出："抓'四风'要首先把中央八项规定抓好，抓党的建设要从'四风'抓起。"①党的二十大对锲而不舍落实中央八项规定精神作出新部署，提出抓住"关键少数"以上率下，持续深化纠治"四风"，重点纠治形式主义、官僚主义，坚决破除特权思想和特权行为。重庆市各级纪检监察机关持续深入学习贯彻党的二十大精神，切实担负起协助党委抓党风的重要职责，把监督执行中央八项规定精神作为改进党风政风的一项经常性工作来抓，在常和长、严和实、深和细上下功夫，重点纠治形式主义、官僚主义，巩固拓展享乐主义、奢靡之风治理成果，不断把作风建设引向深入。

1. 以钉钉子精神纠治"四风"顽瘴痼疾

中央八项规定不是只管五年、十年，而是长期有效的铁规矩、硬杠杠，落实中央八项规定精神只能紧、不能松，决不能有松劲歇脚、疲劳厌战的情绪，更不能有降调变调的错误期待，必须永远吹冲锋号。党的二十大报告对进一步加强党的作风建设、纪律建设作出战略部署，强调"坚持以严的基调强化正风肃纪"。全面从严治党，必须坚持严的基调不动摇，以钉钉子精神整治歪风邪气、弘扬新风正气。重庆市纪委监委将严格家风家教与推动移风易俗统筹谋划，发挥村居监察监督员前哨"探头"作用，组织村居监察监督员进村组、进社区开展宣传，推动塑造向上向善的文明乡风，厚植勤俭节约、文明健康理念，以党风政风带动社风民风。②

---

① 习近平：《在参加河北省委常委班子专题民主生活会时的讲话》，2013年9月23日—25日。
② 参见《重庆、湖南家庭助廉活动蓬勃开展 以廉洁家风涵养清朗党风政风》，中央纪委国家监委网站2023年3月30日，https://www.ccdi.gov.cn/yaowenn/202303/t20230329_255561_m.html。

2.完善作风建设长效机制

2022年12月22日，中央纪委国家监委公开通报10起违反中央八项规定精神典型问题，均涉及领导干部由风变腐、风腐一体突出问题。重庆市各级纪检监察机关坚持把防治隐形变异"四风"问题摆在突出位置，坚持什么问题突出就解决什么问题，以强有力监督推动作风建设持续向好。以更大力度防治风腐一体问题。坚持"以案看风"，严肃查处不正之风及其背后的腐败问题，坚决斩断由风及腐的链条。重庆市九龙坡区纪委监委紧盯"指尖上的形式主义"，推动关停、整合政务APP、信息平台17个，清理工作微信群、QQ群142个。①

（三）发扬红岩精神赓续红色血脉

习近平总书记指出："解放战争时期，众多被关押在渣滓洞、白公馆的中国共产党人，经受住种种酷刑折磨，不折不挠、宁死不屈，为中国人民解放事业献出了宝贵生命，凝结成'红岩精神'。"②红岩精神是中共中央南方局在重庆艰苦卓绝斗争实践中逐步培育起来的，是马克思主义理论与中国革命实践相结合的精神成果，集中彰显了共产党人对党忠诚、坚定信念、廉洁自律、敢于斗争的高尚品质，蕴含了管党治党的丰富内涵和实践经验。重庆市提炼弘扬"红岩精神"等革命文化中蕴含的好作风，深入宣传巴渝大地涌现出的革命先辈和先进人物的光辉事迹和高尚品格，教育引导党员干部大力弘扬党的光荣传统。在新的历史起点上，重庆市各级党组织从以下方面着重用力，进而推动全面从严治党向纵深发展。

---

①参见陆丽环：《锲而不舍落实中央八项规定精神》，《中国纪检监察报》2023年1月3日。
②习近平：《用好红色资源，传承好红色基因，把红色江山世世代代传下去》，《求是》2021年第10期。

1.始终以对党忠诚坚定政治立场

重庆市各级党组织把对党忠诚作为第一位的政治要求，自觉同以习近平同志为核心的党中央保持高度一致，不断提高政治判断力、政治领悟力、政治执行力。牢牢把握"对党忠诚"的政治立场，不断加强政治建设，切实增强了践行"两个维护"的政治自觉。忠实履行职责使命，不断推动重庆依规治党高质量发展。

2.始终以理论清醒保持政治坚定

重庆市各级党组织尤其注重教育引导广大党员干部在反复学、跟进学、长期学中提高理论修养、坚定政治立场。党的十八大以来，我们党始终坚持思想建党、理论强党。全面从严治党永远在路上，党的理论创新也在与时俱进。作为管党治党的重要力量，纪检监察机关应更深刻理解和把握习近平新时代中国特色社会主义思想的丰富内涵、科学体系、精神实质，把马克思主义立场观点方法贯穿到全面从严治党的方方面面，深入开展党史学习教育，掸去思想灰尘、祛除不良风气，更好地履行正风肃纪反腐职责使命，不断把学习成效转化为工作思路、发展成果。①

3.始终以优良作风永葆政治本色

把好传统带进新征程，将好作风弘扬在新时代。重庆市委着力推动党的优良作风融入新时代全面从严治党各领域各环节。迈步新征程，面对错综复杂的国际形势、艰巨繁重的改革发展稳定任务，始终保持"赶考"的清醒，以好的作风振奋精神，更加有力有效纠"四风"树新风，督促落实中央八项规定及其实施细则精神，对形式主义、官僚主义问题寸步不让、靶向纠治，严查享乐主义、奢靡

---

① 参见《传承弘扬红岩精神　为新时代新征程新重庆建设凝聚强大力量》，《重庆日报》2023年4月25日，第003版。

之风，深化整治群众身边腐败和不正之风，为"十四五"开好局、起好步提供坚强有力保障。

2023年1月17日，中共中央政治局委员、重庆市委书记袁家军在六届市纪委二次全会上讲话强调："围绕加强党的全面领导、全面加强党的建设、全面从严治党，紧扣做到'六个如何始终'，进一步细化量化重点任务，创新工作举措、健全运行机制，深入开展党风廉政建设和反腐败斗争，深入推进新时代纪检监察工作高质量发展，持续巩固风清气正的政治生态，为全面建设社会主义现代化新重庆开好局起好步提供坚强保障。"[1]党的十八大以来，重庆市委始终坚持全面从严治党的原则，各级党组织在各类重大风险面前充分展现了战斗堡垒的作用，广大党员干部也发挥了先锋模范的作用。新时代新征程，重庆市委将始终以党的自我革命为引领，一以贯之坚持制度治党依规治党，坚定不移推进全面从严治党战略方针，以实际行动推动党的二十大决策部署落地见效，为全面建设社会主义现代化新重庆不懈努力奋斗。

---

[1]《坚定不移深入推进全面从严治党 为新时代新征程新重庆建设提供坚强保障》，《重庆日报》2023年1月18日，第001版。

后 记

本书系中共重庆市委宣传部牵头策划，是"新思想领航新重庆"丛书之一。全书系统梳理了重庆以习近平法治思想为引领，加强和完善党对全面依法治市的领导，坚持"两点"定位、"两地""两高"目标，发挥"三个作用"，把新时代全面依法治国新要求和重庆市情及工作实际紧密结合，对法治建设各项工作进行全面系统部署，推动法治建设迭代升级、提质增效，为全面建设社会主义现代化新重庆提供坚强法治保障的实践历程。

本书是重庆市习近平法治思想研究院、西南政法大学全面依法治国研究院的研究成果。全书由周尚君教授任主编，郭晓雨博士任副主编。具体分工如下：周尚君（法学博士，西南政法大学立法研究院院长，重庆市习近平法治思想研究院、全面依法治国研究院执行院长，教授）撰写第一章；朱林方（法学博士，重庆市习近平法治思想研究院副院长、西南政法大学行政法学院副教授）撰写第二章；谭清值（法学博士，西南政法大学行政法学院副教授）撰写第三章；李超群（法学博士，重庆市习近平法治思想研究院副院长、西南政法大学行政法学院副教授）撰写第四章；郑志峰（法学博士，西南政法大学网络空间治理研究院副院长、民商法学院教授）撰写第五章；胡兴建（法学博士，重庆市习近平法治思想研究院副院长、西南政法大学行政法学院副院长、教授）撰写第六章；周振超（政治学博士，重庆市习近平法治思想研究院副院长、西南政法大学政治与公共管理学院院长、教授）撰写第七章；高翔（法学博士，重庆市高级人民法院审委会委员、执行局副局长，西南政法大学博士生导师）撰写第八章；郭晓雨（法学博士，西南政法大学立法研究院讲师）撰写第九章；宋云博（法学博士，西南政法大学国际法学院副院长、东盟法治研究院副院长、教授）撰写第十章；张瑞（法学博士，西南政法大学行政法学院副教授）撰写第十一章；温泽彬（法学博士，重庆市习近平法治思想研究院常务副院长、西南政法大学行政法学院教授）撰写第十二章。全书由集体讨论拟定大纲，周尚君教授负责统稿以及前言和后记撰写，郭晓雨博士协助统稿。

特别感谢重庆市委宣传部、重庆市社科联对我们团队的信任和大力支持，感谢市内外有关方面、专家学者对我们研究工作的帮助，感谢重庆出版集团为本书的顺利出版付出的辛劳！

2024年1月于西南政法大学